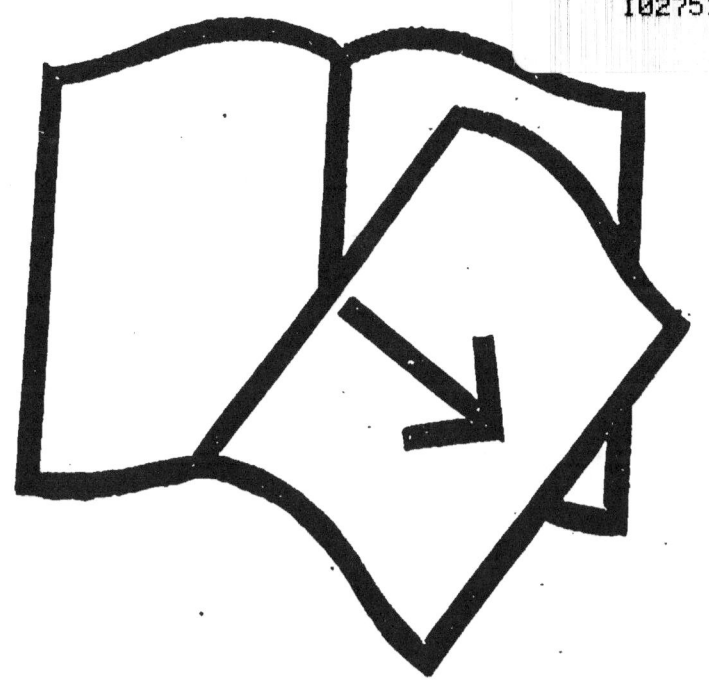

Couvertures supérieure et inférieure manquantes.

8º R

LE PRIX DE LA VIE

DU MÊME AUTEUR :

La Philosophie de Malebranche, 2 vol. in-8°, br.   16 fr.
(Collection Ladrange, 1870.) Paris, Alcan.

De la Certitude morale, 1 vol. in-8°, br. . .   7 fr. 50 c.
Paris, 1880, Belin frères. 2ᵉ édition, 1892.

Essai sur la Morale d'Aristote, 1 vol. in-8°, br.   6 fr.
Paris, 1881, Belin frères.

La Philosophie et le Temps présent, 1 vol. in-18 jésus,
br. . . . . 3 fr. 50 c.
Paris, 1890, Belin frères. 2ᵉ édition, 1894.

Les Sources de la paix intellectuelle, 1 vol. in-18 jésus,
br. . . . . 2 fr.
Paris, 1892, Belin frères. 2ᵉ édition, 1893.

Ce qu'on va chercher à Rome, 1 vol. in-18. .   1 fr.
Paris, Armand Colin, 1895 (collection des *Questions du temps présent*). 2ᵉ édition, 1895.

La Vie intellectuelle du Catholicisme au dix-neuvième siècle (chapitre I du livre X de la *France chrétienne dans l'histoire*, Paris, 1896, Firmin-Didot).

Éloge du P. Gratry, 1 vol. in-8°. . . . .   75 c.
Paris, 1896, chez les éditeurs du P. Gratry, P. Téqui (ancienne maison Ch. Douniol), et V. Lecoffre.

De la Virilité intellectuelle. Discours prononcé à Lyon le 20 mars 1896. 1 vol. in-18 jésus. . . . . . . 60 c.
Paris, 1896, Belin frères.

LE
PRIX DE LA VIE

PAR

Léon OLLÉ-LAPRUNE

MAÎTRE DE CONFÉRENCES A L'ÉCOLE NORMALE SUPÉRIEURE

TROISIÈME ÉDITION

PARIS

BELIN FRÈRES, LIBRAIRES-ÉDITEURS

RUE DE VAUGIRARD, 52

1896

SAINT-CLOUD. — IMPRIMERIE BELIN FRÈRES.

AVANT-PROPOS

Que penser et que faire de la vie? J'ai posé cette double question il y a quelques années devant un auditoire de jeunes gens, et tout mon cours de 1887-1888 à l'École Normale a été un essai de réponse devant ces hommes de vingt ans : avec eux, si je puis dire, j'ai cherché quel est le sens de la vie, si elle est bonne et à quoi elle est bonne, quel en doit être l'emploi. Je reprends ici, dans un livre, la même étude. Le titre que je donne à ce livre en résume l'idée maîtresse. Le Prix de la vie ! Je suis convaincu, et je voudrais convaincre les autres que la vie est singulièrement précieuse, si l'on sait voir ce pour quoi elle nous est donnée et ce que nous pouvons et devons en faire.

29 juin 1894.

PRÉFACE
DE LA TROISIÈME ÉDITION

Quand, il y a deux ans bientôt, j'offrais au public ces études sur ce que je puis nommer la *philosophie de la vie*, ou encore, d'un beau mot emprunté à Aristote, la *philosophie des choses humaines*, je disais : « Je suis convaincu, et je voudrais convaincre les autres que la vie est singulièrement précieuse, si l'on sait voir ce pour quoi elle nous est donnée et ce que nous pouvons et devons en faire. »

C'est bien là l'idée maîtresse de ce livre, et c'est pour cela qu'il a pour titre le *Prix de la vie*. A cette déclaration je n'ai rien à ajouter, sinon, peut-être, que du double souci partout présent dans ces pages, celui de ne point mutiler l'homme et celui de prêcher le devoir d'agir, l'urgence, si je puis dire, est de plus en plus visible et va croissant.

Dans l'ordre intellectuel et philosophique, s'il est vrai que l'on constate une certaine aspiration à une synthèse de plus en plus compréhensive, une attention plus sérieuse donnée à des faits de différentes sortes longtemps négligés, un certain élargissement des cadres de la pensée et de la pensée elle-même, il est vrai aussi que la persistance trop générale de vieux préjugés entrave ce retour aux meilleures pratiques et ces heureuses nouveautés, et condamne les désirs, les efforts, les tentatives à demeurer trop souvent stériles ; qu'à l'égard des sciences il subsiste en bien des endroits une méconnaissance fâcheuse de leur véritable esprit, de leur juste portée et, par suite, un emploi peu judicieux de leur méthode et de leurs résultats ; et qu'enfin à l'égard de ce qui est chrétien la défiance est grande, très grande en beaucoup de régions du monde qui pense, ou qui croit penser, et en beaucoup d'autres, l'intolérance même est très aveugle, très haineuse, très active. Ainsi l'humanité se divise d'avec elle-même, et rejette ou néglige quelque chose d'elle-même et des ressources mises à sa disposition. D'autre part, « l'anarchie intellectuelle », que Jouffroy signalait déjà en 1834[1] comme une suite « de l'individualisme le plus exagéré et le plus complet », envahit toutes les parties de la pensée, elle a atteint la morale, elle est extrême ; des tendances diversement puissantes se disputent les esprits, aucune école ne prévaut, aucune influence même n'est décidément dominante, et dans l'universel désarroi il se trouve que c'est à l'énergie individuelle elle-même d'entreprendre la restauration de l'autorité de la vérité qui domine et rallie les intelligences : chacun doit s'appliquer plus que jamais, mieux que jamais, à consulter courageusement et fidèlement les principes et les faits pour se rendre plus que jamais, mieux que jamais, capable de voir clair, de juger et de conclure, précisément parce que ce n'est guère plus la mode ; c'est par cette application soutenue que les esprits peuvent se garantir des préjugés et des erreurs ; c'est grâce à cette application qu'ils peuvent reprendre de la consistance et trouver par quoi se rapprocher et se réunir.

Dans l'ordre social et politique, il en est de même : beaucoup de nobles et de généreuses aspirations, mais le vieil esprit de division, de rancune, de défiance et de haine toujours vivant ; un affreux égoïsme, en dépit de belles paroles et de beaux rêves, séparant les hommes et tout prêt à les armer les uns contre les autres ; et, devant les périls qui menacent la société, l'initiative individuelle, l'énergie individuelle plus que jamais néces-

---

1. *Cours de Droit naturel.* 10e leçon, Du scepticisme actuel.

saire pour garantir les vrais intérêts sociaux et pour préparer de nouveaux groupements et par là ramener peu à peu la paix sociale et quelque consistance politique.

Tout ce que nous voyons nous commande donc, plus impérieusement et plus vivement que jamais, de ne rejeter, de ne négliger aucune des ressources qui sont à notre disposition, et de ne pas nous endormir dans l'attente chimérique et malsaine de je ne sais quels sauveurs qui, dans la sphère de la pensée et ailleurs, nous dispensant d'agir et de combattre, rétabliraient pour nous, sans nous, l'ordre troublé.

Les considérations sereines qui remplissent ce livre ont leurs conséquences dans le milieu où chacun de nous est placé. Pour philosopher, il faut regarder les choses dans la lumière des principes et s'élever au-dessus des menus détails comme au-dessus des petites passions : mais philosopher, ce n'est pas se retirer dans je ne sais quelle région abstraite et vide ; ce n'est pas devenir étranger à son pays, à son temps ; ce n'est pas se désintéresser des grands intérêts humains. Si ces pages ont contribué, pour leur petite part, et peuvent contribuer encore à rappeler la nécessité, l'urgence, le devoir d'aborder toutes les questions spéculatives et pratiques qui s'imposent à nous, avec toutes les forces de l'homme tout entier et avec la résolution de payer de notre personne, je me réjouis de les avoir écrites et je souhaite qu'elles se répandent. Plus que jamais il faut que notre devise soit : marcher toutes forces unies, *viribus unitis*, et agir, chacun de son mieux, en homme de tête, de cœur, de caractère, *pro virili parte*.

Dans toute recherche spéculative ayant quelque portée, dans toute tentative de réforme dépassant les détails qu'on pourrait appeler techniques, il faut déployer et employer toute la nature humaine, toutes ses capacités, tous ses trésors, tout ce qu'elle est, tout ce qu'elle a, tout ce qu'elle peut, je dirai aussi tout ce qu'elle souhaite et espère. Et si par delà « l'homme purement homme », comme disait Descartes, par delà l'homme avec le sentiment et la raison, avec les sciences, les arts, l'expérience des siècles, il y a encore ce que le même Descartes appelle « une merveille, à savoir l'Homme-Dieu », il faut déployer aussi et employer cette autre ressource, cette ressource divine apportée à l'humanité. En méconnût-on l'origine surhumaine, il faudrait du moins reconnaître l'importance de la conviction que cet ordre surnaturel existe et tenir compte des effets qu'une telle conviction a produits et continue de produire. C'est une façon de penser et de philosopher très mesquine et très étroite que de réduire l'homme aux sens, ou au sentiment, ou à la pure raison, que de tout ramener à l'industrie, ou à l'art, ou à la science, que de ne considérer dans l'histoire que les seules actions militaires, ou les seules combinaisons politiques, ou les seuls problèmes économiques, ou même les seuls conflits d'idées. C'est une autre mesquinerie et une autre étroitesse de supprimer la sphère religieuse et de traiter de l'homme et des choses humaines comme si le christianisme n'existait pas. Ritter a remarqué, dans son *Histoire de la philosophie*, que « nous portons en nous beaucoup de choses qui ne sont dues qu'au christianisme et qui, devenues en nous une seconde nature, ne nous semblent point être l'effet du christianisme, mais celui de la nature humaine universelle ». On a beau dire et l'on a beau faire, il y a du christianisme dans toutes les veines de l'homme moderne, aujourd'hui et en France particulièrement, et c'est pour cela que la plus grosse question qui s'agite autour de nous, et je pourrais dire en nous, est la question religieuse. L'objet de ce grand débat c'est, au fond, de savoir si ce christianisme latent, persistant, est un venin qu'il faut expulser, ou un principe de vie qui peut tout ranimer et faire refleurir. C'est donc la plus vaine des choses que de vouloir qu'un homme qui pense fasse abstraction et de la question et de la solution. Demander à un philosophe attentif aux vérités morales de ne jamais regarder du côté du christianisme, c'est le condamner à une arbitraire et dangereuse relégation. Et, s'il a la conviction que le christianisme est vrai et fécond, demander à ce même philosophe de s'en taire sous prétexte de méthode, c'est le condamner à une coupable mutilation.

Est-ce à dire qu'il faille tout mêler? Non pas, car tout mêler, c'est tout brouiller. Est-ce à dire qu'il faille à tout propos faire intervenir le christianisme et la théologie? Non pas, car chaque science a son domaine propre, et doit s'y affermir suivant ses principes propres et sa méthode propre, et en poursuivre, en achever, si c'est possible, l'entière conquête; mais l'homme, l'homme qui pense, s'il a une façon de penser large et haute, cet homme relie et domine ces domaines divers, et dans chacun il demeure ce qu'il est, entier, homme complet et, si c'est un chrétien, chrétien complet. J'ajouterai que chaque science même s'étiolerait, dépérirait, si aucune communication n'existait entre les diverses parties de la connaissance humaine; et la philosophie plus sûrement que tout le reste, puisque la philosophie est essentiellement synthèse supérieure ou n'est rien qu'une sorte de redite en autre style des sciences particulières. En tout cas, se séparer d'une partie de soi-même pour penser, et séparer des choses unies dans la réelle complexité des faits, du passé historique et des questions actuelles, c'est un procédé dont l'habitude de compartiments convenus dans des programmes d'enseignement peut seule voiler le vice radical. D'une part, comme disait en 1857 Charles Secrétan[1], « le philosophe devient chrétien sans abdiquer, lorsqu'au lieu de tergiverser, il a regardé le christianisme en face, comme un fait historique dont la philosophie de l'histoire est tenue de rendre compte, et qu'il s'est convaincu qu'une intervention directe de Dieu dans l'histoire est la seule raison suffisante de ce phénomène. » Et, d'autre part, une fois le christianisme admis, une « séparation absolue entre la philosophie et la religion » est, selon la

---

1. *Recherches de la méthode qui conduit à la vérité*, etc.

remarque de M. Ernest Naville[1], une « séparation factice, momentanée, et destinée à disparaître dans les âmes éclairées et sérieuses ». Je veux dire que devant les très hautes ou les fondamentales questions, le chrétien qui est philosophe ou le philosophe qui est chrétien ne saurait se résigner à se priver de sa foi, et que l'essayer serait folie. Sans doute il usera de la « nue raison », comme dit encore M. Naville, le plus possible ; il ira avec la raison seule le plus loin qu'il pourra, il ne négligera aucun des procédés, aucune des précautions que la raison recommande ; il sera, le plus et le mieux possible, raisonnable ; il emploiera, pour discuter avec ceux qui ne reconnaissent que la seule raison, les ressources de la raison seule ; mais quelle sagesse serait la sienne si, convaincu qu'il y a autre chose, il s'interdisait, par je ne sais quel scrupule, d'y faire allusion ? Nos prudences malavisées et nos étroites timidités ne rétréciront ni les questions ni les choses. Elles n'empêcheront pas que le Christ ne soit venu. Et si l'on se réjouit dans son for intérieur qu'il soit venu, comment se réduire à n'en pas tenir compte et à le traiter en public comme non avenu ? Comment parcourir les problèmes que soulève la pensée et ceux que présente l'ordre social et politique, sans qu'à la façon d'envisager ces problèmes et d'en tenter la solution il paraisse jamais que le Christ est dans le monde et qu'on y croit ?

Ainsi la philosophie conspire contre elle-même si elle ne se débarrasse du parti pris de mutiler l'homme, la vie, les choses, l'histoire. Comme il faut qu'elle tâche d'égaler ses vues à toute la réalité donnée, elle doit conseiller, elle doit prescrire, elle doit essayer elle-même d'user de tout l'homme et de toutes les ressources humaines et divines mises à la disposition de l'homme.

L'autre conviction qu'il importe de rappeler sans cesse, c'est que chacun doit agir.

---

1. Œuvres inédites de M. de Biran, t. I, Introduction générale à la philosophie de M. de Biran, p. 196.

Rien n'est plus insupportable que d'entendre de braves gens dire d'un air désolé : S'il se trouvait un homme! Vœu insensé, vœu lâche. Je n'ai pas la sottise de nier que les grands hommes soient bons à quelque chose, mais ils cessent de faire du bien quand leur action se substitue à toute autre. Henri IV, à la fin du seizième siècle, a eu un rôle admirablement salutaire : il a clos une période de troubles extrêmes, il a été vraiment un pacificateur; par sa haute intelligence et sa puissante action, il a trouvé et il a fait triompher la solution du problème posé en France. Il n'a rien étouffé, il a discipliné, dirigé les forces vives de la nation, il ne les a pas supprimées[1]. En tout cas, invoquer un remède et un secours extraordinaire par lassitude de combattre soi-même, c'est se rendre incapable de profiter comme il faut de ce secours et de ce remède, s'ils viennent, c'est par avance les tourner en obstacles à la vraie amélioration intellectuelle, morale, sociale, politique. Nous parlons beaucoup de liberté, nous n'avons pas « les mœurs de la liberté[2] ». Beaucoup d'honnêtes gens ne détestent pas qu'on les mène, parce que pour aller sans être mené il faut peiner. Un César à qui l'on peut dire avec admiration et reconnaissance,

Quum tot sustineas et tanta negotia solus,

un homme fort sur qui repose tout le poids des affaires et qui assure notre repos, ne déplaît pas à certaines paresses, et s'il y avait dans l'ordre intellectuel aussi des Césars, il se trouverait des gens pour leur remettre l'empire de la pensée et le soin de le pacifier. Beaucoup d'hommes rêvent d'un dieu humain qui leur fasse des loisirs,

deus nobis hæc otia fecit.

Heureusement Dieu nous fait entendre, si je puis dire, de toutes les manières qu'en tout ordre de choses son des-

---

1. Voir *Les luttes religieuses en France au seizième siècle*, par le vicomte de Meaux, et la *Réforme sociale*, par Le Play.
2. Georges Picot, *Les mœurs de la liberté*, discours prononcé à Amiens en février 1896.

sein est autre, et que c'est à nous, à chacun de nous de prendre en main virilement la défense des intérêts les plus chers, de remédier aux maux dont l'humanité souffre, de préparer un meilleur avenir. L'histoire, elle aussi, paraît se démocratiser. Et il ne s'agit pas ici de nivellement, il s'agit d'effort personnel pour élever les esprits et les âmes; il s'agit d'une plus large et comme d'une universelle diffusion de l'énergie intellectuelle et morale. Il faut que chacun soit de plus en plus, de mieux en mieux homme : *Confortare et esto vir* [1]. Le siècle finissant aura eu, grâce à Dieu, un grand Pape pour l'éclairer et le guider; grâce à Dieu, je l'espère, il ne verra rien qui ressemble à un César. Et de plus en plus peut-être, nous paraîtrons réduits à l'impuissance de restaurer les indispensables bases de la société et de l'ordre; cela servira, je pense, à nous convaincre que nous avons, avec l'aide de Dieu, à « faire nos affaires nous-mêmes [2] ». Nous nous déciderons à des efforts intelligents et soutenus, et nous saurons nous unir entre nous ; nous serons convaincus qu'il faut que chacun fasse de son mieux son métier d'homme, et nous nous souviendrons que l'homme étant fait pour vivre en société, l'isolement ne vaut rien et ne peut rien. Chacun travaillera de son mieux à être sensé et bon, et les esprits droits et les âmes droites se rapprocheront malgré ce qui peut d'ailleurs les diviser : il se fera une ligue des honnêtes gens, une ligue du bien public, pour préparer de salutaires nouveautés. Est-ce un rêve? Pourquoi serait-ce un rêve? C'est conforme au sens de la vie, et, ce semble, au sens de l'histoire. C'est très certainement ce que la vie veut de chacun de nous, et c'est ce que les événements nous demandent. Que faut-il de plus pour nous décider?

23 avril 1896.

1. III *Reg.*, II, 2.
2. *De la Virilité intellectuelle*, discours prononcé à Lyon le 26 mars 1896, p. 30.

LE PRIX DE LA VIE

CHAPITRE PREMIER

LA QUESTION DE LA VIE

La vie, cette chose qui est en moi, qui est mienne, et qui de tant de manières m'échappe, puisque je n'en ai pas le secret et que je n'en suis ni le principe ni le maître : quel objet incessant de mes pensées, de mes désirs, de mes soins ! Et, si je me mets à réfléchir, quelle énigme ! Je porte sur la vie les jugements les plus divers, les plus contradictoires : je la juge bonne, et je la déclare mauvaise ; je l'estime, et je la méprise ; je tiens à la conserver comme une chose précieuse et chère entre toutes, et je la prodigue comme une chose vile. Tantôt il n'y a rien de plus grand ni de meilleur, tantôt rien de plus pauvre, de plus mesquin, rien de pire. Je m'en lasse et m'en dégoûte, je m'y attache et m'y complais. Au fond, c'est bien le mot qui résume toutes mes aspirations, toutes mes ambitions, toutes mes espérances, toutes mes joies; et si, par moments, il semble résumer toutes les peines, toutes les désespérances, toutes les déceptions, c'est que, dans cet espace de temps qui en est la mesure et que nous nommons lui-même la vie, des événements fâcheux et des circonstances contraires en ont empêché le déploiement libre : elle n'a pu s'épanouir, elle n'a pu être elle-même; et alors froissés, blessés, rabroués, si je puis dire, ce n'est pas de vivre que nous nous plaignons, c'est de ne pas vivre assez. Tant il est vrai que vivre est ce à quoi nous tenons par le fond de notre être! Ne hasardons ici aucune formule philosophique, ce serait prématuré; mais enfin, être et tendre à persévérer dans l'être, n'est-ce pas tout un? et pour l'être vivant, quelle différence concevoir entre vivre et tenir à vivre?

Je tiens donc à vivre, j'aime à vivre, je veux vivre, et cela de toutes les façons. Je n'ai pas besoin, en effet, de réfléchir beaucoup pour m'apercevoir que la vie en moi est multiple, que les opérations vitales sont diverses, et bientôt je remarque qu'entre ces formes variées de vie que je trouve en moi il y a une liaison et aussi un ordre. Les unes m'apparaissent comme la condition et la base de tout le reste; les autres se montrent à moi comme plus belles et plus estimables que ce sans quoi, d'ailleurs, il semble qu'elles ne pourraient exister. A première vue la vie organique est le support de tout; mais la vie intellectuelle, la vie morale ont une valeur plus grande que ce qui les rend possibles, et si haute en est la dignité que, pour l'amour d'elles, on peut, que dis-je? l'on doit renoncer à la vie organique. Je veux vivre, et parfois pour vivre il faut mourir. Quelle étrange chose! Et comme toutes ces formes de la vie, enchevêtrées les unes dans les autres, rendent difficile de juger de la vie! Les formes nobles sont, en un sens très vrai, ce semble, dépendantes des formes inférieures. Ainsi le feuillage, la fleur et le fruit de l'arbre supposent les racines enfouies dans la terre. Et ces mêmes formes nobles apparaissent comme ayant une telle excellence qu'elles méritent que tout leur soit sacrifié : on dirait alors qu'elles subsistent par elles-mêmes : et pourtant, est-ce donc le moyen de conserver dans leur éclat le feuillage et la fleur, et de faire parvenir à sa maturité le fruit, que de couper l'arbre qui les porte?

La vie est bien ce que nous connaissons le mieux, et c'est, en même temps, ce qui nous est le plus inconnu. Nous n'en avons aucune idée nette. Dès que nous y arrêtons notre pensée, nous voyons que, sur cet objet si familier et si intime, la confusion est extrême. Nous ne savons qu'en penser, pensant d'elle tant de choses différentes et contraires. Si nous nous demandons ce que nous en pouvons faire, l'embarras est le même. Nous en voyons tant d'emplois différents, tant d'usages opposés! Et ainsi nous constatons que les premières réflexions sur la vie achèvent d'en brouiller le sens et nous exposent à l'impuissance d'en prendre la direction. Commençant à l'interroger, nous n'entendons plus du tout ce qu'elle est ni ce qu'elle vaut, ni ce qu'elle nous veut; nous ne savons plus comment l'orienter. Elle est devant nous à l'état de question : nous voudrions découvrir le mot de l'énigme, et nous n'y réussissons pas. Elle est devant nous à l'état de chose pratique, d'affaire à conduire, de bataille à engager : il nous faut un mot d'ordre, et nous ne savons où le trouver.

Le mieux serait-il donc de se laisser vivre sans y penser jamais? On aurait au moins pour aller et se mouvoir la nature, l'instinct, et aussi la coutume et la tradition. Si la réflexion empêche de vivre parce qu'elle embrouille les raisons de vivre et diminue les forces vives, il faut renoncer à réfléchir.

Non, il ne faut pas renoncer à réfléchir : il faut réfléchir davantage et mieux.

En toute matière, pour se faire des choses une idée nette et distincte, un effort est indispensable : effort d'attention, grâce auquel on écarte toutes les idées circonvoisines, accessoires, étrangères; une fois qu'on a dégagé ainsi d'un entourage trop touffu quelque point simple, la lumière se fait : on saisit nettement telle chose, on en a une notion distincte et exacte. Puis, grâce à un nouvel effort, on ouvre cet objet : après l'avoir distingué de tout le reste, on y distingue ce qu'il contient en soi; on y pénètre pour en visiter les replis, pour en scruter les détails, pour en apercevoir les appartenances, les suites, les dépendances, les replis obscurs; on en obtient ainsi une connaissance de plus en plus complète, de plus en plus profonde. Voilà comment l'on procède en tout ordre de choses : il s'agit, non pas de découvrir ce que personne n'aurait jamais soupçonné, de révéler ce que personne n'aurait jamais dit, mais de mettre à nu ces idées essentielles qui se laissent saisir par tous dès qu'elles sont débarrassées du reste, ces points simples sur lesquels tout le monde est d'accord, puis, par un second travail de la pensée, d'en développer le contenu; car si l'idée simple est claire, elle est riche aussi et féconde, et la déployer, la dérouler, faire voir les trésors qu'elle recèle,

... atria longa patescunt,

c'est la tâche et c'est la récompense de la pensée philosophique, attentive, réfléchie, docile à la leçon que lui donnent les faits et aux éternelles exigences de la saine raison.

Je veux savoir que penser de la vie et qu'en faire. Je commence par me recueillir. Je m'efforce de faire cesser ce tumulte incessant des événements, des choses et des hommes, autour de moi, des images, des mots et des arguments, au dedans de moi. Je veux user de mon esprit, voir par moi-même ce qu'il en est, prononcer avec connaissance de cause. Non que je prétende m'enfermer en moi-même pour tout tirer de moi. Je comprends trop l'absurdité et le danger qu'il y aurait pour moi à vouloir être ce que Leibniz appelle un *solipse*, à regarder comme non avenu ce que pensent les autres, à user de mon esprit comme si tout commençait à moi. Mais l'étude que j'entreprends demande que je me mette moi-même en face de mon objet et que je travaille à en juger à bon escient. Je m'engage donc dans cette étude avec une entière sincérité, résolu à tout faire pour bien voir, résolu aussi à ne jamais redouter la vérité connue : j'en veux embrasser par avance toutes les conséquences. Mon étude est toute spéculative; mais sans doute, en cette matière, les conséquences pratiques ne seront jamais loin. Si telle vérité a dans la pratique telle suite contraire aux passions humaines, ce ne sera jamais pour moi une raison d'hésiter devant la vérité, de la nier, même de l'atténuer. Il n'y a de sincérité complète, de sincérité véritable qu'à ce prix. Je veux être sincère de cette manière-là. Et maintenant je commence.

CHAPITRE II

LES DONNÉES ET LA MÉTHODE

Je commence : mais par où et avec quoi ? Où prendre mon point de départ ? et qu'ai-je à ma disposition en commençant ?

Il faut que ma première affirmation soit telle que pour être posée elle n'en suppose aucune autre. Cela est clair. Mais que puis-je affirmer qui ne suppose, pour être affirmé, aucune proposition antérieure ?

Des *faits*, et ma pensée avec certaines *exigences* (j'emploie à dessein ce mot pour ne rien préjuger).

C'est la situation du savant qui a recours à l'*observation* et à l'*expérience*, et qui se sert de sa *raison*.

Des faits incontestables, indéniables, *positifs*,

constituent un terrain solide sur lequel on peut, tout d'abord, mettre le pied, et si nous invitons les autres à s'y placer avec nous, qui donc osera dire qu'il ne le veut pas, s'il a son bon sens et s'il est de bonne foi ? Voilà donc bien un commencement, un vrai et légitime commencement.

Quant aux exigences de la pensée, pour se convaincre qu'il y en a en effet, il suffit de se dire ceci : Puis-je penser n'importe comment ? Puis-je affirmer n'importe quoi ? Mais non, ce n'est pas possible. Je puis rêver à ma fantaisie, je puis divaguer, je puis faire le sot ou le fou, si bon me semble ; mais je n'appellerai pas cela penser. Du moment qu'il s'agit de penser tout de bon, il y a lieu d'affirmer ceci ou cela, et ce n'est pas de mon caprice que l'affirmation dépend ; elle est valable ou non, et cette valeur n'est pas en mon pouvoir : ce qui est en mon pouvoir, c'est de faire tout ce qu'il faut pour voir comme il faut, pour juger comme il faut. Il y a donc bien de certaines exigences de la pensée contre lesquelles rien ne saurait prévaloir. Je ne dis rien de plus. Je ne cherche aucune explication de cela, je ne tente aucune théorie. Ce serait prématuré. Mais je constate l'existence de ces exigences, et je dis : Voilà encore le commencement, le vrai et légitime commencement. Si je me mets en présence de faits certains et si j'use de ma raison, en tenant compte de ces exigences auxquelles je ne pourrais me soustraire sans divaguer, je trouverai des propositions que j'affirmerai d'emblée sans supposer aucune autre proposition antérieure; et personne ne pourra les contester, à moins de manquer de sens ou de bonne foi.

Dans la question de la vie, le premier fait que je note, c'est que, en un sens, je puis faire de ma vie ce que je veux, et, en un autre sens, je ne puis pas faire de ma vie ce que je veux.

Je laisse de côté les difficultés auxquelles ces deux affirmations peuvent donner lieu, les mille questions qu'elles suscitent, les explications tentées, les théories édifiées. Prenons les faits eux-mêmes : ils sont incontestables.

C'est un fait que de ce que j'appelle la vie je puis, en un sens, faire ce que je veux. Et si d'ailleurs je ne pensais pas que je puis faire de ma vie ce que je veux, toute question relative à l'usage à faire de la vie serait superflue, oiseuse.

C'est un fait aussi, et non moins incontestable, que de ce que j'appelle la vie je ne puis pas faire ce que je veux. Il y a les mille empêchements que je rencontre à l'accomplissement de mes désirs et de mes projets. Il y a autre chose encore. En effet, si tous les usages de la vie se valent, si c'est chose entièrement indifférente que je choisisse celui-ci et que je rejette celui-là, si ceci n'est pas à rechercher et cela à éviter, s'il n'y a pas de raisons de préférer ceci à cela, à quoi bon poser la question de la vie? C'est perdre le temps : il n'y a qu'à se taire.

Voilà donc deux faits, ou, si l'on aime mieux, un double fait impliqué dans le fait même de la question posée et partant hors de cause, et tel qu'il est naturel et légitime de l'affirmer dès le début. Partant encore, si je veux proposer aux autres mes idées ou examiner celles des autres, j'ai là en commençant un point pris pour accordé, donc quelque chose de commun entre les autres et moi, quelles que soient d'ailleurs nos divergences d'opinions, et, dès lors, la discussion sera possible : car, pour discuter, il faut qu'il y ait au moins une chose qu'avant toute discussion l'on entende de la même manière des deux côtés.

Je note, en même temps, que certaines propositions rencontreront, je le prévois, une résistance. D'où peut venir cette résistance? D'un préjugé, dira-t-on. Sans doute, car ce ne peut être que quelque chose qui précède le jugement actuel.

Mais ce qui précède tel jugement actuel est préjugé au sens fâcheux du mot, si la source en est dans quelque habitude de l'esprit née sans réflexion, dans quelque influence inaperçue de la coutume, de l'exemple, dans quelque passion qui inspire insensiblement la pensée. Alors l'énoncé de certaines propositions provoque la résistance de l'homme esclave de la routine, de l'homme aveuglé, de l'homme passionné, parce que ces propositions contrarient ses vues accoutumées, ou ses préventions. Mais, s'il se trouvait que certaines propositions touchant la vie provoquassent la résistance de l'homme *qui se sent et se sait homme*, faudrait-il encore crier au préjugé? Ne conviendrait-il pas plutôt de reconnaître là quelqu'une de ces exigences dont nous parlions plus haut, et contre lesquelles rien ne prévaut?

Se sentir et se savoir homme, et non pas chose et animal, c'est un sentiment et c'est une notion où assurément il y a bien de l'acquis. Je le reconnais. Il ne serait pas malaisé de montrer ce qui y entre de résultats de l'éducation, de l'hérédité, de la culture reçue, de la civilisation. Mais, si je considère le fond, je le retrouve partout; et là où il n'est pas, là du moins où il est par trop rudimentaire, je dis : Ce n'est pas vraiment l'homme. Et je parle, s'il s'agit d'un individu, d'exception, de monstruosité; s'il s'agit d'une race, de dégénérescence, d'état embryonnaire : je ne veux plus voir là qu'un vestige effacé de l'humanité, ou qu'une ébauche informe. Et quiconque a son bon sens et est de bonne foi voit comme moi et parle comme moi.

Telles sont les ressources naturelles que j'ai tout d'abord à ma disposition pour juger de la vie et pour examiner et discuter toute proposition relative à la vie : un double fait indéniable, et une certaine notion de l'homme, qui me permet d'en appeler de l'homme à l'homme, je veux dire d'en appeler du penseur distrait ou ébloui à l'homme même.

Ainsi, que l'on me propose un épicurisme éhonté (j'emploie le mot épicurisme pour abréger, au sens vulgaire). Tout de suite, d'emblée, je dirai : Ce que vous me proposez, c'est une vie bestiale. Et je rejette la vie bestiale, βοσκημάτων βίον, comme disait Aristote, par la très simple raison que je ne suis pas une bête, mais un homme.

Si l'on répond : Mais cela me plaît; je répliquerai : Mais cela ne doit pas vous plaire. Et, si l'on me presse, la réponse que je pourrai donner sera celle-ci : Cela ne doit pas vous plaire comme cela ne doit pas me plaire à moi non plus, parce que cela ne convient pas à l'homme. *Non est hominis, non est humanum, non decet hominem.* L'homme ainsi compris, l'homme dans cet état, ce n'est plus l'homme.

Est-ce parler au nom d'un préjugé que de parler ainsi? Assurément non ; ou si l'on tient à nommer cela un préjugé, il faut dire que c'est un préjugé fondé sur la nature humaine, ayant dans la nature humaine sa racine, donc une exigence de la nature humaine, une exigence de la raison humaine en présence du fait de la vie.

Maintenant, muni et armé de la sorte, quel ordre vais-je me faire pour l'investigation que j'entreprends? Quel sera mon premier objet d'étude? Il me semble que ce doit être une première idée de la vie qui m'est suggérée par la question même. Je constatais tout à l'heure que, puisqu'il y a une question de la vie, dans un certain sens je fais de la vie ce que je veux, et dans un autre sens je n'en fais pas ce que je veux. C'est dire que, dans la vie, il y a bien des choses que je subis et bien des choses qui, dans une certaine mesure, dépendent de moi. Cela seul suffit à donner à la vie je ne sais quoi de grave. Je constatais aussi que certaines choses me paraissent convenir à l'homme et d'autres ne lui point convenir. L'idée de l'homme m'apparaît, dès mes premières réflexions, avec un certain caractère de grandeur, et voilà encore de quoi faire de la vie quelque chose de sérieux. Bien vite se présentent à moi les mots les plus nobles et les plus imposants : le devoir, la dignité humaine, la responsabilité. Mais je ne veux pas laisser mes pensées se précipiter. Je veux les conduire par ordre, pour voir plus clair et pour juger plus sûrement. De cette première vue sur la vie je ne veux retenir que ceci : la vie paraît quelque chose d'important, de grave, de sérieux. Est-ce vrai? Tel est le point que je dois d'abord examiner. Cela me paraît d'une bonne méthode.

Cependant une réflexion s'offre à moi : c'est que si le sérieux de la vie est la première chose qui sollicite mon attention, ce n'est peut-être pas seulement parce que cette proposition naît pour ainsi dire de la question ; c'est aussi et surtout peut-être parce qu'elle répond à une des préoccupations les plus pressantes de ce temps. Je me suis recueilli en moi-même pour méditer, mais je ne veux pas pour cela demeurer étranger aux préoccupations contemporaines; je l'ai déclaré dès le début. Or, une des opinions les plus en vue sur la vie, à l'heure qu'il est, c'est celle qui la répute vaine. Beaucoup d'hommes, aujourd'hui, ne voient dans la vie qu'une sorte de jeu ou un spectacle propre à intéresser les gens intelligents et cultivés, et à leur procurer d'esthétiques jouissances. Je le sais. J'entends ces discours, et si cette idée de la vie n'est pas toujours énoncée distinctement, elle se retrouve sans cesse inspirant d'une manière tacite les jugements, les sentiments, la conduite. C'est en partie pour cela, je n'en doute pas, que le sérieux de la vie m'apparaît comme le premier objet d'examen et d'étude que je doive choisir. Le dilettantisme étant pour ainsi dire dans l'atmosphère intellectuelle et morale, il faut avant tout que je sache à quoi m'en tenir sur cette conception de la vie.

Mais, si les opinions contemporaines me sont ainsi présentes, même quand je ne songe pas à les considérer expressément, n'est-ce pas le signe que je ferais bien de les considérer, en effet, dans leur ensemble avant d'entreprendre l'examen de l'une d'entre elles? Elles constituent un grand fait que je ne puis négliger. Je suspends donc l'examen du dilettantisme, et je me livre à une sorte d'enquête pour savoir ce que mes contemporains pensent de la vie et ce qu'ils prescrivent ou conseillent d'en faire.

CHAPITRE III

LES OPINIONS CONTEMPORAINES

Trois puissances attirent tous les regards à l'heure qu'il est. Elles se disputent l'empire des âmes : chacune d'elles prétend nous fournir l'explication de la vie et en déterminer la direction; les trois ensemble forment un certain esprit d'où sort une conception assez nouvelle de la destinée humaine et de la conduite humaine. Ces trois puissances sont l'Art, la Science et la Critique. J'écris ici ces mots en lettres majuscules. Je suis un usage que je ne crois pas bon en général. Il me semble qu'ici c'est un moyen de marquer aux yeux pour ainsi dire que ces puissances exercent un grand empire sur les pensées et les actions des hommes.

Chacune d'elles implique une idée qui en est

comme l'âme : cette idée, appliquée à la question de la vie, y devient principe d'explication et principe de direction.

Pour l'Art, au moins dans beaucoup d'esprits, l'idée maîtresse, ou principale, ou vitale, c'est l'idée d'une activité abondante, surabondante, qui se déploie librement, sans être assujettie à aucune nécessité, ni non plus à aucune obligation : activité qui se dépense comme en se jouant, sans autre raison que l'abondance même de la vie; en sorte que, par cette liberté même et cette fécondité, elle a dans son jeu ce charme souverain de ce que nous nommons grâce et beauté et elle produit sans but précis des œuvres superflues, inutiles, dont la valeur esthétique est la seule raison d'être.

Dans la Science, l'idée maîtresse est bien différente : c'est celle d'un enchaînement régulier d'antécédents et de conséquents, auquel on donne le nom de *déterminisme* scientifique.

Dans la Critique, l'idée maîtresse est à la fois semblable et différente : c'est l'idée d'*évolution*, laquelle en effet semble impliquer le déterminisme, mais sans y être elle-même impliquée; car l'évolution est un développement à partir d'un germe, développement soumis apparemment à la loi du déterminisme; mais le déterminisme se conçoit en dehors de toute évolution proprement dite : une connexion ou suite régulièrement uniforme n'est pas nécessairement un développement à partir d'un germe.

Ces trois idées maîtresses produisent chacune une tendance à considérer la vie d'une façon particulière.

Ou la vie est elle-même une sorte de jeu; ou elle est un système déterminé à la façon de tout ensemble de faits physiques ou chimiques ou physiologiques; ou enfin elle est une évolution. L'expliquant par les principes mêmes de l'Art, ou de la Science, ou de la Critique, tantôt on n'y voit qu'un mouvement souple et varié, témoignage d'une activité très riche, très belle peut-être, mais sans but; tantôt on la considère comme une *partie* d'un tout bien lié; tantôt on y reconnaît un *moment* d'une vaste et longue évolution.

Puis, mêlant ces diverses idées, on est porté à comparer la vie à un organisme qui a ses lois et aussi ses fantaisies explicables au fond par ces lois mêmes. Alors on parle de la vie sans introduire dans le discours aucune notion morale. Le devoir, la responsabilité, la loi morale et la liberté morale, tout cela a eu son heure dans l'évolution humaine; mais tout cela ne compte plus, tout cela est sans fondement, sans réalité. Pour l'organisme dont l'activité débordante se dépense en un jeu sans objet et par cela même charmant, pour l'organisme dont toutes les fonctions sont soumises à d'invariables lois, pour l'organisme enfin dont une évolution régulière explique la naissance, la croissance, le déclin et la mort, y a-t-il lieu de parler de liberté morale, de devoir, de responsabilité?

Cependant il y a lieu de donner à la vie humaine une certaine direction : car il est manifeste qu'à certains égards on l'ordonne à son gré, soit qu'en ces desseins mêmes et en ces résolutions, on soit maître de soi ou mû par d'invisibles ressorts. On l'arrange donc ou avec des préoccupations esthétiques; ou avec des préoccupations scientifiques; ou avec des préoccupations critiques.

Dans le premier cas, on la considère moins de l'œil de l'artiste qui crée que de l'œil de l'amateur qui regarde : y voyant un jeu destiné à plaire, on tâche que le jeu soit aussi agréable, aussi intéressant que possible.

Dans le second cas, on tâche avant tout de la comprendre; mais quand les choses sont comprises, c'est-à-dire ramenées à des lois qui les expliquent, elles sont sous la main du savant qui les comprend; les lois claires sont aussi des lois fécondes; de l'explication lumineuse sort une impulsion puissante. Savoir, c'est pouvoir. La science est conquérante. De là, dans l'ordre des choses humaines, une tendance née de la science, née du déterminisme scientifique, tendance à refaire le monde, dans la mesure où il dépend de nous, selon les formules de la science même. La conception toute scientifique de la vie donne lieu ainsi à des projets de réforme humanitaire. Le rêve parfois est le fruit de la science positive. C'est elle surtout peut-être qui aujourd'hui engendre les utopies.

Envisage-t-on la vie avec des préoccupations critiques? On tâche de multiplier les occasions et les matières d'observation; puis l'on remarque que c'est comme multiplier la vie même; et pour cela on s'affranchit de tout ce qui resserre, limite, restreint l'activité. Le critique trouve que la joie de la vie, la raison de la vie, le but de la vie, c'est de tout voir, de tout pénétrer, de tout expliquer, de s'identifier avec tout, de vivre en tout et de tout, et, pour ainsi dire, de vivre soi-même toute vie.

Quel sera, dans chacune de ces régions, le mot d'ordre? Dans la région de l'Art ou plutôt de l'esthétique, le mot d'ordre sera : Jouis du jeu auquel tu assistes, et joue toi-même si tu peux, et jouis de ton propre jeu. L'important, c'est de s'assurer une bonne place au spectacle de la vie.

Dans la seconde région, le mot d'ordre sera : Comprends le mécanisme des choses, et fais toi-même ton rôle de rouage. Le tout est de comprendre. En comprenant, on prend sa part de puissance dans l'univers, on coopère à la marche de la machine totale. On est broyé, l'heure venue, par la nécessité : comme elle nous fait tout ce que nous sommes, elle nous défait. Mais le voir, le savoir, le comprendre est précisément toute la raison de vivre pour l'homme qui pense.

Dans la troisième région, le mot d'ordre sera : Jouis de tout et comprends tout, et par là étends, affranchis, dilate, accrois ta puissance de vivre;

vis toutes sortes de vies; à force de comprendre et de jouir en comprenant, tu te multiplieras comme à l'infini, tu seras pour ainsi dire toutes choses, dominant tout, n'étant retenu par rien, détaché de tout, trop clairvoyant pour être dupe de rien comme pour rien dédaigner, demandant à l'intelligence une source inépuisable d'illusions scéniques que l'intelligence même donne sans cesse le moyen de dissiper. Ainsi accomplis en toi-même l'universelle évolution, et, si par hasard tu allais être fasciné par le spectacle, vite romps le charme par un sourire, libère-toi par l'ironie.

Ces formules résument l'usage de la vie tel que le souhaitent aujourd'hui beaucoup de gens instruits et cultivés. Et avec cela il y a dans l'atmosphère intellectuelle des courants étranges et d'ailleurs contraires. Un vent de pessimisme envahit les âmes, les abat, les dessèche. En même temps je ne sais quels souffles viennent des régions supérieures et y emportent les âmes. On songe à ce qu'on appelle si volontiers « l'au delà ». On déclare qu'on ne sait ce que c'est, qu'on n'en peut rien savoir. Mais quand la connaissance cesse, la croyance va encore, va toujours; et si croire n'est plus guère possible, on peut du moins rêver, et le rêve a ses espérances. Découragements amers ou attendris, désespérances raisonnées ou poétiques, ou bien croyances vagues et presque sans objet, rêves vains mais sublimes, espoirs sans fondement aucun pour la raison mais agréables et stimulants, l'Art s'enchante de tout cela, la Science le suggère presque ou du moins le tolère, et la Critique y trouve un nouveau sujet d'étude qui la captive et la charme.

Voici maintenant une autre réponse à l'énigme de la vie, un autre but proposé à l'humaine activité. J'entends retentir un grand mot bien vibrant, et il fait fortune : la Pitié! Au nom de la Pitié, on nous prêche l'action, l'espérance, le courage. On condamne le dilettantisme et ses langueurs, le savoir sans entrailles, les projets inefficaces d'universelle réforme, les vaines discussions et querelles d'école, les négations procédant de l'analyse à outrance. On regarde, on touche, on panse de ses mains, on console avec son cœur l'humanité souffrante. On ne se borne pas à promettre aux hommes, comme dans les philosophies nées des sciences, une amélioration lointaine, ou à la préparer lentement par des moyens scientifiques; on y travaille tout de suite, et soi-même, et pour chacun, et l'on proclame que le beau de la vie, le tout de la vie, c'est de se dévouer pour les humbles, pour les petits, pour tous ceux qui souffrent; c'est de s'user, de se dépenser, de mourir s'il le faut, pour procurer leur soulagement par les œuvres qu'inspire une cordiale et efficace pitié.

Et pourtant, presque partout, règne ce que je pourrais nommer une grande désillusion morale. Même avec des sentiments nobles et une doctrine généreuse, on craint le plus souvent de donner aux termes qui désignent les choses morales leur sens plein, qui est aussi leur sens usuel et consacré. Le langage semble se vider, et c'est avec un scepticisme secret ou avec une hésitation venant de je ne sais quel respect humain que beaucoup de gens, et même ou surtout des philosophes prononcent les mots de devoir et de responsabilité.

Jamais peut-être la question de la vie n'a été

l'objet d'une plus générale attention; jamais non plus les fondements de la morale n'ont été plus violemment secoués. Un regard jeté sur les catalogues de nos libraires suffirait pour en convaincre l'observateur le plus superficiel. La *vie* entre dans l'intitulé des livres les plus divers, et d'autres titres non moins significatifs déclarent, avec éclat, la *crise* de la morale. Kant, dont l'influence maîtresse dure encore, a enseigné la défiance à l'égard de toute réalité transcendante, et la confiance dans le seul absolu que sa critique de la connaissance épargnât, ou plutôt, peut-être, dans celui qu'elle avait pour but de mettre hors de pair, l'*Impératif catégorique*, le Devoir. Or, cette confiance s'ébranle, et cet absolu tend à disparaître à son tour : beaucoup d'esprits, que les choses de la morale préoccupent, n'y veulent plus rien que de relatif, des *faits*, là comme ailleurs, et non des *principes*, des *mœurs*, mais plus de *morale*, ainsi que le disait Schérer, dès 1861, dans un article célèbre[1].

Une nouveauté très remarquable, la plus remarquable peut-être de ces derniers temps en philo-

---

1. *Revue des Deux Mondes*, 15 février 1861, *Hegel et l'Hégélianisme*.

sophie, nous fait saisir, d'une manière vive et dans un fait visible, l'état des esprits et des âmes dans le monde qui pense ou qui fait profession de penser. C'est l'attention croissante donnée à Spinoza. Certes, la pensée de Taine, pour ne citer qu'un très grand nom, était spinoziste à bien des égards, et par là elle dépassait le positivisme où elle semblait se complaire : malgré une prédilection marquée pour l'expérience, malgré une estime singulière pour Condillac et une théorie des idées générales qui n'est guère qu'un condillacisme rajeuni, la philosophie de Taine est une métaphysique, et une métaphysique où est sensible l'inspiration de Spinoza. Aujourd'hui, le philosophe étudié par les jeunes avec le plus de faveur peut-être, c'est Spinoza, précisément; et l'on en aime tout, et notamment le mysticisme que Taine négligeait. Aussi bien ne se fait-on pas faute de l'interpréter avec toutes les idées et préoccupations contemporaines. Il semble les avoir si bien devancées ! Et ne donne-t-il pas satisfaction aux aspirations les plus vives et les plus diverses de notre temps? On trouve chez lui le déterminisme scientifique exprimé avec une étrange énergie, poussé aux dernières limites ; il est rationaliste, il est *natura-*

liste, autant qu'on peut l'être ; et, avec cela, on a pu dire de lui qu'il est ivre de Dieu. Ajoutons que le dessein de sa philosophie si hardiment, si hautainement spéculative, est d'ailleurs pratique : c'est la conduite de la vie qu'il a en vue, et sa métaphysique est exposée dans un ouvrage qu'il intitule l'*Éthique.* Mais c'est une morale où le devoir, la responsabilité, la distinction du bien et du mal n'ont pas de valeur. Avec lui donc on a comme une inoffensive revanche de l'intellectualisme[1], une revanche qui ne coûte rien aux plus chères ambitions du temps présent ; et si la vie est pour le penseur l'intérêt suprême, c'est sans donner, d'ailleurs, à une raison pratique impérative une suprématie incommode. Vraiment, on dirait, à certains moments, que, dans ce siècle finissant, Spinoza va remplacer Kant comme maître des intelligences et de la vie.

---

1. Je me plais à signaler ici le bel ouvrage de M. Victor Delbos, *le Problème moral dans la philosophie de Spinoza* (Alcan, 1893) et à en citer les presque dernières lignes : « Quel rapport y a-t-il entre ce qui est absolument et ce qui doit être pour nous et par nous ? Comment la Vérité absolue qui, par définition, doit se suffire, prend-elle dans la conscience la forme d'une vérité à réaliser ou à conquérir ? Devant la difficulté et les complications d'un tel problème, l'intellectualisme n'a pas à abdiquer ; mais il se doit à lui-même de reconnaître que la solution vivante du problème peut en précéder et en inspirer la solution spéculative... »

Cependant la philosophie de la volonté issue de Kant tient bon encore. Et le fait important à noter ici où je me propose, non une revue des doctrines philosophiques, mais la constatation des courants ambiants et des influences dominantes, des plus nouvelles surtout, c'est la forme de plus en plus concrète du problème de la vie chez des penseurs qui, malgré leur aversion pour les doctrines intellectualistes, n'en étaient pas moins des intellectuels. Ainsi c'est bien tout le système des idées et des choses que prétendait embrasser M. Secrétan, à la suite et souvent à la façon de Schelling. Le titre de son grand ouvrage, paru en 1849, renouvelé en 1879, est significatif, c'est une philosophie de la liberté. Cette métaphysique, morale et religieuse, entre dans les profondeurs de la vie, cela va de soi. Néanmoins elle restait surtout une haute spéculation. La voici maintenant qui, de plus en plus, arrive à un détail vif et précis des questions présentes, pressantes, poignantes, et un récent ouvrage de M. Secrétan, *la Civilisation et la Croyance*[1], est le témoignage éclatant d'une préoccupation commune aux esprits dont il dit que

---

1. *La Civilisation et la Croyance*, Alcan, 1887, 2ᵉ éd., 1892. Voir aussi les *Droits de l'humanité*, Alcan, 1890.

« non moins dépouillés d'eux-mêmes que les plus purs amants de la vérité, ils s'attachent surtout à la vie[1] ». Une philosophie de la liberté encore, mais combien différente! celle de M. Renouvier nous offre une leçon analogue. L'auteur des *Essais de Critique générale*[2] est sans doute de ceux dont les spéculations sévères, j'allais dire impitoyables, interdisent aux puissances étrangères, si je puis parler ainsi, toute ingérence dans le domaine de la pensée. Sa très remarquable théorie de la certitude, laquelle procède tout à la fois, selon lui, de la raison, du cœur et de la volonté[3], n'est-elle pas suivie de la théorie du « vertige mental »? et « visant au rationnel », selon sa propre expression, ne poursuit-il pas avec acharnement tout « illuminisme », toute « mysticité »? Or, dans un de ses derniers écrits, M. Renouvier nous dit : « *L'évolution* morale des esprits, que l'*évolutionisme* soi-disant scientifique n'a pas prévue, pourrait les ramener

---

1. *La Civilisation et la Croyance*, Préface, p. 2.
2. *Essais de Critique générale*, 2º édit., 1875. Cf. *Critique philosophique*, surtout de février à septembre 1878 : neuf articles sur la *question de la certitude*.
3. J'ai étudié tout au long cette théorie dans le chapitre vi de ma *Certitude morale*, 1880, 2º édit., 1892.

aux hypothèses de foi et d'espérance, condition nécessaire d'un véritable optimisme qui, en philosophie de même qu'en religion, doit prendre pour sujet, non le tout seulement, mais l'individu et, essentiellement, la personne, le *salut de la personne*[1]. » Paroles très considérables, que l'importance constante de la personne et de la moralité aux yeux de M. Renouvier prépare sans doute et met en harmonie avec son système, mais où éclate néanmoins un souci de la vie bien moins sensible dans ses autres ouvrages, un souci de la vie assez grand pour émouvoir, en quelque sorte, ce rigoureux esprit et l'incliner, à cause du *salut de la personne*, vers des hypothèses de foi et d'espoir. Et il venait, dans les lignes immédiatement précédentes, de signaler, à propos du bouddhisme, comme ayant une heureuse signification, l'aveu — « la tradition chrétienne aidant, avec l'histoire de l'homme, — l'aveu du péché inhérent à l'esprit et à la chair de l'humanité. »

Les préoccupations, les déclarations proprement morales avec une certaine nuance religieuse per-

---

1. *L'Année philosophique*, troisième année, 1892 (Alcan, 1893). *Schopenhauer et la Métaphysique du Pessimisme*, à la fin. Les italiques sont de M. Renouvier.

sistent donc, malgré tout, non seulement chez ceux « qui ne font pas profession de philosophie et qui n'en traitent nulle part méthodiquement et en détail[1] », mais chez des philosophes proprement dits, et à la tête particulièrement puissante.

Il reste pourtant un mot à dire au sujet de la vie, un mot que ne disent ni l'Art, ni la Science, ni la Critique, ni aucune philosophie en procédant ou les amalgamant, ni le positivisme, ni le pessimisme, ni ce néo-spinozisme que nous signalions tout à l'heure, ni même la philosophie de la souffrance humaine et de la pitié, ni enfin, malgré son austérité morale, le néo-criticisme. C'est un mot vieilli, démodé, suranné, malsonnant aux oreilles contemporaines. Quelques penseurs le prononcent encore. Il se perd la plupart du temps au milieu du bruit que font tant d'autres mots plus neufs ou paraissant l'être. C'est le mot de *dépendance*. Il y a des esprits qui estiment que la vie humaine ne se conçoit pas et qu'il n'y en a pas de direction possible si l'on n'admet pas la

1. Très heureuse expression de M. Ravaisson dans ce célèbre *Rapport* dont on sait l'influence. M. Ravaisson les applique à Renan. Elles conviendraient bien à beaucoup d'esprits de nos jours, en particulier au comte Tolstoï et à M. Édouard Rod.

dépendance de l'homme à l'égard de la loi morale. Le néo-criticisme proclame la loi morale; mais, tout entêté de liberté, si je puis dire, il insiste volontiers sur l'autonomie de la loi morale, et, ne voulant rien d'absolu ni de transcendant, il ne la considère pas comme mettant l'homme dans la dépendance à l'égard de quelque chose de supérieur à lui. Pour les philosophes dont je parle en ce moment, c'est, au contraire, cette dépendance qui seule explique la vie, qui seule nous fournit un principe de direction.

Quelques-uns osent davantage : ils définissent, d'une manière plus précise et surtout plus concrète, la dépendance de l'homme, et ils disent que ce qui explique en définitive la vie et permet de la régler, c'est l'idée de la dépendance de l'homme à l'égard de Dieu.

M. Secrétan parle d'une « tâche proposée à la liberté[1] », et il ajoute : « Il faut que la créature se fonde à la fois en elle-même et en Dieu, qu'elle se recueille en voulant Dieu, c'est-à-dire qu'elle se veuille pour Dieu, qu'elle aime Dieu[2]. »

1. *La Philosophie de la liberté, l'Idée*, proposition xvii, dans la leçon XX.
2. *Ibid.*, propos. xviii, dans la même leçon XX.

Un jeune philosophe, dans un très remarquable livre tout récent, écrit : « Au terme, vite atteint, de ce qui est fini, dès la première réflexion, nous voici donc en présence de ce que le phénomène et le néant recèlent et manifestent également, en face de qui l'on ne peut jamais parler de mémoire comme d'un étranger ou d'un absent, devant celui qu'en toutes les langues et en toutes les consciences il y a une parole et un sentiment pour reconnaître, Dieu[1]. » Et plus loin nous lisons : « L'homme aspire à faire le dieu : être dieu sans Dieu et contre Dieu, être dieu par Dieu et avec Dieu, c'est le dilemme[2]. » Et enfin : « Le devoir n'est le devoir que dans la mesure où, d'intention, l'on y obéit à un commandement divin[3]. »

Il y a donc encore des philosophes pour parler de la dépendance de l'homme à l'égard de Dieu, et ce ne sont pas seulement des sortes de revenants, des hommes dont on pourrait dire qu'étant d'un autre temps, ils sont incapables d'avoir prise sur le nôtre. Ce sont de vigoureux esprits, des hommes auxquels les hautes ou profondes spécu-

---

1. Maurice Blondel, *l'Action*, Alcan, 1893, p. 350.
2. Id., *ibid.*, p. 356.
3. Id., *ibid.*, p. 377.

lations ne font pas peur, des hommes qui ont une influence, d'autres devant qui s'ouvre l'avenir.

Ce grand mot de dépendance à l'égard de Dieu, la Religion le prononce très haut, et avec un accent qui n'est qu'à elle. Aussi est-elle plus contrariante qu'une doctrine philosophique, et plus contrariée mais aussi plus pénétrante.

Elle proclame à haute voix que l'homme est une créature, donc qu'il est dépendant par essence : il dépend du Créateur, qui est aussi le Législateur et le Juge.

Voilà qui est net, décisif, et qui va à l'encontre de toutes les conceptions généralement en faveur aujourd'hui.

Cette idée de la dépendance de la créature à l'égard du Créateur, c'est le fond de l'Hébraïsme ; c'est aussi le fond du Christianisme. Mais le Christianisme y ajoute une notion plus profonde du *péché* de la créature et une notion plus vivante de la bonté du *Créateur*. Le Christianisme, c'est la religion du Christ, et le Christ, c'est cette merveille, comme disait Descartes : l'Homme-Dieu ! L'Homme-Dieu est le Réparateur, le Rédempteur, le Sauveur des hommes. La vie humaine apparaît dès lors comme dominée par l'obligation de la réparation, de l'expiation, du sacrifice : sans quoi on ne fait point son salut. La vie actuelle n'est plus que la préparation à une autre vie qui est la vie pleine, la vie glorifiée. L'au delà ici est précis : c'est le ciel, c'est la vie éternelle ; et précise est la formule de la vie présente : Renonce à toi-même, perds ton âme et tu la sauveras, meurs et tu vivras.

Cette vieille doctrine est puissante. Elle se fait entendre de ceux mêmes qui lui refusent leur adhésion. Elle redevient neuve et jeune aux yeux de ceux que tant d'autres conceptions de la vie ont séduits et ensuite déçus. D'aucuns la trouvent si belle qu'ils la voudraient reprendre tout entière, mais sans les dogmes auxquels elle est liée ; et ils rêvent d'un christianisme d'où le Christ serait absent pour ne rebuter personne, mais où son esprit demeurerait pour animer, pour diriger tous les hommes, et ceux-là même qui n'admettraient point les vérités chrétiennes et qui iraient jusqu'à douter de l'existence de Jésus-Christ !

Le renoncement, l'abnégation, la mortification, l'esprit de sacrifice, tout ce qui constitue l'ascétisme chrétien va au mépris de la vie présente ; mais, comme d'une part cette vie prépare la vie éternelle, comme d'autre part l'homme ne peut mépriser l'homme fait à la ressemblance du Créateur, racheté par le sang du Christ et destiné au ciel, la conception chrétienne de la vie ne saurait être une conception paresseuse : tout en prêchant le mépris de la vie, le Christianisme prêche un emploi sérieux de la vie, et il exige, en particulier, la pratique de la charité, l'amour effectif du prochain pour l'amour de Dieu, le service des pauvres à l'imitation de Jésus-Christ, l'évangélisation des petits et des humbles à l'imitation encore du Sauveur, l'amoureuse et active pitié pour ceux qui souffrent, le travail en vue de soulager les misères humaines. Il prêche donc l'action. Et cette prédication plaît à beaucoup de nos contemporains.

J'ai regardé, j'ai écouté autour de moi. J'ai recueilli ce qui se dit de la vie. Je sais comment on la juge et ce qu'on conseille ou prescrit d'en faire. Les avis sont divers, contradictoires même. Les uns sont indifférents à tout, sauf à la jouissance que leur procure le spectacle des choses.

Les autres veulent faire et font quelque chose; ils agissent et combattent. Mais, parmi ceux-ci encore, quelle diversité! Il y en a qui attendent tout de la science, et ils ne travaillent que pour en préparer le triomphe complet et définitif. Il y en a qui attendent tout de la loi morale mieux pratiquée et de Dieu mieux connu et mieux servi, et tout leur effort tend à rétablir le règne du Bien, le règne de Dieu. Plusieurs terminent tout à l'homme, à l'homme souffrant, et la raison de vivre est pour eux de soulager la misère humaine. Toutes ces conceptions diverses, ces diverses formules se croisent, se heurtent, se mêlent. Et tantôt il semble que l'on crie : Vis, vis le plus que tu pourras; tantôt, au contraire : Meurs le plus que tu pourras, meurs en attendant de vivre dans une vie meilleure; ou encore : Meurs, parce que mourir en se dévouant, c'est vraiment vivre.

Je ne vais pas reprendre les unes après les autres toutes ces manières de répondre à la question de la vie. Ce n'est pas mon objet. Mais il était bon de les considérer; car, avant de m'engager dans une longue investigation sur la vie, il fallait voir ce qui occupe et préoccupe le plus les hommes dans le temps présent. Grâce à cette enquête, je ne risquerai pas de me perdre en des méditations solitaires, sans intérêt. En même temps j'aurai l'avantage de mieux saisir, dans le progrès de ma pensée, les secrets motifs qui me porteront de tel ou tel côté. Je retrouverai donc dans l'occasion ces idées contemporaines dont je viens de considérer le tumultueux et discordant ensemble. Ainsi renseigné par avance sur les divers mouvements d'opinion sur la vie à l'heure présente, je me mets à l'œuvre. La vie est-elle chose vaine, comme tant de gens le prétendent, ou est-elle sérieuse, comme mes premières réflexions me le donnaient à croire? C'est ce que je vais examiner.

CHAPITRE IV

LE SÉRIEUX DE LA VIE

Je veux faire œuvre de philosophe. Il faut donc que je fasse œuvre de raison, que j'emploie des procédés méthodiques pour arriver à un jugement sûr, que j'aie recours à la discussion. Discuter ! c'est un bien gros mot et une bien lourde chose, quand il s'agit de certaines idées très légères, très délicates, ennemies de la consistance, toutes en nuances fines et en à peu près spécieux, comme celle que j'ai en vue en ce moment. Mais enfin cette réponse quelque peu fuyante à la question de la vie est susceptible de se fixer en une proposition qui est bien une thèse ; et cette thèse, il faut la regarder en face, l'examiner, la discuter.

Si je me bornais ici à étudier des intérieurs

d'âmes, à m'y intéresser, à m'en amuser, à les décrire de mon mieux, je ne procéderais pas en philosophe. Je parlerais du dilettantisme en dilettante. J'ai à voir si la solution qu'il propose est fondée.

Considérons la formule où semble s'exprimer le mieux cette conception : La vie est chose vaine, mauvaise peut-être. Qui sait? Mais qu'importe? Qu'est-ce autre chose, en effet, qu'un spectacle? Voir, comprendre, et jouir de voir et de comprendre, n'est-ce pas le tout de l'homme?

Ainsi la grande affaire de la vie, c'est de voir et de comprendre. Le reste va comme il peut. On en prend son parti, théoriquement. On ne s'attarde pas à se plaindre de la vanité de la vie. Pour qui sait traverser la vie en fin connaisseur, en amateur, en spectateur curieux et amusé, tout se vaut ou tout est sans valeur foncière; tout lui est égal, pourvu qu'il voie et jouisse de voir.

Qu'il y ait dans cette façon de prendre les choses un bel effort d'intelligence et de la délicatesse, et que ce soit faire honneur à la pensée de l'homme de prétendre que voir et comprendre procurent la seule jouissance qui fasse qu'il vaille la peine de vivre : je ne le nie pas.

Mais il faut procéder à un examen vraiment philosophique.

Cette conception de la vie reconnaît-elle ou méconnaît-elle les conditions de la vie ? Voilà ce qu'il faut voir.

D'abord, ce qui nous est proposé là ne peut s'adresser qu'à une élite. C'est mauvais signe.

En un sens, quand on veut parler de l'homme et parler à l'homme, il faut considérer l'élite; en un autre sens, il ne le faut pas.

Pour juger de la vraie nature d'un être, il faut regarder cet être accompli, achevé, parfait, parvenu au terme que comporte et qu'appelle son essence. Parlant de l'homme, c'est dans ses échantillons les plus excellents qu'on doit le prendre; c'est de l'homme vraiment homme — et il est tel par la culture et la civilisation — qu'il s'agit, et c'est à l'homme vraiment homme que s'adresse le discours.

Mais si par l'élite on entend une portion de l'humanité placée dans des conditions très particulières de culture, si ce que l'on dit ne convient qu'à un petit nombre de gens fortunés et raffinés, cela m'inquiète. Cette vie proposée à nos regards et à nos souhaits, je n'ose dire à nos efforts, puisque nous considérons une conception où l'effort n'a guère de place, mais je dirai cette vie que l'on nous dit d'ambitionner et de nous ménager par nos soins, en arrangeant de notre mieux les circonstances, c'est un idéal. Or, ne faut-il pas que l'idéal humain soit accessible à tous, qu'une théorie de la vie humaine ou, si l'on aime mieux, une formule résumant la vie humaine, ne soit ni étroite, ni dédaigneuse, qu'elle soit susceptible d'être universalisée? Celle-ci ne s'ajuste qu'à une très petite partie de l'humanité, et l'on ne voit pas comment elle pourrait jamais s'appliquer à l'homme même.

Maintenant, laissons cette considération et, prenant la maxime en elle-même, voyons si là où elle est applicable elle tient compte, oui ou non, des conditions de la vie. J'entends ici ces conditions générales sans lesquelles la vie ne serait plus.

D'abord, la théorie en question oublie que pour tout homme, en quelque rang de la société qu'il soit, si fortuné et si cultivé qu'on le suppose, il y a des moments difficiles à traverser. Tout ne va pas tout seul. On rencontre des obstacles, on affaire à des ennemis. Il faut se défendre, il faut lutter pour vivre. La *lutte pour la vie*, c'est une des conditions de la vie. J'emploie ici ces mots sans faire de système; je n'y vois que l'expression d'un fait, d'un fait certain : de toutes sortes de manières, il y a à lutter pour vivre. La théorie que nous examinons désarme l'homme. Ne lui parlant que de voir, de comprendre, de jouir, elle le laisse aux prises avec les difficultés de la vie sans l'y préparer. Cela est grave.

Il y a plus. La vie dût-elle être toujours facile et unie, cette formule serait encore défectueuse. Considérons l'homme même, elle le désagrège, si je puis dire, et le détruit de toutes les façons. L'état qu'elle préconise est un état morbide.

Je sais bien ce qu'on va me dire : Pour qui étudie les êtres en savant, il n'y a pas de maladie au sens vulgaire; il y a des états, et d'autres états, tous diversement mais également intéressants. Je ne m'arrêterai pas à discuter cette assertion. D'un certain point de vue a-t-elle quelque valeur? Au début de cette étude, nous ne sommes pas en mesure de prononcer. Mais, ce qui est visible dès maintenant et certain, c'est que chaque être a des conditions d'existence qu'il remplit ou ne remplit pas, qu'il y a des conditions nécessaires et suffisantes pour *être*, et puis, au delà du nécessaire et du suffisant strict, ce qui est requis pour *être bien;* et que cela peut se rencontrer réuni ou manquer plus ou moins.

Ce sont là des notions simples, saines, qu'il faut conserver. Je ne vois aucune raison pour m'en défaire ; je ne trouve aucune théorie qui les démente manifestement et me force à les écarter.

Dès lors, vous reconnaîtrez l'état morbide à ce signe que l'être se détruit ou par défaut, ou par excès.

Si ce qui est strictement exigé pour être manque, l'être n'est plus, et à mesure que ce qu'il lui faut pour être lui est ôté, il se diminue lui-même et se détruit.

Si ce qui est requis pour l'excellence, si ce que l'être comporte, appelle, mais qui, lui manquant, ne l'empêche néanmoins pas d'être, ne lui est pas donné ou lui est ôté, il est dans un état de moindre perfection, il est privé de sa fleur de beauté. Ce n'est pas maladie ni pente vers la mort, mais c'est décadence pourtant s'il a connu l'état supérieur, c'est du moins infériorité, puisque c'est demeurer au-dessous de l'idéal de sa nature.

Si l'être sort de ses limites propres, s'il s'étend, se dilate, s'exalte outre mesure, à la façon de l'organe atteint d'hypertrophie, c'est manifestement un excès, et un excès qui rend l'être mauvais de bon qu'il était, c'est un excès morbide.

Le dilettantisme détruit l'homme. Il le rend malade, et par défaut, et par excès. Il lui ôte tout ressort et énerve en lui la volonté. Il produit une véritable atrophie. Il tend aussi à détruire ce que dans l'homme il exalte : la sensibilité, qu'il rend suraiguë, qu'il affine à l'excès, qu'il fausse, en sorte que le plaisir devient peine et la peine plaisir; l'intelligence, qu'il dissout par l'habitude de l'analyse à outrance, qu'il abîme dans les objets de son inerte contemplation, et qu'il finit par rendre incapable de saisir ces mêmes objets, la condamnant, par l'excès même d'une précision aiguë, au vague et à une confusion sans remède.

Voilà donc ce que fait de l'homme la théorie que nous discutons. Elle méconnaît la condition humaine en oubliant la lutte pour la vie. Elle méconnaît la nature humaine, car elle contrarie la direction naturelle des facultés humaines; elle en trouble l'équilibre naturel; elle tend à les détruire toutes, par atrophie ou par hypertrophie. Elle fait d'un état morbide l'idéal humain, et, finalement, elle détruirait, si elle pouvait se réaliser entièrement dans les faits, la vie même qu'elle aspire à multiplier et à exalter.

Ne commençons-nous pas à voir que la première leçon que nous donne la vie interrogée sans parti pris, c'est qu'elle est chose sérieuse, et que pour vivre vraiment, il faut précisément prendre la vie au sérieux?

CHAPITRE V

LES LOIS DE TOUTE VIE

Le dilettantisme méconnaît les lois de toute vie, il rend le « vivre » impossible. Je ne parle pas en moraliste. Je prends la vie comme un fait, et je dis : Cette façon d'entendre la vie rend la vie impossible, parce qu'elle est en opposition avec les lois de toute vie.

Je suis encore au début de mon étude : je dois me tenir en garde contre toute généralisation hâtive. Mais je dois aussi user de mon esprit, et savoir faire des inductions que les faits autorisent.

Je considère d'abord la vie au sens physiologique du mot.

Il est certain que la vie est constituée chez les plantes par deux fonctions, la nutrition et la génération, et que, chez les animaux, ces deux fonctions se retrouvent avec autre chose en plus.

Ce qui caractérise d'abord la vie, c'est la nutrition.

L'être organisé vivant reçoit du dehors l'aliment. Il se l'assimile et le transforme, pour ainsi dire, en sa propre substance. Ainsi, il se conserve et il croît. Il se maintient dans l'existence et il s'augmente.

On nomme « intussusception » cette opération vitale par laquelle l'être vivant, ayant reçu l'aliment, se l'incorpore.

Je remarque que la vie, ainsi entretenue, se dépense sans cesse ; mais que d'abord, pour cet entretien même, il faut dépenser.

La vie en allant acquiert sans cesse, *vires acquirit eundo*. Mais pour acquérir même, il faut dépenser.

L'aliment est cherché, puis appréhendé, puis absorbé.

Le chercher est déjà une dépense vitale. Dans le nouveau-né, il y a déjà des mouvements ; et, dans le végétal, les radicelles vont au loin chercher l'aliment dont la plante a besoin.

Prendre l'aliment est une autre dépense vitale.

Sucer, comme le fait le nouveau-né, c'est un effort.

S'assimiler l'aliment est encore une autre dépense de forces vitales. Les opérations de la digestion, multiples et compliquées, sont extrêmement actives.

Ainsi, la vie ne s'entretient pas sans dépense. Et la vie ainsi entretenue se dépense : elle n'est entretenue que pour être dépensée.

Il y a des moments de relâche. C'est nécessaire. Mais le repos continuel, ce serait la mort.

L'être vivant travaille, il emploie ses forces. Et plus la vie qu'il possède est riche, précise, haute, plus intense est le travail par lequel il la déploie. La *vie de relation* chez l'animal est un déploiement presque incessant d'activité sortant de l'être vivant pour se répandre au dehors.

La nutrition, qui se fait par le mouvement, aboutit elle-même au mouvement. Partout, à tous les degrés, sous toutes les formes, nous trouvons le mouvement, expression et effet de l'opération vitale, de l'activité vitale ; et à la fin, nous apercevons le mouvement d'*expansion*, mouvement par lequel l'être s'espace, *exspatiatur*, va où il n'était pas, agit où il n'était pas, porte en dehors de soi sa vie propre par sa propre action. L'être vivant acquiert, mais il dépense ; il prend en soi, mais il répand hors de soi ; il fait entrer en soi, mais il sort de soi. Jamais il ne se borne, d'instinct, à acquérir, à accumuler, à emmagasiner, à épargner, à réserver. Il fait tout cela, mais pour user de ce qu'il acquiert et garde. D'instinct, il n'est pas avare. Et la jouissance purement stérile n'est pas, en fait, ce que d'instinct il cherche et se procure.

Mais voici quelque chose de plus.

L'être arrivé à son accomplissement et à une sorte de plénitude, produit.

La reproduction est comme la suite et le complément de la nutrition. Physiologiquement, nutrition et génération se tiennent : celle-ci continue celle-là. Considérons avec attention, avec admiration, avec respect, cette grande loi de la vie. L'être vivant reçoit, mais pour donner ; il prend, mais pour rendre ; et cela même, c'est la vie : la fécondité est un caractère essentiel de la vie.

Ainsi la vie s'entretient par une action qui est une dépense de force ; elle ne s'entretient que pour se dépenser ; et elle se reproduit : la vie est féconde, la vie engendre la vie, elle devient cause de vie pour autrui.

Nutrition, expansion, reproduction : partout l'activité; nulle part l'inertie, nulle part la complète concentration en soi et pour soi, le pur ramassement, si je puis dire, le pur repliement sur soi et en soi.

Pourquoi ne serait-ce pas, *exceptis excipiendis*, la loi de toute vie ? Nous trouverons, en considérant la vie ailleurs, bien des complications, et par suite il y aura lieu d'apporter à la loi des modifications et des restrictions. C'est à prévoir. Ne serait-il pas insensé, étant encore à ce début de nos recherches et ne considérant que les humbles commencements de la vie, de prétendre découvrir dès l'abord des lois qui se pussent appliquer à tout sans se modifier? La plus simple expérience nous apprend que les lois élémentaires ou fondamentales se modifient à mesure que l'on passe dans une sphère plus haute. C'est ainsi que je donne à la loi de la pesanteur une sorte de démenti quand je retiens l'objet que son poids entraînerait. Mais qui ne sait que la loi de la pesanteur demeure néanmoins dans son ample et fondamentale généralité ?

J'entrevois un lien d'analogie entre tous les êtres. Je ne suis pas en état de rien affirmer encore. Mais je me garde de m'interdire ces visées. Autant la méthode exige que l'on se retienne pour ne rien affirmer prématurément, autant il est bon de savoir regarder au loin et entrevoir les grands horizons. Pourquoi les lois fondamentales de la vie ne seraient-elles pas partout les mêmes? Pourquoi ne retrouverions-nous pas dans d'autres sphères, avec des modifications indispensables, ces termes qui nous frappent : acquérir, dépenser, entretenir, produire, engendrer? Et pourquoi n'y aurait-il pas lieu de dire partout que jouir n'est jamais que l'accompagnement?

Essayons une première vérification des lois entrevues. La vie intellectuelle est bien différente de la vie physiologique, et elle nous est familière. Étudions-la. Voyons comment procède l'intelligence.

C'est une nécessité pour elle de recevoir et d'acquérir. Il peut bien y avoir des théories ambitieuses qui attribuent à l'esprit humain une puissance quasi créatrice. Mais les faits nous montrent l'intelligence indispensablement assujettie à recevoir ce qui lui est donné. Les *données* de la connaissance peuvent être oubliées, méconnues : elles sont ce sans quoi rien ne se ferait, ce sans quoi nous ne penserions pas, les unes étant les faits mêmes et les existences qu'il s'agit de percevoir et non d'inventer, les autres étant les principes essentiels du connaître et de l'être qu'il s'agit de dégager et, en ce sens, de découvrir, mais non de faire ni de créer.

L'intelligence est donc réceptive ou perceptive, c'est manifeste, mais non pas sans action propre : ce n'est pas moins manifeste. Peut-on se réduire à la pure mémoire conservant les acquisitions intellectuelles? Ce serait un danger d'y tendre ou d'y réussir en partie. C'est une impossibilité d'y réussir entièrement. Et, d'ailleurs, l'acquisition même est un travail, un effort, un acte. Tout en témoigne. La plus élémentaire perception enveloppe, implique quelque acte du sujet percevant. Une pure impression et réception toute passive ne serait, à aucun degré, une connaissance ni l'analogue de la connaissance.

Regardons maintenant l'intelligence riche de ses acquisitions et de ses labeurs. Pourra-t-elle jouir simplement de ce qu'elle aura acquis ou fait elle-même? Nullement. C'est une nécessité de se renouveler sans cesse. En vain a-t-on trouvé de ses idées des formules heureuses. On ne peut s'y complaire ni s'y reposer. Il faut sans cesse sortir de soi, sortir de ses propres pensées et des formes où l'on les a recueillies, sortir de tout ce qui est fait, car tout cela vieillit, et la stagnation est mortelle pour l'intelligence. Jamais le moment ne vient de s'enfermer une fois pour toutes dans ce qui est fait, pas même dans ce que l'on a fait soi-même. Il faut que la flamme de l'esprit soit toujours vive et agissante, et ravive et renouvelle tout. Il faut sans cesse agir, sans cesse travailler de l'esprit.

Et il faut sortir de soi pour aller à autrui. Toute pensée nette et forte tend à s'exprimer, et qu'est-ce que s'exprimer si ce n'est se répandre dans le sensible et comme l'intellectualiser? La pensée qui trouve dans le mot un corps, se communique en quelque sorte à cette chose matérielle et la remplit de soi, l'anime de sa vertu propre et l'élève à soi. Puis, c'est un besoin de la pensée de se communiquer à d'autres esprits. Quiconque a des idées un peu puissantes a l'ambition de les propager, et toute conviction sérieuse répugne à demeurer enfermée en elle-même; elle aspire, elle travaille à se faire partager : partage bienheureux qui ne la diminue pas, qui, tout au contraire, semble l'augmenter. C'est un rayonnement. Plus le foyer rayonne au loin, plus c'est le signe qu'il est ardent et puissant. La naturelle aspiration de l'intelligence et son triomphe, c'est de devenir pour d'autres intelligences lumière et force, cause de connaissance, cause d'intellection.

Considérons la science, qui est le produit brillant et solide de l'intelligence. Elle est soumise à ces mêmes lois de la vie. En un sens, elle n'est jamais achevée, et en elle il y a, à côté d'acquisitions et de possessions incontestées, un recommencement perpétuel. Si elle devenait stagnante, elle ne tarderait pas à périr. Avec cela, elle a une force d'expansion incessante. Celui qui sait a le désir d'engendrer, étant un homme qui sait, d'autres hommes qui sachent.

Nous retrouvons dans l'art véritable les mêmes lois encore. Il faut bien distinguer l'artiste du connaisseur et de l'amateur. Ce sont ceux-ci qui se bornent à contempler et à jouir. Ils sont stériles. Ils finissent par n'être plus que des collectionneurs, et pourvu qu'ils forment des espèces de nécropoles où les objets d'art, isolés de tout milieu vivant, se rangent pour s'offrir commodément aux regards curieux, ils sont contents. Mais bien différent est l'artiste. Déjà la vraie admiration des belles choses est vigoureuse et féconde. Elle ne fait pas de tout homme qui admire la beauté un créateur de beauté ; du moins elle suscite dans l'âme un désir d'agir harmonieusement, si je puis dire, une ambition généreuse de réaliser, en quelque manière, en soi et autour de soi, quelque idée noble. C'est que l'art, si l'on va au fond, est puissance et énergie. Il consiste, avant tout, à façonner, à former, à faire : il fait être ce qui n'était pas, il produit, il crée. Son nom qui nous vient du latin, *ars*, était primitivement synonyme d'activité. Et dans une langue bien différente, la langue allemande, c'est l'idée de pouvoir qu'éveille d'abord le terme par lequel on le désigne : *Kunst* ne vient-il pas de *können?* L'artiste est généreux et fécond. Il n'absorbe en soi tout ce qui lui vient de la nature, des autres hommes, du passé et du présent, que pour le rendre transformé par l'action de son génie. Il ne reçoit que pour donner. En lui apparaît, à un degré éminent, ce grand caractère de la vie : la générosité avec la fécondité.

Maintenant que nous avons constaté, dans l'ordre physiologique, les lois de la vie, et qu'ensuite nous en avons vu l'analogue ailleurs, dans l'intelligence, par exemple, dans la science, dans l'art, n'avons-nous pas le droit de considérer toute la vie humaine, et de dire qu'à n'examiner que le seul *fait* de vivre et ce qui est *requis* pour vivre, *bon* pour vivre, et enfin ce à quoi porte le seul *instinct* de vivre, sans faire intervenir encore aucune notion morale proprement dite, la vie humaine a pour loi élémentaire, ou mieux pour loi fondamentale, de ne pouvoir subsister ni dans la langueur et la stagnation, ni dans l'isolement et l'égoïsme ?

Or, prendre la vie en pur connaisseur, en pur amateur, en *dilettante*, c'est précisément se condamner à la stagnation et à l'égoïsme ; c'est donc se condamner à l'impuissance et à la stérilité ; et, par conséquent, c'est aller contre la loi même de toute vie.

On croit que cette contemplation intelligente, qui va jusqu'à nous identifier avec l'objet de notre contemplation, multiplie la vie. C'est une erreur. Cela tarit les sources de la vie. Parce qu'on n'agit plus, s'étant réduit à regarder et à jouir, on finit par ne vivre que peu, on finit par ne vivre plus. Parce qu'on est égoïste, s'étant réduit à soi et à sa propre jouissance, on vit de moins en moins, et finalement on cesse de vivre. L'instinct de sociabilité est bien autrement puissant qu'il ne le paraît d'abord. Nous n'avons pas seulement besoin du secours d'autrui pour nous soutenir dans la vie. Nous ne demandons pas seulement aux autres les ressources qui nous manquent. Bien plus profond encore, bien plus vital est l'instinct qui rend l'homme nécessaire à l'homme. Chacun a besoin de faire quelque chose pour autrui, d'être pour autrui cause de quelque bien, de quelque degré d'être, de quelque surplus d'être, si je puis dire, et sans cette générosité qui nous fait sortir de nous et donner de notre vie à d'autres que nous, nous ne sommes pas bien nous-mêmes : notre vie, qui ne se dépense pas, languit et s'use. Nous dépérissons pour avoir voulu enfouir en nous la vie comme un avare son trésor, tandis que c'est une source qui se renouvelle à condition de se répandre. Non, il n'y a pas d'individu qui n'ait rien à *faire*, en ce monde, rien à *donner*. Et proposer à l'humanité comme un bel idéal de faire comme un négociant qui se retire, sa fortune faite, et ne songe plus qu'à en jouir, c'est condamner l'humanité à languir et à descendre, degré par degré, vers la mort.

Il ne s'agit donc ici de proscrire ni le repos, ni le loisir, ni même le badinage; tout cela est utile à son heure, — mais il s'agit de dire qu'une conception de la vie qui la réduit à regarder et à jouir la compromet, la ruine, la tue, parce que cette conception méconnaît les lois fondamentales de toute vie. La vie se maintient par l'action et tend à l'action. Vigoureuse, puissante, elle est expansive et féconde. Le vivant semble tirer tout à soi; mais, quand il est bien soi, il sort de soi. *Recevoir* et *donner*, telle est la double loi de la vie. Pourquoi ne me servirais-je pas de ces mots simples, expressifs, dénués de toute prétention scientifique, mais si propres à rendre vivement ce que le sens et même la science des choses vivantes nous apprennent? Recevoir et donner; et j'entrevois qu'il vaut mieux donner que recevoir. Plus l'être est fortement organisé et vit d'une vie puissante, plus il donne. J'entrevois que le vivant qui serait tout par soi, ne recevant rien, aurait la vie pleine, la vie parfaite, et que, plus et mieux que tout autre être imparfait, il donnerait, tant il est vrai que donner est chose belle et excellente, et convenant à la vie! Mais n'anticipons pas. De ce que nous avons vu des lois de la vie, telles que la précédente étude nous les a montrées, bornons-nous à conclure pour le moment que nous ne pouvons pas admettre que la vie ne soit qu'un jeu ou un spectacle. Celui qui ne songerait, comme l'antique Narcisse, qu'à se mirer dans l'eau transparente des choses, comme Narcisse périrait; car, cessant d'agir, il devrait bientôt cesser de vivre. Les lois de la vie ne sont pas méconnues impunément.

CHAPITRE VI

L'ŒUVRE DE LA VIE

Nos premières études n'établissent encore qu'un point, mais un point important : c'est que la vie est chose *sérieuse*. La vie est action. Je ne suis pas en ce monde à une fête, j'ai autre chose à faire qu'à me divertir et à m'amuser. J'ai une occupation, une fonction, une tâche, comment dirai-je? une *œuvre* à faire[1]. Et cela est grave. *Negotium*, et non pas *otium*, ces mots résumeraient assez bien l'idée que ces premières réflexions me laissent de la vie. J'ai quelque chose à faire, je ne suis pas de loisir, j'ai sur les

---

1. Aristote, *Polit.*, I, 1254 a⁷. Ὁ δὲ βίος πρᾶξις, οὐ ποίησίς ἐστιν. — *Eth. Nic.*, X, 6, 1177 a². Δοκεῖ δὲ ὁ εὐδαίμων βίος κατ' ἀρετὴν εἶναι· οὗτος δὲ μετὰ σπουδῆς.

bras une affaire qui n'est pas pour rire et qui exige de moi attention et énergie.

Quelle affaire? quelle tâche? quelle œuvre?

Suffira-t-il que j'agisse et que par mon action je produise autour de moi certains effets, pour que je juge que j'ai rempli ma tâche, accompli mon œuvre, mené à bonne fin l'affaire qui me regarde? Pourvu que je dise que je suis en ce monde pour agir, penserai-je de la vie ce qu'il en faut penser? Et pourvu que j'agisse, ferai-je de la vie ce qu'il en faut faire?

Il y a bien des formes différentes de l'activité, de l'énergie et de l'efficace. Ont-elles toutes même valeur? Manifestement non. Laquelle alors sera celle qui permettra de dire que la vie vaut la peine de vivre?

Je travaille pour gagner ma vie, et puis pour fonder une famille, et l'entretenir. Il y a là énergie, expansion, fécondité.

Je sers mon pays. C'est dans l'armée, dans l'administration, dans l'enseignement. Je me soumets à un labeur incessant, et j'arrive à quelques résultats notables. Là encore il y a énergie, expansion, fécondité.

Je travaille à l'avancement des sciences. Que

de labeurs d'une autre sorte! et grâce, à un travail infatigable, à une énergie persévérante, quelle fécondité!

Je suis un écrivain. Je fixe dans la prose ou dans le vers les images mouvantes ou les idées solides. Je travaille de l'esprit, et, dans la mesure de mes forces, je tente ou de charmer, ou d'instruire. Quel déploiement d'activité, si humble que soit l'ouvrage! et quelle fécondité, si médiocre que soit le résultat! J'ai mis en œuvre mes facultés, j'ai employé mes ressources, et j'ai produit quelque chose où il y a comme une part de mon âme, de ma vie, de mon être, et qui porte en dehors de moi, plus ou moins loin dans l'espace et dans le temps, des sentiments par moi éprouvés, des idées nées dans mon esprit, un peu de mes réflexions, de mes joies ou de mes peines, de mes espérances ou de mes déceptions, de mes désirs, de mes ambitions, de mon vouloir!

Que si maintenant je regarde autour de moi, je trouve la plupart des hommes occupés, *affairés*, et quelques-uns plus que d'autres, car ils portent comme le poids de toutes les affaires, et la vie de tout un peuple, la vie même de l'univers semble dépendre d'eux, reposer sur eux.

> Quum tot sustineas et tanta negotia solus[1]...

Dans l'histoire, dans le passé lointain ou proche de l'humanité, je ne vois que mouvement, agitation, affaires de toutes sortes, œuvres projetées, entreprises, poursuivies avec ardeur, abandonnées souvent, manquées souvent aussi, mais ordinairement fécondes quand même, quoique d'une autre façon que ne l'avaient rêvé leurs auteurs. C'est un travail incessant, un incessant labeur, une universelle et perpétuelle activité. Et, au premier rang, il y a des législateurs, des conquérants, des hommes de génie qui ont mené leur pays et même l'univers, ou qui ont donné au monde leurs inventions. Ce sont les princes de l'humanité. Ils sont premiers dans leur ordre.

Partout je vois des œuvres humaines. J'en vois de mesquines et d'obscures, de grandes et d'éclatantes, d'utiles aussi ou de nuisibles, de bienfaisantes ou de malfaisantes. S'il y a eu énergie,

---

1. Horace, *Ep.*, II, 1.

expansion, fécondité, l'homme a été homme : il a vécu d'une vie intense, abondante, débordante ; il a reçu et il a donné. Est-ce assez ? Vais-je dire : Il a traité la vie comme une chose sérieuse, il a agi, il a fait quelque chose ; c'est bien un homme ; il a fait son œuvre ?

J'hésite, je suis embarrassé. Et, chose étrange, devant tel personnage historique, je dis tout de suite : c'est un grand homme ; et je n'ose décider que c'est l'homme. Il a fait de très grandes choses. Je le reconnais, et je n'ose dire qu'il a fait son œuvre d'homme.

Ce que je cherche, en effet, c'est l'œuvre que toutes ces diverses formes d'activité énumérées tout à l'heure expriment, sans qu'aucune soit vraiment elle ; et chacune l'exprime plus ou moins heureusement, plus ou moins fidèlement ; quelques-unes l'expriment mal et la faussent.

Très diverses et très variables sont les circonstances où l'homme déploie ses facultés. Je cherche ce qui demeure dans toutes, ce qui ne tient à aucune, ne dépend d'aucune, mais au contraire les domine toutes, s'exprimant dans toutes et par toutes, plus ou moins, se faisant d'elles toutes des moyens et, au besoin, tournant en moyens les obstacles mêmes. Alors, ce que je considère, ce n'est plus l'ouvrier, ni le conquérant, ni l'homme d'État, ni le père de famille, ni le savant, ni l'écrivain, ni l'artiste, ni le penseur. C'est l'homme, en tant qu'il est homme et parce qu'il est homme.

Aristote a dit un beau mot, difficile à traduire en notre langue : Τὸ ἀνθρωπεύεσθαι[1]. *Faire l'homme*, dirons-nous, et faire œuvre d'homme.

Mais qu'est-ce que faire l'homme et faire œuvre d'homme ?

Je vois que c'est être homme et non animal, vivre et se conduire en homme et non en animal, et avec la conscience que c'est ce qui convient.

Je vois aussi que c'est être bien *soi*, puisque toute vie forte et puissante est une vie recueillie et non dispersée, comme la physiologie même le montre, n'y ayant de vie puissante que là où l'organisme est constitué d'une manière solide et nette, et l'individu bien tranché.

Je vois encore que c'est *sortir de soi*, puisque toute vie forte et puissante est par cela même

---

[1]. *Eth. Nic.*, X, 1178 b⁷. Faire bien l'homme, Montaigne, *Essais*, III, xiii.

une vie généreuse et féconde, comme la physiologie aussi le montre, n'y ayant pas de vie complète, arrivée à la maturité, à l'apogée, qui ne soit portée à se communiquer, et le vivant, une fois parvenu à la plénitude de la vie, engendrant un autre vivant.

Je vois que devenir pour autrui source de bien, source de vie et d'être, c'est le degré le plus intense et le plus parfait épanouissement de la vie; et, dès lors, je conçois celui qui *fait bien l'homme* comme vivant d'une vie intense et proportionnée d'abord, déployant, développant les puissances humaines, toutes, mais chacune en son rang et selon la mesure qui convient; et, quand il est ainsi lui-même d'une façon complète, agissant autour de lui, menant les choses et, quand il le faut, les hommes même, en la manière qui lui est possible, tirant des événements et de ses ressources propres le meilleur parti, faisant de la matière que sa nature et les circonstances lui fournissent l'œuvre la plus belle, suscitant par son action d'autres actions, énergiques et fécondes comme la sienne, suscitant des hommes parce qu'il sait être homme lui-même, et faisant tout cela avec le sentiment vif, que dis-je? avec la conscience claire que c'est faire ce qui convient, car c'est faire honneur à sa nature d'homme.

Serait-ce donc là l'œuvre vraiment humaine? serait-ce là l'œuvre de la vie? Mais que d'obscurités encore, et que de difficultés, que de questions!

CHAPITRE VII

L'IDÉE DE L'HOMME

Toutes les vues que nous venons d'indiquer supposent des affirmations qu'il faut énoncer d'une manière explicite et examiner scrupuleusement.

L'homme vaut mieux que l'animal : première affirmation. Parmi les facultés humaines, il y en a qui valent mieux que les autres : seconde affirmation. Telle façon d'être homme vaut mieux que telle autre : troisième affirmation.

On prétend donc discerner ce qui convient à l'homme et ce qui ne convient pas; ce qui convient plus et ce qui convient moins; ce qui est digne de l'homme et ce qui ne l'est pas.

C'est donc qu'il y a une certaine idée de l'homme, de l'homme comme il faut qu'il soit de l'homme complet et parfait, ou, si l'on veut, de l'homme le plus homme et le mieux homme.

C'est ce que je veux examiner maintenant, et examiner à fond.

Dire : *ceci vaut mieux que cela*, c'est porter un jugement qui peut impliquer bien des choses.

Ceci vaut mieux que cela : est-ce parce que ceci est plus agréable pour moi que cela? ou est-ce parce que ceci m'est plus utile et plus avantageux? ou encore, est-ce parce que ceci m'apparaît comme plus consistant, mieux fait, plus apte à durer, à garder sa forme?

Si je compare une matière quelconque à une autre matière, une étoffe à une étoffe, un vêtement à un vêtement, un meuble à un meuble, je préférerai ceci à cela pour l'une des trois raisons que je viens de dire. Ce vêtement, par exemple, me plaît plus qu'un autre, sa couleur ou sa forme m'agrée davantage; ou bien je le trouve plus commode, plus chaud, plus facile à porter; ou encore je le juge plus résistant, plus solide, plus propre à durer sans se déformer, sans s'user.

Mais si, en disant qu'une chose vaut mieux qu'une autre, je compare des objets de nature différente, d'ordre différent, si je passe d'une classe à une autre, la comparaison n'est plus si aisée à expliquer et la préférence n'est plus toujours fondée sur l'agrément prévu, sur l'avantage espéré, sur l'aptitude propre des choses à demeurer dans l'existence ou à garder leur forme. Il y a des cas où dire : ceci vaut mieux que cela, a une autre signification encore et une autre portée.

Valoir mieux ne veut plus dire *offrir plus d'agrément* ni *procurer plus d'utilité,* ni même *avoir en soi de quoi persister davantage dans son être et dans sa forme.* C'est l'être même qui est jugé meilleur, c'est la forme aussi qui est jugée meilleure, et ce qui est mieux fait, ou ce qui est mieux, n'est plus seulement ce qui présente plus de garanties de durée et comme de constance avec soi-même et de conformité à sa propre nature ou essence; mais c'est cette nature, c'est cette essence qui est déclarée supérieure à une autre, et cela indépendamment de nous, sans relation avec notre plaisir ou notre avantage, indépendamment aussi de toute condition d'existence extérieure à elle, sans relation avec l'espace et avec le temps où elle est placée, mais en soi, parce qu'elle apparaît comme plus *noble*, comme plus *excellente,* selon la raison. *Optabilius cum ratione,* comme dit quelque part Leibniz[1]. Si, nous qui regardons cette chose, nous nous y intéressons davantage, si nous nous y plaisons plus, si nous l'aimons mieux, si nous jugeons bon qu'elle soit et si nous voulons qu'elle soit, et cela plutôt qu'une autre en cas de conflit, c'est que, prononçant sur sa valeur avec notre raison, nous lui découvrons en effet une sorte de dignité : nous la déclarons donc souhaitable, plus souhaitable qu'une autre, mais par raison, à cause de ce qu'elle a en elle que la raison approuve. *Optabilius cum ratione.*

Lors donc que je dis que l'homme vaut mieux que le pur animal, et que vous le dites avec moi, car je ne vois personne qui, sérieusement et avec réflexion, osât dire le contraire, que voulons-nous dire? et pourquoi le disons-nous?

Une réponse se présente : L'homme vaut mieux que le pur animal, parce que l'homme pense.

Soit; mais entendons-nous. Il reste à savoir ce que nous prisons dans la pensée et pourquoi nous la prisons. La même question revient : est-

---

1. *Correspondance avec Eckhardt,* éd. Gerhardt, 1875, t. I, p. 222. « *Melius autem interpretor, cum ratione optabilius.* »

ce l'agrément, est-ce l'utilité que nous cherchons dans la pensée? est-ce je ne sais quelle force, je ne sais quelle consistance et persistance que nous y admirons?

Si ce n'est que cela, qu'aurons-nous à répondre à ceux qui nous diront que la pensée est la source de beaucoup de maux? et à ceux qui nous diront que l'homme étant animal par un côté, ils s'en tiennent à ce côté de l'homme, y trouvant des jouissances, des satisfactions qui leur suffisent? Que répondrons-nous encore à ceux qui nous diront que, si la pensée doit à sa nature d'échapper à ce qui corrompt, ruine, détruit les choses matérielles, et paraît ainsi bien autrement apte à durer, et dure en effet à travers les siècles avec une persistance merveilleuse et un immortel éclat : néanmoins, cette consistance tout idéale n'empêche pas qu'elle ne soit chose ténue, délicate, fragile à bien des égards, et que l'on ne lui puisse préférer de plus épaisses et de plus grossières réalités, comme celles où l'animal semble trouver de quoi se satisfaire?

Otez à ces mots *valoir mieux* toute signification d'*excellence*, de *noblesse*, de *dignité*, on ne comprend plus rien à ce jugement qui paraît si simple et si certain : l'homme vaut mieux que l'animal parce que l'homme pense.

La pensée est le signe d'une vie plus haute, plus noble, ou la préférence qu'on lui accorde n'est pas justifiée. Assurément pour l'être plus noble, la meilleure jouissance et le suprême intérêt seront de vivre d'une façon noble. La vue de cette valeur supérieure ramènera donc la vue de l'agrément et celle de l'utilité, mais la *noblesse* de l'être une fois supposée, et seulement alors.

Si donc je sais que l'homme vaut mieux que l'animal, et si je sais ce qui vaut mieux pour l'homme, c'est que j'ai une certaine *idée* de l'*homme* ou de la *nature humaine*, à laquelle je compare tous les échantillons que je rencontre. Cette idée renferme ce que la nature humaine *exige* et ce qu'elle *appelle*, et par cela même en marque le rang parmi les êtres ; l'*excellence* fonde la *dignité*, et dès lors, comparant l'homme à l'animal et l'homme à l'homme, je dis que l'homme vaut mieux que l'animal, et aussi que ceci convient à l'homme mieux que cela : deux jugements connexes qui ont dans cette *idée* de la nature humaine leur raison, leur fondement, leur justification.

Mais il importe d'approfondir ces affirmations et d'en mesurer la portée.

L'idée de l'homme, va-t-on me dire, est le produit de la *culture*, de la civilisation.

Assurément, répondrai-je. Je ne dis pas qu'elle soit toute faite, et qu'il n'y ait qu'à regarder en soi pour la trouver et qu'à être homme pour la voir en ce sens qu'elle serait en nous comme une étoile au firmament et que la formation en serait possible sans aucun travail de notre part.

Je dis simplement deux choses, et voici ces deux choses.

La première, c'est qu'en fait, au milieu de toutes les variations tenant aux temps, aux lieux, au degré de culture, quelques éléments se retrouvent partout et toujours.

La seconde, c'est que la faculté de se faire une idée de la nature humaine est considérable et mérite une attention particulière.

Partout où il y a des hommes qui *comptent*, si peu qu'ils comptent, des jugements, des habitudes, des mœurs, des coutumes qui méritent de *compter*, si peu que ce soit, il y a, dans les esprits, d'une façon plus ou moins vague, et aussi plus ou moins vive, une certaine idée de l'homme le plus homme et le mieux homme, et cet homme idéal apparaît avec deux ou trois traits toujours et partout les mêmes, car ce qui s'en rapproche devient l'objet de l'admiration, de la vénération même, et quiconque aspire à primer tâche de les reproduire en soi autant que possible.

Que l'on considère des races où l'humanité ne semble qu'ébauchée, que l'on en examine d'autres où de pauvres restes et de lamentables débris seuls semblent subsister, s'il y a là quelque chose qui compte, l'homme vraiment homme, l'homme noble, c'est celui qui est fort et qui est *généreux*[1]. L'homme fort, c'est celui qui peut et qui sait *être soi*, et partant se conserver, se garder, s'imposer même, qui, pour cela, use de ses forces physiques et aussi de son esprit (πολυμῆτις Ὀδυσσεύς), fécond en ressources de toutes sortes, et par là supérieur aux obstacles, capable de se libérer et de vivre respecté. Et en même temps l'homme généreux, c'est celui qui peut et qui sait *sortir de soi*, agissant pour sauver, pour protéger, pour venger les

---

[1]. J'aime à rappeler ici de belles pages écrites dans la *Revue Bleue*, il y a quelques années, au sujet de l'éducation, par M. Ravaisson, qui, en développant ses idées sur la générosité, cite et commente éloquemment de célèbres passages de Descartes et de Pascal. (*Revue Bleue* du 23 avril 1887.)

autres, se dévouant à un chef, à un dieu, se sacrifiant pour un peuple, sachant lutter, sachant souffrir, et, s'il le faut, mourir pour quelque cause étrangère à lui, supérieure à lui, et identifiée avec lui parce qu'elle est l'objet de son estime passionnée, de son amour ardent, de son culte.

Il serait curieux de rechercher et de suivre ces deux traits à travers l'histoire de l'humanité. On les verrait, avec toutes sortes de modifications et de nuances, tantôt grossiers et tantôt raffinés, tantôt presque effacés et tantôt éclatants, mais persistant toujours, dans l'homme sauvage, dans l'homme héroïque et presque fabuleux, dans l'homme des grandes époques historiques, dans le Sémite, dans le Grec, dans le Romain, dans le Barbare; on les retrouverait à l'époque des grandes invasions, au moyen âge, au temps de la Renaissance, au dix-septième siècle, avant, pendant et après la Révolution française. Si l'on avait le temps de faire des monographies, on montrerait ces traits dans le gentilhomme et dans l'homme de cour, comme dans le paysan et l'artisan. Le Christianisme les a profondément modifiés : il ne les a pas détruits. Les événements qui bouleversent le monde depuis cent ans, y ont introduit bien des changements : ils ne les ont pas supprimés[1].

Certes, voilà une *persistance* bien digne d'être remarquée. Elle témoigne de l'*importance* de ces traits[2].

Mais ce que je veux surtout considérer ici, c'est ce fait que l'homme à toutes les époques, sous toutes les latitudes, à tous les degrés de culture, se fait, dès qu'il *compte*, une certaine *idée* de la nature humaine.

Notons-le bien. Il ne s'agit pas ici de la *notion scientifique*. Celle-ci est de formation tardive, puis elle est d'une remarquable inefficacité pratique, enfin elle est le résumé de l'expérience, ou,

---

1. Caro, dans un cours de 1885-1886, a fait une série de leçons très nourries, très neuves, sur les *Évolutions de la conscience morale*. Elles ont laissé un souvenir durable, et l'on a été heureux d'en retrouver le programme et des fragments d'après les notes du maître, dans un article de M. Janet sur M. Caro philosophe, *Revue Bleue*, 12 décembre 1887. La leçon qui avait pour titre particulier les *Évolutions de la conscience morale* et celle sur l'*Idée et le sentiment de l'honneur*, apparaissent vivantes dans ces notes où l'on saisit si bien la sérieuse méthode de travail du professeur et où l'on devine son éloquente parole. — Il faut aussi rappeler ici les pages célèbres de la *Révolution*, t. III, liv. II, ch. II, p. 125 et suiv., au t. IV des *Origines de la France contemporaine*, où Taine fait l'analyse de l'âme moderne et étudie les différents apports qu'il y note.

2. On reconnaît ici le langage de Taine dans sa *Philosophie de l'Art*, t. II, cinquième partie, de l'*Idéal dans l'Art*, ch. II et III.

si l'on veut, l'extrait des faits donnés, et c'est précisément ce qui explique pourquoi elle ne se forme que tardivement et pourquoi elle est dépourvue d'efficacité. *Savoir* les caractères essentiels de l'homme, physiologiquement et psychologiquement, c'est l'ambition du *savant*. Mais pour vivre, l'homme n'attend pas d'avoir cette *science* de sa propre nature. Cette science ne vient que tard. Une fois faite, elle ne sert pas à grand'chose pour vivre. Elle résume, dans une formule exacte, les faits observés. Œuvre de raison, puisqu'elle substitue à la multiplicité des détails la généralité de la notion, elle a pourtant pour mesure l'expérience qui sert à la constituer, et, parce qu'elle ne dépasse pas les faits, elle est, par elle-même, sans vertu pratique. Dans le domaine de la nature, savoir c'est pouvoir. Dans le domaine pratique, cela n'est plus littéralement ni directement vrai. Les sources de l'action sont ailleurs.

Ce que je nomme l'*idée* de l'homme est chose bien différente de la *notion scientifique*. L'idée ici, c'est l'*idée-type*, ou encore l'*idéal* : comparée à la notion, elle est de formation antérieure ; elle a une influence pratique ; elle procède, elle aussi, de l'expérience, mais d'une certaine façon qui lui est propre, et elle dépasse l'expérience, elle va au delà des faits donnés.

Je ne fais pas de théorie, je constate simplement un fait. C'est un fait que l'*idée* de l'homme ou de la nature humaine est comme cela, est cela. Ce n'est pas seulement une formule contenant les caractères constitutifs de l'être humain. C'est l'expression, non pas précisément de ce que l'être est, ni même de ce qu'il faut qu'il soit pour être, mais de ce qu'il convient qu'il soit pour être largement et pleinement, et pour être bien.

La distinction entre ce qui est requis pour *être* et ce qui est requis pour *être bien,* est une distinction élémentaire que nous faisons sans cesse, à tout propos, en jugeant des produits de l'industrie humaine ou de l'art, en considérant les choses de la nature, les plantes, les animaux. Discerner un cheval des autres bêtes, et puis parler d'un beau ou d'un excellent cheval, c'est fort différent. Le cheval a tout ce qui lui est nécessaire pour être un cheval. C'est clair. Mais le beau ou l'excellent cheval a aussi ce sans quoi ce ne serait plus un cheval. C'est également clair. Seulement celui-ci a tout cela *excellemment.* Il est cheval, mais plus et mieux que d'autres, il est le plus cheval et le mieux cheval de tous. Si je dis qu'il l'est le plus possible et le mieux possible, l'*idée* ne sera plus seulement impliquée dans mon jugement, elle sera exprimée. Tout à l'heure, en énumérant les caractères qui font d'un cheval un cheval et en les enfermant dans une formule précise et exacte, j'énonçais la notion scientifique. Maintenant j'énonce l'idée ou l'idéal.

C'est la *vérité* que donne la notion. L'idée donne l'*excellence*. Entre la vérité et l'excellence il peut y avoir conflit, mais conflit apparent, non réel, conflit momentané, non durable. Développer trop dans un être tel caractère qui importe à sa beauté, c'est rendre cet être impossible; mais c'est du même coup en détruire la beauté, ou, ce qui revient au même, c'est substituer une beauté de convention, une beauté artificielle et fictive, à la beauté naturelle, à la beauté vraie. Du moins, cela prouve que l'idée n'attend pas, pour se former, la notion scientifique; et, si ensuite elle s'en aide avec raison, elle continue néanmoins à en demeurer distincte.

L'idée devine et met en relief ce qui est le plus propre caractère de l'être; et cela, non pas en supprimant le reste, mais en le subordonnant, comme il convient, à ce point principal, ou plutôt et mieux, en le pénétrant d'un souffle émané de ce point principal.

Voilà ce qu'est l'idée quand elle est saine et forte.

Et il se trouve que la vie à son tour, quand elle est saine, elle aussi, et forte, tend d'elle-même à réaliser ce qui, pour un esprit, serait son *idée*. La vie, en son développement, en son évolution, aspire à réaliser quelque chose de cette idée d'elle-même, de cet idéal d'elle-même, qu'elle est incapable de saisir par la réflexion.

Volontiers, je me servirais ici de l'admirable expression si connue de Claude Bernard, et je dirais que, dans tout être vivant, ce que je nomme l'idée est *idée directrice* de l'évolution vitale.

Homme, j'aspire à être homme, c'est ma loi. C'est un instinct.

Si je réfléchis, je me rends compte de mon aspiration. Je vois que je veux être homme le plus possible et le mieux possible, et cela, en étant, s'il le faut, autrement que je me vois et me sais être. L'idée de l'homme, de la nature humaine, de l'œuvre humaine n'est pas tout entière issue de l'expérience. Elle domine, elle dépasse l'expérience. Elle permet de juger des apports de l'expérience, elle les rectifie, elle les épure, elle y opère une sélection. Elle a donc en soi quelque chose par où elle la dépasse. Ou du moins elle suppose dans l'homme même une certaine faculté de concevoir toujours mieux que ce qu'il a, mieux que ce qu'il est. S'il peut augmenter ses qualités, les porter à un degré inconnu de perfection, c'est que rien de ce qu'il a et de ce qu'il est ne le contente ; et si rien de ce qu'il est et de ce qu'il a ne le contente, c'est que rien de réel ne répond à cette excellence dont il n'a pas une idée arrêtée, mais que sans cesse il conçoit grandissante et propre à susciter de nouveaux efforts pour la réaliser[1].

Il y a donc au moins une *vis ampliativa* inexplicable par la seule expérience, même par l'expérience accumulée des siècles.

Si je ne craignais d'être mal compris, je dirais qu'il y a un certain platonisme indispensable, encore que souvent inaperçu, au fond de toute

---

[1]. C'est le lieu de se rappeler la remarquable lettre de Descartes à Regius, où il montre que, si nous nous formons une idée de Dieu en étendant à l'infini les petites perfections qui sont en nous, cet effort n'est possible que parce que l'Etre infini existe. Ed. Garnier, t. III, lettre 31. Ed. Cousin, t. VIII, p. 220.

explication un peu pénétrante de la pensée ou de l'action. La vie humaine suppose une idée de l'homme, une idée de la nature humaine, sans laquelle on ne s'expliquerait ni les jugements les plus simples que nous portons sur la valeur de la vie, ni cette ambition qu'a tout homme qui compte d'être à sa manière le plus et le mieux homme qu'il peut. Et encore une fois je ne prétends encore faire aucune théorie, je ne rattache ces affirmations à aucun système. Je ne veux que constater des faits visibles et tâcher de les faire voir.

CHAPITRE VIII

LA VERTU PRATIQUE DE L'IDÉE DE L'HOMME

L'idée de l'homme ou de la nature humaine est ce qui justifie nos jugements sur l'homme et sur la vie. C'est aussi ce qui règle la conduite à tenir et dicte l'emploi à faire de la vie.

La nature d'un être vivant, c'est l'ensemble des caractères constitutifs de cet être, c'est aussi la loi de son développement et le principe même du mouvement propre par lequel il se développe. On peut donc considérer la nature d'un vivant soit d'un point de vue tout *statique*, et alors c'est la *forme* de son devenir, soit d'un point de vue *dynamique*, et alors c'est le principe interne de ce même devenir. Dans les deux cas, c'en est la *loi*.

Mais, comme dans un être quelconque il y a

lieu de distinguer ce qu'il est, ce qu'il sera, ce qu'il peut être, ce qu'il faut qu'il soit, ce qu'il conviendrait qu'il fût, la nature de tout être enveloppe dans sa riche complexité et le fait présent et le fait futur, et les virtualités, et les conditions nécessaires d'existence, et enfin les convenances relatives à l'excellence et à la perfection. La nature, c'est tantôt ce qui est exprimé dans le fait actuel, *natura ectypa*, et tantôt ce qui semble régler le fait, *natura archetypa*. Là, c'est le fond d'où sort ce qui est, et le type semble se former d'après la réalité donnée ; ici, c'est l'idéal auquel essaie de se conformer ce qui devient, et la réalité future ou commençant d'exister se modèle sur le type.

L'être vivant a une forme, celle de son espèce, εἶδος, qu'il tend et travaille à réaliser par une certaine force qui est en lui. C'est une idée, non pour lui, si nous entendons par là une représentation mentale, quelque chose dont il ait conscience, mais du moins pour nous qui la considérons. C'est l'εἶδος au sens d'Aristote, εἶδος non pas transcendant ni séparable, χωριστόν, mais εἶδος τὸ κατὰ τὸν λόγον, expression de l'essence qui rend l'être concevable, expression de toutes les raisons d'être, et, par conséquent, de l'intelligibilité, ou de ce qui rend la chose saisissable à la pensée, à la raison de l'homme. Considérée hors de l'esprit qui la conçoit, et dans ce qui la fonde objectivement, cette idée est, dans l'être même, une sorte de raison immanente, de raison séminale, comme disaient les stoïciens, ou encore une idée dirigeante, une idée directrice, *principale aliquid*, τὸ ἡγεμονικόν, présidant au développement de l'être, à l'évolution de la vie. Mais cette idée impliquant pour l'être la possibilité d'être lui-même pleinement et même de se dépasser par une sorte d'abondance et de surabondance, et comme par un excès qui soit excellence, ce n'est plus seulement une impulsion directrice qu'on y remarque, c'est une force propulsive : elle pousse, elle porte en avant, et fait aller toujours plus loin, toujours plus haut, si rien ne l'empêche.

Ainsi dans l'être humain la nature humaine, ainsi l'*idée* de l'homme. C'est l'idée de l'homme qui, en un sens, fait l'homme, c'est elle qui en chaque homme explique la marche en avant, et c'est elle qui, dans l'ensemble, explique, avec l'hérédité, le progrès de l'humanité.

Cette idée se trahit d'abord par des instincts.

Avant d'être reconnue, elle pousse à l'action. Il y a des inclinations, des tendances, des appétits qui lui sont conformes. Naturelle est la tendance à persévérer dans son propre être, naturelle aussi la tendance à aller vers autrui. Naturelles de même sont les exigences de la *bête humaine*, et naturelles les aspirations de l'*homme*.

Puis la conscience vient, et enfin la réflexion. On essaie de fixer l'idée, de se représenter la forme de vie qu'elle demande. Alors il y a clairement et expressément, sous le regard de l'homme qui pense, la nature humaine en fait et la nature humaine en idée. Le fait est la réalisation telle quelle de l'idée. L'idée ramène à elle le fait.

Or, encore une fois, cette idée, ce n'est pas seulement l'ensemble des conditions d'existence de l'être, c'est ce qui est requis pour que cet être soit le plus possible et le mieux possible lui-même : c'est ce que son essence exige, et avec un surplus, une sorte d'excès, une perfection, une excellence que cette essence comporte ou appelle. Inconsciente, l'idée directrice, si rien ne l'empêche, pousse l'être à l'épanouissement, à l'éclat, si je puis dire, et au rayonnement. Consciente, elle garde ce caractère propulsif. C'est dire qu'elle est devenue un principe pratique.

Alors apparaît ce que l'on nomme convenance, dignité, beauté de la vie. Il y a une façon d'être qui est noble, qui est bienséante, qui a de la grandeur ou de la grâce, qui est belle. La conception d'une telle vie est attirante, engageante. Elle opère dans l'homme un mouvement d'un genre particulier : elle inspire l'envie de faire quelque chose de généreux, quelque chose de grand; elle invite à agir d'une façon qui lui soit conforme, et elle y aide déjà; elle imprime à l'être un élan vers elle-même, et elle le dilate, elle lui communique une force expansive, une énergie conquérante pour régler d'après elle la conduite, l'action, la vie. En même temps, et par cela même, elle produit un mouvement de resserrement et de refoulement; car la beauté vue ou entrevue, pressentie, devinée, en attirant à soi, inspire le dégoût pour ce qui la détruirait. On ne peut voir ni même entrevoir la beauté de la vie sans se retenir, sans se contenir, pour arrêter ce qui lui serait contraire. Et ainsi cette idée de la convenance, de la dignité, de la beauté, exerce, par les attraits et les répugnances qui lui sont propres, une influence pratique.

Je ne crois pas en avoir fini avec l'étude de l'idée comme principe pratique. Je n'en suis bien plutôt qu'au commencement. Mais il est bon que je m'arrête ici, car avec ces premiers éléments, je vois se former toute une conception de la vie humaine que c'est le moment d'examiner à fond.

CHAPITRE IX

LA SCIENCE ET LA VIE

Tout ce que nous venons de dire peut sembler ne pas franchir les bornes du déterminisme scientifique le plus rigoureux. L'homme ainsi entendu semble, je dis *semble,* n'avoir besoin pour s'expliquer d'aucun principe proprement métaphysique. Il fait partie de la nature. Il est soumis aux mêmes lois, conduit en définitive par par la même nécessité. Il accomplit son œuvre comme la fourmi ou l'abeille accomplit la sienne. Cette œuvre est, à certains égards, bien supérieure parce qu'elle procède de la pensée consciente ; mais, si belle qu'elle paraisse, c'est un point au sein de ce vaste univers, et d'ailleurs, de même que si beaucoup d'hommes demeurent sur les confins de l'animalité, ce n'est point leur faute au sens où le prennent les moralistes, ainsi l'espèce de supériorité où atteint l'élite n'est point un mérite à proprement parler. Chacun est ce qu'il peut. Entre les animaux et l'homme il y a continuité. Il faut considérer les choses du même œil, en juger d'après les mêmes principes : une même science les explique.

De ces vues se forme une certaine philosophie de la vie, triste, mais résignée, très calme, très sereine, qui ne méprise rien ni personne, assez hautaine pourtant, car si tout intéresse le savant, parce que tout a sa place dans l'évolution universelle et que tout arrive en vertu de la même loi nécessaire, cependant les produits choisis, exquis, lui plaisent par leur importance relative, et aussi dans certains cas par leur bienfaisance. Comment ne pas préférer à la brute humaine où les penchants du gorille primitif sont toujours prêts à éclater impétueusement, l'homme cultivé, où les bas-fonds sont contenus et où la pensée produit ses plus beaux fruits? Et dans l'homme cultivé lui-même, comment ne pas préférer au bel esprit trop raffiné, au raisonneur perverti, à l'abstracteur à outrance, à toute l'engeance des sophistes et des phraseurs, l'intelligence droite et saine du savant, que sa science même a guéri de toutes ces maladies intellectuelles et qu'elle rend maître de lui et des choses, en un certain sens, parce qu'elle lui livre en partie le secret de la Nature?

Voilà donc que se produit, sous l'influence de la science révélatrice de la loi universelle et dominatrice de l'univers, une belle et noble conception de la vie, vraiment aristocratique, mais sans morgue, faite pour quelques-uns seulement, pour les savants et les sages, interdite au vulgaire que d'ailleurs les savants et les sages ne blâment ni ne condamnent. Le plaignent-ils? Oui, par sympathie naturelle, mais sans se troubler. Lui veulent-ils du bien? Oui, par sympathie naturelle encore, mais sans se donner pour l'élever à eux une peine inutile. C'est la science qui est leur unique souci, leur unique objet. Pour elle ils travaillent, pour elle ils se donnent du mal. Que ne feraient-ils pas afin d'acquérir une notion exacte, une idée juste, et d'ajouter aux vérités connues une vérité? La vie est donc chose sérieuse à leurs yeux; on y a une tâche à remplir, une œuvre à faire : celle de comprendre les lois de l'univers, si l'on peut. Quand on est de ceux à qui ce travail est possible, on s'y dévoue corps et âme. C'est la grande affaire de la vie. C'en est l'honneur, c'en est la joie. C'est ce qui l'ennoblit, c'est ce qui fait qu'elle vaut la peine de vivre. On n'est pas un dilettante, on ne passe pas en ce monde en oisif, en connaisseur, en amateur stérile. Loin de là. On est un savant, ce qui est tout autre chose. On travaille pour connaître. C'est une occupation laborieuse où l'on s'use. Encore une fois, c'est là le beau de la vie que de faire cette œuvre vraiment humaine, œuvre de savant qui observe, qui comprend, qui ne se lasse pas d'observer et de chercher à comprendre. Etre de ceux qui ont ce lot, c'est un rare bonheur. Peut-on espérer qu'avec le temps, le nombre de ceux qui entreront en partage de cet incomparable bien ira croissant? Sans aucun doute, crient quelques-uns. La science transformera le monde et, par elle, l'humanité aura enfin son âge d'or. Mais les plus savants ont moins de confiance. La science même leur apprend qu'il y a au sein de l'humanité tant d'autres éléments que la science étudie, mais qui ne sont pas réductibles à la science, en ce sens du moins qu'ils seraient eux-mêmes de la nature des idées et de l'intelligence. Tout cela, qui est réel, et comme tel, observable, analysable, assujetti à des lois connues ou connaissables, tout cela est indisciplinable par essence : c'est de la sensualité brute, c'est de la violence bestiale, c'est de la passion, c'est du sentiment, c'est de l'imagination; bas ou haut, grossier ou délicat, c'est, à titre de réalité, ressort de la vie, rouage de l'universelle machine, partie de l'organisme total. La science ne le supprimera pas, et tant qu'il en subsistera quelque chose, il y aura dans le monde autre chose que des savants et des sages. Ceux-ci peuvent donc espérer quelque amélioration de l'humanité grâce aux lumières croissantes de la science, et ils peuvent se dire qu'en étendant la science, ils diminuent la misère humaine, en tant que dépendant de l'humaine sottise ou de l'humaine ignorance. Mais ils n'ont qu'un espoir médiocre, et par suite, comme leur ambition est modeste, modeste aussi est leur zèle. Ils sont bienveillants, ils sont tolérants, ils sont doux aux faibles, aux humbles, aux petits; ils font grand accueil aux hommes de ferme et vive intelligence, ils essaient de les affermir et de les aviver, ils entrent dans leurs pensées, ils les mettent en garde contre les rêves, contre les trop vastes désirs, ils leur conseillent d'employer leurs belles ressources d'esprit à découvrir quelque solide vérité qui augmente le trésor des connaissances humaines. Ils aiment, ils saluent tout ce qui est la fleur de l'activité de l'homme, l'art et ses merveilleuses productions, la vertu et ses inventions sublimes. Rien ne leur est étranger. Et l'humanité, à son tour, reçoit d'eux, avec quelques notions nouvelles, des leçons de probité scientifique, de modestie, d'indépendance, de douceur, de courage simple devant le labeur, devant l'impopularité, devant les séductions ou les menaces du pouvoir, devant la maladie et devant la mort, leçons qui, sans doute, dans ce grand et perpétuel flux des choses auquel préside l'impassible Nécessité, ne seront point à jamais perdues[1].

Est-ce à cette conception de la vie que je

---

[1]. Est-il besoin de dire que, malgré la portée générale du présent chapitre, la plupart des traits dont se compose cette philosophie de la vie sont empruntés à Taine? Plus d'un mot est un souvenir visible de ses écrits. Ceux qui ont eu de lui une connaissance personnelle, retrouveront plusieurs fois comme un écho de ses conversations, et dans la dernière page surtout ils reconnaîtront quelque chose de son caractère et, si l'on peut dire, de sa vie.

m'arrêterai ? J'y trouve le sérieux que je cherche, la conformité aux lois de la vie que j'ai jugée indispensable, une œuvre à faire, une noble idée de l'homme ; et, puisque je suis de ceux qui travaillent à penser, ne suis-je pas de ceux aussi à qui convient cette théorie ?

Je m'inquiète pourtant, car d'abord je lui fais le reproche que je faisais au dilettantisme : elle n'est bonne que pour une élite. Elle est trop aristocratique, et c'est mauvais signe.

Ensuite, il me semble que c'est outrepasser les faits que de déclarer que de l'animal à l'homme la continuité est parfaite, en ce sens précis que l'homme n'a pas de loi propre. Il me semble que l'idée de l'homme bien consultée m'introduirait dans un ordre sans précédent. Est-ce un pressentiment sans valeur ? Entrons dans cette nouvelle étude, et voyons s'il n'y a là qu'une illusion, ou si vraiment nous sommes au seuil d'un monde nouveau.

CHAPITRE X

L'OBLIGATION MORALE

En approfondissant l'idée de l'homme, j'en ai constaté le caractère attirant, la force propulsive. L'idéal de la nature humaine exerce sur moi une influence pratique. Mais revenons sur ce point important, et tâchons d'approfondir encore.

C'est de la beauté de la vie que nous parlons. Voici ce que je me demande : cette beauté, si la concevant comme l'idéal de la vie humaine, je la néglige, que penserai-je de moi-même?

Dans tout le reste, le beau a pour moi un attrait tel que si, pouvant l'atteindre, je le manque, j'éprouve un malaise.

Précisons. Déployer mes ressources, mes aptitudes, mes talents, si j'en ai, dans l'ordre du beau, dans l'ordre de l'art, c'est un des buts partiels possibles de mon activité. Or, pouvant me donner cette culture, je la néglige. Qu'arrivera-t-il? Je serai mécontent de moi. Mais encore, que dirai-je? Que je me prive par là de jouissances exquises, de grands avantages. Et après? Que ma paresse est blâmable. Pourquoi? parce que, sans doute, il y avait là l'indice de ce qu'on peut nommer une vocation; et, par négligence, par faiblesse, je me refuse à faire ce pour quoi je paraissais fait.

Prenons garde : ceci est une idée nouvelle. Nous ne l'avons pas rencontrée encore. Nous avons constaté des attraits. Nous avons parlé de convenances engageantes, de beauté de vie et de noblesse exerçant sur nous un charme particulier et très puissant. Ici la raison commence à apparaître sous un aspect nouveau. Elle ne nous offre pas seulement une idée belle. Elle se montre avec son caractère propre et original, qui est de commander, de commander impérieusement.

Écoutons bien, en effet. Ma raison me reproche ma paresse. Qu'est-ce à dire? Qu'il y a quelque chose à faire, quelque chose qu'il faut faire. Mais ce n'est plus la nécessité pure, et c'est plus que l'attrait. Il faut faire, et je ne suis pas contraint de faire. Il faut..., et si je fais ce qu'il ne faut pas, j'ai tort. Il y a ici un ordre, un commandement impérieux. Je me trouve lié de la façon la plus intime. La loi, car c'est bien une loi, est telle qu'il ne suffit pas de l'observer extérieurement, mais que l'obéissance est requise par respect pour elle, en sorte que je lui soumets intérieurement tout mon être, que je lui donne mon adhésion intime, que je la déclare bonne, quoi qu'elle commande.

Ce fait a été mille fois décrit. Il faut l'envisager sérieusement.

C'est le fait de l'*obligation*, de l'obligation *morale*. La formule est ici : tu *dois* faire. Remarquons-le bien : tu *peux* faire autrement, mais tu *dois* faire ainsi.

Voilà ce qui, par rapport à tout ce qui précède, est une nouveauté considérable, une nouveauté *énorme*. Si cela est, aucune des règles de pensée ni des méthodes jusqu'ici employées ne réussit plus : nous sommes dans un ordre nouveau.

Je n'ai pas, pour le moment, à scruter l'origine de l'idée d'obligation. Je n'ai qu'à bien voir en quoi elle consiste, *hic et nunc*. C'est la première démarche de l'esprit en présence d'un fait : le constater, le décrire, le poser devant les yeux d'une façon nette, distincte, tranchée.

Or, quand je me vois et me déclare obligé de faire ceci, de ne pas faire cela, il peut arriver, et il arrive que je désire vivement faire précisément ce que je ne *dois* pas faire. Alors me voilà, avec toutes mes forces vives, arrêté : et par quoi? par une idée. Cette idée peut aller jusqu'à me commander : quoi? de lui sacrifier tout, de mourir plutôt que de la trahir. Je n'invente pas. Je ne déclame pas. Je constate un fait. Tous les jours, à des degrés divers, je sacrifie à cette idée de l'homme accompli et parfait l'homme réel que je suis. Je tue, je mets à mort quelque chose en moi, quelque chose de moi, pour me conformer à cet idéal de vie. Il y a des cas où c'est la vie totale, la vie même, qui est sacrifiée. Et quand la loi mortifie ainsi l'homme, il se peut que l'homme perde de vue la beauté du sacrifice, qu'il obéisse à la loi sans comprendre. C'est la loi. *Dura lex, sed lex*. Je ne vois plus pourquoi la loi est respectable, mais je vois qu'elle est la loi, et qu'elle est respectable. Je vois qu'elle est la loi universelle, qu'elle s'impose à tous les esprits, à toutes les volontés. Je m'incline, et je me tais.

Encore une fois, c'est là un fait.

Dès lors, la vie prend à mes yeux une importance singulière. C'est un *devoir* d'être homme le plus et le mieux possible, c'est un devoir de vivre conformément à l'idéal de la nature humaine. Et cela est net, simple, décisif.

Puis il me semble que le devoir étant accessible à tous, en ce sens qu'il ne demande pas une culture raffinée, la vie excellente n'est plus réservée à quelques initiés ou à quelques délicats. Il me semble que les *parties simples* de l'humanité, comme on dit si volontiers aujourd'hui, seront capables de penser de la vie ce qu'il convient avant tout d'en penser, capables aussi de faire de la vie ce qu'il convient avant tout d'en faire. Il me semble que c'est maintenant vraiment que la vie est sérieuse, qu'elle a un sens, et qu'elle est bonne à quelque chose. Le mot de l'énigme et le mot d'ordre, la signification et la règle, l'explication et la direction, ne les avons-nous pas là? Aux questions qui nous assaillent, nous répondons par ce grand et simple mot : le Devoir!

CHAPITRE XI

LA CONSCIENCE MORALE ET LA SCIENCE POSITIVE

Le devoir où se résume, ce semble, la philosophie de la vie, est-il quelque chose qu'il suffise de *poser* sans rien chercher de plus? Puis-je renoncer à toute question au sujet du devoir? Est-ce donc un mystère devant lequel il n'y ait qu'à s'incliner? Mais s'incliner ainsi devant quelque chose d'inexpliqué, est-ce raisonnable, est-ce conforme aux exigences de l'esprit scientifique? Ainsi la vie s'éclairait pour moi à la lumière du devoir. J'étais tenté de me dire que je tenais le mot de l'énigme et le mot d'ordre de la vie. Homme, je suis en ce monde pour faire mon devoir; c'est la raison de mon existence, c'est la raison de la vie. Homme, fais ton devoir. C'est la formule souveraine. Cela dit tout;

et ce qu'il y a à faire de la vie est là en raccourci, mieux encore, en substance. J'accueillais donc avec confiance cette belle et grande lumière, et je commençais à comprendre quelque chose à la vie et à savoir comment l'employer. A cette question : Que me veut la vie ? j'avais une réponse : elle veut de moi que je fasse mon devoir. Et à cette autre question : Qu'est-ce que je veux de la vie ? j'avais une réponse aussi : je veux d'elle le moyen de faire mon devoir, et c'est de là que j'attends ce qui est l'honneur et la joie de la vie. La conscience morale me fournissait donc le mot qui semblait suffire à tout. Avec le devoir et par le devoir, tout allait s'expliquer et marcher : je voyais dans un jour nouveau et sous un aspect bien autrement satisfaisant pour mon esprit ce que, dès le début de ces études, j'avais nommé le sérieux de la vie, la dignité et l'excellence de l'œuvre de la vie, la dignité et l'excellence de l'homme, la signification de la vie, l'emploi de la vie. La loi morale, règle de la vie, me donnait de la vie même une notion plus profonde et m'en rendait raison bien mieux que tout le reste.

Mais voici que l'inquiétude me prend. Je me

demande si je puis me livrer ainsi aux suggestions de la conscience. La science m'arrête. Sans doute le fait de l'obligation est un fait indéniable : j'ai aujourd'hui, j'ai actuellement, dans ce pays civilisé où je vis, héritier de longs siècles de civilisation, le sentiment et l'idée de l'obligation morale. Il ne s'agit pas de mettre en question ce fait. Mais s'en tenir là, et prétendre que, devant l'obligation, il n'y a qu'à s'incliner et à se taire, n'est-ce pas renoncer à la science? De tout fait il y a lieu de chercher l'explication, et expliquer une chose, n'est-ce pas la ramener à une autre par une analyse qui en détaille les éléments, les composants, les ingrédients? Prétendre que l'obligation en elle-même échappe à toute explication, vouloir qu'elle défie toute tentative de la ramener à autre chose, qu'est-ce donc, sinon renoncer à en avoir une idée distincte? ou encore, renoncer à ce qui est le procédé scientifique par excellence, l'analyse? donc, se mettre en opposition avec l'esprit scientifique? Et si l'on met ainsi à part, comme dans une situation privilégiée, l'obligation posée en dehors des prises de la méthode scientifique, à titre de chose simple, primitive, irréductible, n'est-ce pas singulièrement grave ? Entre la conscience morale et la science positive, on élève un conflit. Conflit où la science ne peut succomber, ce semble. Elle est encore imparfaite, elle n'explique pas tout, mais elle essaie de porter de plus en plus loin ses explications, et elle a la confiance qu'elle y réussira. Par l'obligation morale, elle a la clef du mystère. Il n'y a qu'à recourir à l'évolution, et alors se dissipe l'illusion d'une idée simple, primitive, irréductible, défiant l'analyse et se dérobant à toute explication. Par ce moyen, on découvre la formation, la genèse, l'origine première du sentiment actuel et de la notion actuelle. Alors on voit clair dans ce qui semblait inintelligible. Au lieu d'un fait étrange on a un fait qui se range sous la même loi que tout le reste. Au lieu d'un mystère posé d'emblée au seuil de la vie morale, on a de la vie morale même une explication scientifique, et la conscience apprend de la science le secret de son humble naissance et de son empire grandissant.

Tout est-il donc remis en question ? Tout, sauf ceci, que le fait de l'obligation morale, au moins *hic et nunc*, est un fait incontestable.

Ce fait échappe-t-il, oui ou non, à l'analyse telle que les sciences positives la pratiquent? Voilà le point précis à examiner.

Pour cela, je veux me pénétrer le plus possible de l'esprit scientifique. Or, si je dis que l'esprit scientifique exige que tout fait donné rentre dans les faits déjà connus, est-ce là une assertion vraiment scientifique? Point du tout, car c'est affirmer ce que je ne sais pas. Ce que l'esprit scientifique exige, c'est de prendre les faits comme ils sont et de ne leur faire jamais aucune violence. Ce qu'il exige encore, c'est d'en essayer, d'en poursuivre, et avec acharnement, l'explication; mais comme cette seconde exigence ne saurait contredire la première, il suit de là que l'esprit scientifique exige enfin que l'explication tentée ne supprime pas le fait à expliquer, qu'elle ne le dénature pas, qu'elle ne le déforme pas, que pour en rendre raison en le faisant entrer dans un cadre connu elle ne lui substitue pas quelque chose qui n'est plus lui.

Tout cela est manifeste et certain, en même temps que tout à fait élémentaire. C'est l'a b c de la méthode scientifique, et renoncer à ces articles fondamentaux de la charte de la science, c'est renoncer à l'esprit même de la science.

Or, je me sens et me déclare *obligé*, c'est-à-dire lié, mais d'un lien ne ressemblant à aucun autre : je *dois* faire ceci, c'est que je *puis* faire ou ceci ou cela; et précisément, j'aurais tort de ne pas faire ce que je dois parce que je dois le faire et que je pourrais ne pas le faire. Ce que je dois faire demeure ce que je dois faire, alors même que je ne veux pas le faire et que je ne le fais pas. Voilà donc une loi qui est respectable même quand elle n'est pas respectée, inviolable même quand elle est violée. En lui désobéissant, je fais en sorte qu'elle ne soit pas pour moi, je la supprime, je l'anéantis autant qu'il est en moi, je veux qu'elle ne soit plus et je fais tout pour qu'elle ne soit plus en effet; et cependant elle me domine encore. En dépit de tous mes efforts pour la détruire et malgré le démenti que mon acte lui donne dans le fait, elle subsiste : elle est la loi, et tellement qu'elle me condamne. Je ne puis l'empêcher de me donner tort. D'un autre côté, quand même je l'accomplirais en fait, si ce n'est pas par respect pour elle que je lui obéis, mon esprit et ma volonté intime lui étant contraires, je ne puis pas dire que je lui obéisse vraiment : elle n'est obéie, que si on lui obéit avec respect et par respect. Il faut vouloir qu'elle soit et se conformer à elle en fait par respect pour elle, pour l'amour d'elle.

Ce sentiment est dans l'humanité, cette notion est dans l'humanité : actuellement, chez vous qui lisez ces lignes, comme chez moi qui les écris. Cela est un fait, et un fait positif. C'est cela qu'on veut expliquer. Soit. Mais c'est cela qu'il faut ne pas supprimer, ne pas dénaturer, n'altérer en rien par l'explication. L'esprit scientifique et la méthode scientifique exigent que l'explication du fait le conserve en son intégrité et en sa forme propre.

On me propose d'y voir le dernier degré d'une évolution lente. *A priori,* je ne m'y refuse pas. Seulement, *a priori* aussi, et au nom de l'idée nette, précise, exacte de l'évolution elle-même, je déclare que si l'on me parle d'évolution, il faut qu'au début il y ait un germe d'où le temps ait fait sortir par développements successifs le produit final. Autrement ce produit est une nouveauté, une chose d'un autre ordre qui survient; il y a *épigenèse,* il y a création. Vous me promettez une transition insensible, et je vois un saut brusque. L'évolution explique le grand arbre avec ses fruits, mais parce que dans le germe il y a déjà, d'une certaine manière, ce qui sera le grand arbre. Otez le germe, semez à la place une pierre : vous n'aurez rien.

Que rien de tel que l'obligation ne soit au début, vous aurez beau ajouter le temps au temps : cette longue série de siècles ne donnera à la fin rien de tel que l'obligation. Elle n'est pas dans le germe, elle ne sera pas au terme du développement.

A l'heure qu'il est, l'obligation n'est pas la contrainte, et la crainte n'est pas le respect. Comment ce qui primitivement était contrainte serait-il devenu obligation, et ce qui primitivement était crainte serait-il devenu respect? Par quel raffinement? par quelle transformation contraire à toutes les lois des choses? Raffinement n'est pas changement de nature, et si la transformation substitue ou ajoute à la donnée primitive une nouveauté d'un autre ordre, c'est l'équivalent d'une création : ce n'est plus développement, épanouissement, floraison, jeu fécond de la vie, d'une richesse infiniment variée, je le veux bien, mais à partir d'un point donné, et toujours dans le sens donné et dans la direction donnée; c'est production de ce qui n'était pas, c'est apparition, au terme, de ce dont le début ne contenait en aucune façon la promesse.

On peut, grâce à l'expérience de la vie, entendre son intérêt d'une façon plus éclairée; certains sentiments peuvent prendre par l'hérédité une force croissante, prévaloir sur d'autres, et à cause de cela paraître nouveaux; certaines habitudes peuvent se transmettre de génération en génération et ainsi se former, s'établir, se fixer dans la race même; certaines idées peuvent s'épurer, et d'autres se compliquer. Dans la sphère de la moralité, certaines formes nouvelles du devoir peuvent naître : les devoirs vont se modifiant, s'étendant, se définissant, se multipliant, se compliquant; la délicatesse de la conscience s'affine. Voilà des développements que nous pouvons suivre soit dans les individus, soit dans tels et tels groupes humains, soit dans l'humanité même. Que l'on nomme cela évolution morale, je n'y contredis pas. Mais que là où il n'y avait primitivement que des penchants, des instincts, des tendances, et une aptitude à raisonner tout cela, il se produise cette chose étrange : *l'obligation*, et l'obligation de se retenir, de se contenir, ou encore de se donner, et jusqu'à mourir, s'il le faut : est-ce admissible? est-ce concevable? Quand vous mettriez, à l'origine, une tendance dite *altruiste* à côté de la tendance dite *égoïste*, cela ne rendrait pas compte de l'obligation de sacrifier l'une à l'autre. Et quand vous ajouteriez les siècles aux siècles, vous n'assureriez point par là le succès de l'opération. Car des entraînements, même successifs, multipliés, accumulés, transmis et perpétués, et renforcés par cette transmission et cette perpétuation, ne seraient toujours que des entraînements : l'intensité croîtrait, la force deviendrait irrésistible, la nature des choses ne changerait pas, et cette force sans cesse accrue ne deviendrait pas autorité, devoir, obligation. L'illusion même de l'obligation morale ne se concevrait pas. Comment le pur instinct aurait-il pris des apparences si étranges, si peu conformes à ses origines? Et, le jour où la raison, réfléchissant sur le travail inconscient des siècles, aurait dissipé l'illusion, en montrant, par exemple, la folie, — au regard de l'intérêt, — du désintéressement et du sacrifice impliqués dans l'obligation morale, comment cette même raison rétablirait-elle une quasi illusion en montrant les raisons et les avantages du désintéressement même, du dévouement, du sacrifice? Les avantages, si importants qu'ils soient, si humains qu'on les suppose, ne sont toujours que des avantages : l'obligation est tout autre chose. La conformité même aux lois naturelles de la vie, ce n'est pas l'obligation.

Ainsi, l'évolution dite morale ne donnera, à la fin, quelque chose de proprement *moral* que si, au début, il y a déjà en germe quelque chose de proprement *moral*.

Et ce qui est proprement moral, c'est ceci : agir, ou plutôt vouloir, par respect pour une loi rationnelle, mais une loi qui commande, une loi qui énonce non ce qui est, mais ce qui *doit* être, et exige de la volonté que, par son acte, elle fasse être ce qui doit être.

Pascal dit : « La raison commande bien plus impérieusement qu'un maître : car en désobéissant à l'un, on n'est que malheureux, et en désobéissant à l'autre, on est un sot. » La raison pratique, la conscience morale commande plus impérieusement encore ; et en lui désobéissant, on est un malhonnête homme.

On peut bien faire des systèmes pour expliquer la moralité, et ces systèmes la compromettent et risquent de la ruiner. Mais, toutes les préoccupations de système mises à part, prend-on son parti d'être un malhonnête homme? Non pas. Je répète ici ce que je disais plus haut : je ne déclame pas, je ne fais pas de phrases. Nous sommes dans l'ordre des choses morales : en appeler à la conscience de chacun, mettre chacun en face des choses mêmes, en nommant les choses par leur nom et en substituant aux notions purement abstraites des réalités concrètes, dire, par exemple, ceci : entre être honnête homme ou être malhonnête homme, lequel voulez-vous choisir? presser ainsi le sens des mots, amener la question sur le terrain pratique et, là, préciser en présence du détail vivant et poignant : c'est scientifiquement régulier, légitime; cette façon de procéder est bien à sa place : la méthode scientifique demandant de prendre les faits comme ils sont, je traite les choses morales moralement.

Pour plus de précision encore, je me restreindrai à un seul point; et, m'adressant au penseur qui cherche l'explication de l'obligation, je lui dirai : Vous voici au début de vos recherches, et m'y voici avec vous. Si vous n'êtes pas un charlatan, il y a une chose que vous mettez au-dessus de toute discussion : c'est que la sincérité, le sérieux, la droiture sont choses dignes d'estime, et vous voulez, dans votre étude, procéder avec sincérité, sérieux, droiture, vous voulez que moi, qui vous suis, je procède de même.

Or, qu'est-ce que cela? Ne voyez-vous là que conventions sociales, convenances, bienséances, préjugés? Accepteriez-vous l'idée qu'un monde pût se constituer où la sincérité et la droiture ne fussent plus dignes d'estime? Supporteriez-vous la pensée que la science pût un jour découvrir le moyen de s'en passer?

Il y a donc quelque chose qui *doit* être, quoique n'étant pas toujours en fait. Et c'est un fait que nous concevons quelque chose qui *doit* être.

C'est là, par rapport à tout le reste, une nouveauté. L'obligation morale est d'un autre ordre que tout le reste. Et c'est un fait, un fait positif, qu'il y a quelque chose précisément qui est d'un autre ordre que les autres faits.

L'essai d'analyse appliqué à l'obligation morale montre qu'il y a en fait quelque chose qui résiste aux procédés ordinaires d'analyse. Ou l'obligation morale n'est pas un composé, une combinaison, une association d'éléments antérieurs, un résultat, ou elle n'est rien du tout. C'est une donnée simple, irréductible, primitive, ou elle s'évanouit, elle périt. La tentative même de l'analyser fournit l'irrécusable preuve de cette assertion.

C'est alors on ne sait quelle idée mystique? Voilà le grand mot employé si souvent aujourd'hui : je l'écarte, ne sachant au juste ce qu'il veut dire ici. Et j'essaie de déterminer, avec une précision croissante, le fait singulier, incomparable, unique en son genre, que je nommerai maintenant le fait moral.

Ce fait consiste, d'un mot, en ceci que l'homme sent et voit qu'il *doit* faire, qu'il *doit* vouloir telle chose, et que ce commandement impérieux, d'ordre rationnel, demande l'assentiment et le consentement intimes, la loi devant être accomplie avec respect, par respect pour la loi même.

Ce fait réel, positif, certain est irréductible à tout autre. Ici, toute analyse, au sens ordinaire du mot, est impuissante; toute explication mécanique ou d'espèce analogue est impossible.

Cela veut-il dire qu'il n'y ait pas à étudier ce fait ? Nullement.

L'analyse qui décompose un tout donné en éléments plus simples ne peut réussir ici, car tous ces éléments prétendus seraient hétérogènes au tout. Mais il y a une autre analyse : c'est celle qui, dans le sein d'une chose donnée, distingue ce que cette chose renferme. On expose, on exhibe, on déroule en quelque sorte, on développe le contenu d'un fait ou d'une idée qui est elle-même, d'une certaine manière, un fait ou donnée dans un fait. On rend explicite, au moyen de plusieurs mots nets, ce qui est renfermé dans le raccourci d'un seul mot ; on éclaircit par là le fait et l'idée, on obtient de la donnée primitive une notion distincte. C'est bien là une analyse : on ne dissout pas le tout pour le réduire à des éléments plus simples ; en ce sens, il est indécomposable, étant un tout primitif ; mais on l'ouvre pour en faire apparaître le contenu, et cette seconde sorte d'analyse est possible, et souhaitable, et nécessaire.

L'obligation morale est susceptible d'une étude de ce genre.

Parce qu'il apparaît clairement que la première

sorte d'analyse n'est pas applicable à l'obligation, suit-il de là que l'obligation ne soit qu'un rêve poétique? ou qu'elle soit chose arbitraire, supposée ou posée de par la volonté morale, au gré de besoins pratiques où la raison n'a rien à voir? Ce sont là de fausses manières de la concevoir. C'est oublier qu'elle est donnée en fait. Plus on l'examine, plus on se convainc qu'elle est en dehors de ce qu'on appelle la *nature;* donc, qu'elle est d'un autre ordre, et d'un ordre supérieur; donc encore, qu'elle est chose transcendante, et que c'est, si l'on veut, un principe métaphysique. Sans aucun doute. Mais alors, si elle est quelque chose de supérieur à nous en même temps que d'intérieur, elle est mystérieuse. Sans doute encore, mais en ce sens que de son origine métaphysique, de son fondement métaphysique je ne puis rien dire encore et qu'apparemment je ne pénétrerai jamais le dernier fond des choses. Mais l'obligation n'en est pas moins elle-même claire et distincte : claire, car c'est un fait, et un fait positif, dont les caractères propres sont visibles; distincte, car l'étude en développe le contenu de manière à en laisser apercevoir à la réflexion les appartenances, les dépendances, les suites. Voilà donc un fait à part : c'est le fait proprement moral. Il est d'un autre ordre que ce qu'on appelle *nature*, alors qu'on considère les sciences proprement dites de la nature et que l'on parle des lois de la nature. C'est un fait, et c'est quelque chose de *transcendant*, dont on a une idée claire, nette, distincte.

En quoi nous sommes-nous mis en opposition avec l'esprit scientifique? Je ne le vois pas. Je vois plutôt que rien n'est plus conforme au véritable esprit scientifique que de prendre les faits comme ils sont et de rejeter toute explication qui ne les conserverait point en leur intégrité et en altérerait la forme. S'il y a un fait qui diffère de tous les autres et nous place sur le seuil d'un autre monde que le monde accessible à la science proprement dite, c'est être fidèle à l'esprit de la science que de savoir, en reconnaissant ce fait, dépasser la science.

CHAPITRE XII

UN ESSAI DE FONDER UNE MORALE SANS OBLIGATION

Il me faut, avant d'aller plus loin, considérer un dernier effort tenté de nos jours pour conserver la morale sans y rien reconnaître de *transcendant*.

C'est un des caractères du siècle présent d'unir à des négations matérialistes ou, si l'on aime mieux, naturalistes le goût des choses idéales. Épris tout à la fois de la science et de l'art, il voudrait trouver dans les sciences de la nature l'explication universelle des choses, et cela l'amène ou l'incline à ramener tout à l'ordre physique; mais il voudrait aussi conserver tout ce qui est supérieur, le ramenant, pour l'expliquer, à l'inférieur, mais lui gardant néanmoins, pour en jouir intellectuellement et moralement, sa fleur de beauté. Il entend cueillir le fruit exquis de la moralité sur le même arbre qui produit tout le reste. C'est un essai d'esthétique morale au sein d'un naturalisme complet.

Examinons cet essai, car il ne faut laisser aucun doute sur le caractère absolument original et transcendant du devoir, par où nous entrons dans le monde moral.

La formule de cette théorie est très nette : c'est une morale sans obligation[1] qu'il s'agit d'édifier. Point d'obligation, parce que parler d'obligation, c'est admettre quelque chose de transcendant ; une morale néanmoins, et par conséquent le désintéressement, le dévouement, dans certains cas le sacrifice définitif : tout cela conservé, montré possible, expliqué sans recours à l'obligation.

C'est très clair, très précis. Le point de vue est tout naturaliste, tout scientifique au sens devenu vulgaire de ce mot. Et, en se bornant à la nature, on prétend conserver ce qui la dépasse, précisément parce qu'on prétend trouver

---

1. C'est dans le titre même du livre de Guyau, dont tout ce chapitre est l'exposé et l'examen critique : *Esquisse d'une morale sans obligation et sans sanction.*

de l'ordre moral maintenu tout entier une explication qui n'a rien de moral.

Pour cela, il s'agit de montrer que l'obligation que nous appelons *morale* et que l'on aime mieux, dans ce système, appeler *mystique* est une illusion : illusion dont il est aisé d'expliquer la naissance ; illusion que l'on prétend dissiper sans entamer la morale même.

L'illusion naît par la combinaison de ces trois choses : l'évolution, la métaphore et les lois naturelles de la vie. Cette combinaison bien comprise, on explique, pense-t-on, et comment se forme l'illusion, et comment, sous l'apparence trompeuse, il y a quelque chose de solide. Ce qui est solide, en effet, ce qui demeure, une fois l'illusion dissipée, ce sont précisément les lois de la vie. Ainsi, on ne sort pas de la nature, et l'on explique ce qui paraît la dépasser. Pour préciser plus encore, on explique, sans sortir de la nature, la genèse de l'illusion métaphysique et mystique qui consiste précisément à croire qu'on en sort ; on explique la formation historique de cette illusion par l'évolution ; on dégage, au moyen de l'analyse de l'esprit, les éléments psychologiques que cette illusion implique ; enfin, on trouve dans les lois de la vie, c'est-à-dire dans la nature encore, le fondement objectif de l'illusion même : d'où il suit qu'en l'expliquant on réussit tout ensemble à la dissiper et à conserver ce qui en était le bénéfice, puisque, elle évanouie, ce qui subsiste suffit à garantir la morale, et est solide d'une solidité toute scientifique.

Ai-je rendu comme il faut ce qu'a d'original cette théorie ? Ai-je bien montré ce qu'est ce point de vue naturaliste, qu'on aime à appeler scientifique, défendu avec tant d'art et avec un si vif souci de demeurer respectueux, j'allais dire amoureux de la plus haute et de la plus pure moralité[1] ?

Je l'espère, et, si j'entre un peu plus dans les détails de la théorie, on verra de plus en plus et de mieux en mieux où en est l'originalité très propre à séduire dans l'état mental de cette fin de siècle.

L'obligation, avec ses corollaires, la responsabilité d'une part, le désintéressement et le sa-

---

1. *Esquisse d'une morale sans obligation*, p. 230 : « La morale, naturaliste et positiviste à sa base, vient, par son sommet, se suspendre à une libre métaphysique. »

crifice d'autre part, est expliquée de manière à ce que tout le transcendant, tout le mystique, comme on dit, soit supprimé, et que, malgré cela, les effets réels, les faits pratiques soient conservés. Tout revient à « régler la vie par la vie même[1] ». Je veux dire que la vie étant de sa nature expansive et féconde, une sorte de pression se produit dans l'être vivant par la surabondance même de vie qui est en lui et qui demande à s'exercer. Le voilà pressé d'agir, et comme l'être humain vit en société, il a une tendance habituelle à se représenter les choses à l'image de la société humaine : par métaphore donc, il parle de loi intérieure et de responsabilité. Grâce au temps, grâce à l'évolution, les origines primitives des sentiments et des idées s'effaçant peu à peu, il finit par ne plus rien paraître de cette pression de la vie d'une part, ni de ces faits sociaux d'autre part, et l'obligation morale semble quelque chose de simple et de primitif quand ce n'est que la pression de la vie en nous, combinée avec des images de provenance sociale. C'est la même loi de l'ex-

1. *Esquisse d'une morale sans obligation*, p. 245.

pansion qui, combinée avec une certaine théorie du risque, autorisée elle-même par certaines observations psychologiques, explique le dévouement et même le sacrifice définitif. Là encore, les origines primitives disparaissent avec le temps, et l'on croit avoir affaire à un sentiment *sui generis*, à une idée simple et irréductible, où l'on trouve le caractère de la transcendance avec un prestige mystérieux et une autorité mystique.

Voilà donc la tentative faite pour remplacer l'obligation morale et ses corollaires par des équivalents ou des substituts. Examinons de près cet essai.

Je m'attache à l'obligation. C'est le fait capital. Sans l'obligation, le dévouement même ne serait rien. J'entends par là qu'il n'aurait plus rien de moral. Le dévouement, dans telle ou telle circonstance donnée, n'est pas strictement obligatoire, sans doute, et nous aurons occasion d'expliquer cela ; mais, que l'obligation soit ôtée, que rien ne soit jamais obligatoire, aussitôt, et par cela même, se dévouer n'est plus acte moral, mais passion, passion dévorante, si je puis dire. Or, si l'obligation s'explique par « la pression de la vie qui demande à s'exercer », disons même « à se donner[1] », elle n'est plus. C'est un besoin, c'est un instinct. Ce n'est plus l'obligation. Dire : je *dois* faire, c'est dire : je suis disposé à faire, prêt à faire, sur le point de faire, c'est le grec μέλλω, c'est ajouter que ce que je vais faire, je puis le faire, et qu'une naturelle tendance m'y porte. Est-ce là ce que nous entendons par *devoir?* Non. Vos équivalents ou vos substituts ne réussissent pas. Vous avez mis en lumière un besoin qui expliquera la passion. Vous n'avez rien trouvé qui contienne, même en germe, l'obligation ou le devoir au sens moral du mot.

Puis, que faites-vous, dans votre théorie, du caractère répressif de la loi morale ? Sans doute, c'est une erreur que de ne voir que ce caractère-là ; mais ce n'est pas une erreur moindre de le méconnaître. Si la loi morale a souvent un caractère impulsif, s'il est vrai qu'elle n'est pas toujours comparable à une barrière devant laquelle nous avons à nous arrêter, si elle ouvre devant notre activité une carrière où nous devons entrer et avancer, cesse-t-il donc d'être vrai

---

[1]. *Esquisse d'une morale sans obligation*, passim, mais surtout l. 1ᵉʳ, ch. ɪv, et l. IV, ch. ɪɪ (Conclusion).

néanmoins que nous avons des penchants contraires à la loi morale? Or, que l'obligation ne soit que la pression de la vie, demandant à s'exercer, où prendrons-nous de quoi résister à ces penchants? C'est un fait, qu'entre la loi morale et nos désirs, il y a souvent conflit. Quelque chose en nous s'élève et bouillonne, si je puis dire, à quoi s'oppose la loi morale et qu'elle contrarie. Comment une obligation comme celle qu'imagine la théorie en question rendra-t-elle compte du conflit?

C'est ne rien comprendre à la moralité humaine que de n'y voir que l'expression des tendances naturelles. Pour agir moralement, il y a autre chose à faire qu'à suivre des pentes ou qu'à ouvrir des écluses. Il y a à se contenir, à se retenir. Et même quand l'action morale est conforme à une inclination naturelle, ce n'est pas comme telle qu'elle est morale. Elle tire d'ailleurs ce caractère. Tous les moralistes ont distingué, par exemple, entre la bienfaisance ou la douceur par tempérament et la bienfaisance ou la douceur par vertu. Ce n'est pas assurément que la difficulté vaincue fasse la valeur morale. Si la bonté par vertu a qualité morale, tandis que la bonté par tempérament ne l'a pas, ce n'est point précisément parce que pour être bon par vertu il faut se vaincre, c'est parce que l'on agit par respect d'une loi supérieure, et par un amour qui est acte d'âme et non passion, et qui, en définitive, va à quelque chose de supérieur et de sacré. Se laisser aller à sa nature, en suivre l'impulsion, même bonne, sans vue d'autre chose, ce n'est point vertu, ce n'est point moralité, et cette expansion de la vie, qui n'est qu'un besoin, un instinct, n'a rien de moral. Mais comment parler de la vie humaine et de la moralité humaine et oublier cette pente à l'égoïsme qui existe en toute âme d'homme, et cette nécessité de le refouler qui est comme le premier article et la première condition de l'action morale[1]? Chose singulière : dans les nouvelles écoles de morale, on a de l'homme une

1. C'est ce que Platon déjà exprimait énergiquement dans la *République* et dans le *Phédon*. Depuis le Christianisme, c'est partout. En voici quelques exemples. Malebranche, *Traité de morale*, ch. v : « Dans certains moments que le corps parle et que les passions sont émues, on est prêt, si cela se pouvait, à sacrifier l'univers à sa gloire et à ses plaisirs. » — Gratry, *Connaissance de l'âme*, dans l'admirable chapitre intitulé *les Deux Foyers* : « Puis-je ne pas voir que je me préfère à autrui, à l'ordre, à la justice et à la vérité, par conséquent à Dieu; que non seulement je me préfère à mes semblables, mais que j'accepte, pour un peu de bonheur, une grande souffrance d'autrui?... Que chacun descende

assez pauvre idée, on veut tout expliquer en lui sans intervention d'aucune idée supérieure; mais, en même temps, on attribue à cet animal humain je ne sais quel fonds de bonté où l'on place une confiance indéfinie: on imagine qu'avec le temps l'*altruisme*, comme on dit, prévaudra contre tout, triomphera de tout, et dans l'âge d'or que l'on rêve et que prépare la science, l'humanité n'aura plus besoin de vertu : le bien se fera sans effort[1]. Le mouvement même de la vie va au bien naturellement. Encore une fois, c'est méconnaître étrangement l'homme, et

---

en son cœur. Qui n'a pas eu, dans sa vie, quelque heure de féroce passion où l'on eût accepté la destruction du genre humain pour vivre dans sa concupiscence satisfaite à ce prix? » Et dans les *Sources*, IIe partie, p. 42 : « Évidemment tous les hommes naissent dans la passion, dans la pente vers soi contre tous... » Pascal a dit la même chose dans un passage célèbre, et Kant le répète à sa manière avec beaucoup de force.

1. Herbert Spencer, *Data of Ethics* : « Sous sa forme dernière, l'altruisme consistera dans la jouissance d'un plaisir résultant de la sympathie que nous avons pour les plaisirs d'autrui que produit l'exercice heureux de leurs activités de toutes sortes : plaisir sympathique qui ne coûte rien à celui qui l'éprouve, mais qui s'ajoute par surcroît à ses plaisirs égoïstes. » Et ailleurs : « Le véritable honnête homme, que l'on rencontre quelquefois, non seulement ne songe pas à une contrainte légale, religieuse ou politique, lorsqu'il s'acquitte d'une dette; il ne pense même pas à une obligation qu'il s'imposerait à lui-même. Il fait le bien avec un simple sentiment de plaisir à le faire, et, en vérité, il souffrirait avec peine que quoi que ce fût l'empêchât de le faire. » Oui, je le veux bien, mais à force de vertu, et la loi morale supposée, mais non par la simple pente naturelle.

cette morale, d'où tout caractère propre à contrarier la nature tend à disparaître, est une utopie démentie par l'expérience journalière.

Mais arrivons à la théorie du risque. Vous avez recours au risque pour expliquer le dévouement, le sacrifice définitif, comme vous aimez à dire[1].

Vous mettez en lumière certaines ressources inaperçues de la nature humaine, vous découvrez dans les éléments les moins remarqués et, en un sens, les plus humbles de cette nature des auxiliaires inattendus pour la morale. Vous montrez ingénieusement comment, ici encore, il y a évolution, en sorte que le risque physique devient le risque moral et métaphysique; vous étudiez avec finesse le risque spéculatif et le risque pratique, et vous déclarez que tout cela, grandes hypothèses philosophiques ou héroïsme moral, est, en définitive, de même famille que le goût des aventures et l'attrait du péril.

Mais, quand il n'y aurait pas sur tous ces points les plus importantes réserves à faire, une chose est manifeste : c'est que toute cette théorie

---

1. *Esquisse d'une morale sans obligation*, p. 218 et *passim*. Cf. p. 227 : « Un acte de charité pure et définitive. »

n'explique en aucune façon l'obligation elle-même du dévouement et du sacrifice.

Et j'arrive ici à ce que j'appellerai la vue profonde impliquée dans cette philosophie. Vous dites qu'au fond, vie et devoir c'est la même chose : la vie suggère, soutient, explique le devoir, et le devoir n'est que l'expression de la vie.

Il y a là une « âme de vérité », et c'est ce qui donne à la théorie une apparence séduisante et un semblant de force. Oui, entre le devoir et la vie il y a une harmonie secrète. Oui, même quand le devoir mortifie, à vrai dire et dans le fond il vivifie. Prenons les mots dans le grand sens, il sera vrai de dire que le devoir est l'expression de la vie, de la vie véritable. Et parce que, entre le devoir et la vie, il y a cette harmonie profonde, des analogies aussi existent entre les différents règnes de la nature, et, par exemple, il est loisible de trouver dans telle plante qui meurt après avoir donné son fruit une image de la merveilleuse fécondité du sacrifice. Soit. Mais, si le devoir est l'expression de la vie, c'est à la condition de regarder la nature d'une certaine façon qui n'est pas la vôtre. Pour vous, vous supprimez le devoir parce que vous n'y voyez que l'expression menteusement mystique de la vie et de la nature. Vous ne montrez pas qu'entre le devoir et la vie il y a un accord profond : vous ramenez tout simplement le devoir à la vie, et, dans la vie même, vous ne considérez que la quantité et l'intensité, parce que vous regardez comme une illusion tout ce qui est d'un autre ordre que le point de vue physique, naturaliste, où vous vous placez. Donc, gardons le devoir tel qu'il est, avec son vrai caractère qui est le caractère moral, et ensuite nous pourrons montrer que cette loi morale est, au fond, en harmonie avec la nature, j'entends la vraie nature, la nature comprenant l'idéal, et où il y a, par conséquent, à considérer la qualité et la perfection.

Vous parlez de *vraie* vie[1], de vie plus *haute*, de vie plus *élevée*[2], de *sublime exaltation* de la vie[3] : à vrai dire, vous n'en avez pas le droit. Avec une théorie purement naturaliste, on ne peut pas parler de cela ; car seulement nommer cela, c'est consi-

1. *Esquisse d'une morale sans obligation*, p. 245.
2. *Ibid.*, p. 224 et *passim*.
3. *Ibid.*, p. 250.

dérer dans la vie non plus l'*intensité*, mais la *qualité*. Rien, dans votre système, ne vous autorise à dire que la *hauteur de l'idéal*[1] explique les efforts héroïques, parce que, du moment « qu'on espère quelque chose de très grand, on puise dans la *beauté* du but le courage de braver les obstacles[2] ». Rien non plus ne vous permet de déclarer que « toutes nos petites jouissances s'anéantissent devant celle de réaliser une pensée *élevée*[3] » ; ni non plus « qu'on a besoin de sentir grand et d'avoir, par instants, conscience de la *sublimité* de sa volonté[4] » ; ni enfin « qu'il est rare qu'un être soit descendu *assez bas* pour accomplir, par exemple, un acte de lâcheté avec une parfaite indifférence, encore moins avec plaisir[5] ». J'aime toutes ces remarques, et elles vous font honneur ; mais aucune n'est légitime dans votre doctrine. Vous parlez de grandeur, d'élévation, de sublimité, d'un idéal haut. Du point de vue naturaliste, qui est le vôtre, comment apprécier tout cela ? Vous n'avez qu'un thermomètre vous per-

---

1. *Esquisse d'une morale sans obligation*, p. 237.
2. *Ibid.*, p. 237.
3. *Ibid.*, p. 237.
4. *Ibid.*, p. 211.
5. *Ibid.*, p. 224.

mettant de mesurer la quantité ou l'intensité de la vie, et toutes ces expressions qui reviennent si souvent supposent autre chose, des degrés dans la qualité, dans la perfection : qu'est-ce que votre théorie vous fournit pour établir cette autre mesure ?

Ainsi Stuart Mill, parlant du bonheur, distingue entre les plaisirs nobles et ceux qui ne le sont pas, entre la vie noble et la vie insignifiante et vulgaire[1] ; et la considération de la qualité, il l'avoue d'ailleurs, revient quand il s'agit de porter sur la vie un jugement et de donner aux efforts humains un but.

Tant il est vrai que, ou il faut bien admettre quelque chose qui soit d'un autre ordre que la nature, considérée du point de vue naturaliste, ou il faut renoncer à la morale.

Or, admettre quelque chose qui est d'un autre ordre que la nature, c'est entrer dans la région que maintenant l'on nomme si volontiers *mystique*.

Plus haut, j'ai écarté ce mot. Ici il est temps de l'envisager et de l'apprécier. Il n'est pas clair.

---

[1]. Voir la dernière page de la *Logique* et le ch. ii de l'*Utilitarisme*.

Il est impropre. Si par mysticisme on entend prédominance du sentiment, surtout de l'imagination, il est injuste et il est faux. Si l'on entend foi religieuse, ou exaltation religieuse, ou quelque chose d'analogue, il ne convient pas; car l'ordre de la moralité, pris en soi, n'est pas l'ordre de la religion. Nos philosophes naturalistes, en choisissant ce mot, veulent dire que nous faisons appel à quelque chose de vain, de vide, d'illusoire, que nous sommes dupes d'un fantôme sans consistance, et, en même temps, ils veulent faire entendre que nous concevons l'obligation et tout l'ordre des choses morales comme inaccessible aux sens, comme supérieur à tout le reste, à la nature et à l'homme même. Voilà ce qui mérite notre attention. Ils emploient mal le mot en le faisant synonyme de vain et d'illusoire; mais ils ont raison de dire qu'en parlant d'obligation morale nous parlons d'une chose d'ordre singulier et supérieur. Ils nomment improprement, mais ils reconnaissent hautement la portée que nous attribuons à l'obligation conçue comme une idée simple, primitive, irréductible. Ils voient très bien que cette conception place l'obligation hors de pair, en fait une chose sans proportion avec tout ce qui est dans l'univers. Ils marquent à leur manière le caractère transcendant de l'obligation morale. Il est bien vrai, en effet, que me reconnaissant assujetti à la loi morale, je regarde cette loi non seulement comme intérieure, mais comme supérieure à tout ce qui est dans le monde et même à moi. C'est de son essence. S'il m'arrive de dire qu'elle est l'expression de ma volonté, c'est ma volonté idéale que j'entends; si j'y vois l'expression de ma nature d'homme, c'est ma nature idéale que je considère. Elle déclare, non ce que je suis en fait, mais ce que je dois être en principe et en droit. Elle s'impose à moi, elle me donne des ordres. Dès que je la conçois, je sors de la nature proprement dite pour entrer dans un monde invisible et supérieur. Je suis, comme être moral, habitant d'un royaume ou d'une cité qu'on appellera comme on voudra, mais dont le caractère précisément est que j'y ai un maître autre que l'instinct ou la force. C'est un royaume des fins, pour parler comme Kant. C'est une cité des esprits, pour parler comme Leibniz. J'y rencontre une autorité essentiellement morale, un législateur qui parle dans ma raison et dans ma conscience; et c'est par là surtout que je suis homme, c'est-à-dire autre chose qu'un animal.

Voilà où me place la considération de la loi obligatoire dans la signification proprement morale du mot. C'est de cela qu'on ne veut pas; c'est à cela qu'on veut échapper. Et, comme ces mots viennent d'eux-mêmes sur les lèvres quand on parle du monde moral, on prétend en atténuer la valeur en n'y voulant voir que des métaphores. Cette loi, ce royaume, cette cité, qu'est-ce que tout cela, nous dit-on? Qu'est-ce, sinon des mots empruntés aux réalités sociales et politiques, et transportés par métaphore dans le monde des idées? Assurément, répondrai-je; mais, quand on y regarde bien, ces expressions figurées qui, comparées au sens littéral, ont l'air d'en être des dérivations et, si vous le voulez, des déformations, sont au contraire bien souvent plus vraies, plus substantielles, si je puis dire, que le sens littéral même; ce sont elles qui sont premières, principales, vraiment propres, et le sens littéral se soutient par elles, tire d'elles son intelligibilité et sa vertu. C'est le cas ici. C'est assurément dans le monde social et politique qu'il y a des lois et des cités ; mais ce qui fait l'essence de la loi et de la cité, où le trouverez-vous, sinon dans ce que j'appellerai pour le moment le monde idéal et le monde moral? Y aurait-il des lois si la loi par excellence n'existait pas? Y aurait-il des cités si la cité par excellence, celle des esprits unis par la raison spéculative et pratique, n'était pas le modèle invisible de toutes les autres? Et quelle autorité serait possible sans l'autorité première de l'invisible souverain qui parle dans la raison et dans la conscience? En sorte que, malgré les apparences, ce n'est pas le monde moral qui a été imaginé d'après l'ordre social et politique, mais c'est cet ordre social et politique qui a été organisé, sans le savoir, à l'image du monde moral. Le monde moral n'est point la pâle copie ni l'inconsistante et vaine imitation du monde social qui existe sous nos yeux ; mais c'est celui-ci qui est le symbole de celui-là.

On veut détruire ce que l'on nomme les dogmes moraux. On veut une morale qui se passe de ces dogmes[1]. Et moi je dis : Quand on croit que

---

1. Fouillée, *Critique des systèmes de morale contemporaine*. Préface. « On a écrit jadis des pages émouvantes pour montrer comment les dogmes religieux finissent ; on pourrait en écrire aujour-

ces dogmes finissent, les voilà qui renaissent[1]. C'est que l'on a beau faire, pour garder quelque chose de moral, il faut reconnaître entre ce qui *est* et ce qui *doit être* une distinction; il faut que la considération de ce qui *doit être* apparaisse comme la raison de certaines actions, de certains faits[2]. Or, dès que cela est admis, cela opère selon son essence; je veux dire que cela étant proprement moral ou n'étant rien, le seul fait de l'admettre fait rentrer dans l'ordre supérieur que l'on voulait esquiver, et, ainsi en dépit des plus ingénieux efforts, ou les substituts et équivalents imaginés pour remplacer la morale n'ont plus rien de moral et partant ne la remplacent point, mais la détruisent, ou ils gardent quelque chose de proprement moral, et alors il faut, malgré qu'on en ait, reconnaître,

---

d'hui de plus émouvantes encore sur une question bien plus vitale : Comment les dogmes moraux finissent. Le devoir même, sous la forme suprême de l'impératif catégorique, ne serait-il pas un dernier dogme, fondement caché de tous les autres, qui s'ébranle après que tout ce qu'il soutenait s'est écroulé? »

1. Voy. le bel article de Caro, *Comment les dogmes finissent et comment ils renaissent.*

2. « La méthode expérimentale de M. Bain, très bonne quand elle s'applique aux simples phénomènes psychiques, dit M. Ribot, ne nous paraît pas aussi heureuse ici où il s'agit moins de faits que d'un idéal, moins de ce qui *est* que de ce qui *doit être*. » Ribot, *la Psychologie anglaise*, 3º édit., p. 276.

pour fonder la morale et pour régler la vie, un principe supérieur à la nature et à l'homme, un principe transcendant dont, en définitive, on marque l'essence singulière en le nommant, par mépris et improprement, mystique.

CHAPITRE XIII

LE MONDE MORAL

L'obligation nous ouvre les portes d'un monde nouveau. Entrons-y et visitons-le.

L'idée d'obligation n'est pas une idée *comme les autres*. Elle ne se laisse ramener à aucune autre. C'est une idée simple et primitive. C'est une donnée de la raison et de la conscience. Je veux maintenant considérer tout ce qu'elle me donne avec elle.

Qui dit obligation, dit assujettissement. C'est clair. Me sentant et me sachant obligé de faire ceci ou de ne pas faire cela, je suis dépendant : mais c'est une dépendance qui ne m'abaisse pas, qui ne me diminue pas. Tout au contraire. Pourquoi cela? parce que ce qui me domine vaut mieux que moi, et aussi s'adresse à moi pour obtenir de moi une libre soumission.

Les événements constituent pour moi une *force des choses* qui me fait violence.

Les lois de la nature, prises comme telles, me dominent d'une façon brutale encore. Ce sont des faits. Il y a là quelque chose qui est plus fort que moi. Les connaissant, je puis les exploiter à mon profit et ainsi maîtriser, d'une certaine manière, la nature. Mais cela n'empêche pas les lois du monde de s'imposer à moi par force, encore que j'en puisse détourner les effets par adresse, et elles constituent pour moi une nécessité qui m'enserre et parfois m'opprime et m'écrase.

Ici je vois une loi qui, en exigeant mon obéissance, m'apparaît avec le droit de l'exiger.

C'est une loi souveraine, exigeant de moi une entière et pleine et universelle soumission; mais cette même loi est souverainement raisonnable et bonne, et, par cela même, digne et capable d'obtenir une volontaire et libre soumission. Lorsque je me soumets à ce qu'elle me commande, ce n'est pas assez que je conforme à ses ordres ma conduite : je lui désobéirais si, lui obéissant en fait, je regrettais intérieurement qu'elle fût et si je souhaitais qu'elle ne fût pas. Plus exigeante que toute autre loi, elle demande l'adhésion intime. Y adapter l'extérieur n'est rien. Je ne lui obéis véritablement que si, quoi qu'elle m'impose et en dépit de ce que l'obéissance peut me coûter, je *veux*, en définitive, que cette loi *soit*, si je trouve bon qu'elle soit, si je reconnais et déclare le titre singulier que son excellence lui donne à mon respect et à mon obéissance, si je confesse ce qu'il faut appeler son *droit* à exiger ma soumission totale, extérieure et intérieure, si enfin je la juge bonne, sans d'ailleurs savoir dire peut-être en quoi elle est bonne, et encore que cette bonté, quand la loi m'est contraire, se voile à mes yeux et soit pour moi incompréhensible et mystérieuse, enfin quoique je n'aperçoive ni l'origine, ni le fondement de cette bonté. Voilà à quelles conditions cette loi est respectée et obéie, et voilà comment le droit primordial qui est le sien, droit fondé sur son caractère de loi raisonnable et bonne, établit et justifie ses exigences, et du même coup fait ma dignité. Parce qu'elle est souverainement raisonnable et bonne, son empire est absolu; et aussi, parce qu'elle est souverainement raisonnable et bonne, ma soumission a un caractère noble et libéral. Du moment, en effet, qu'il y a ici non pas force, mais droit, je grandis en me soumettant, je m'élève en m'inclinant, et ce droit primordial d'où dérivent tous les autres droits et tous les devoirs communique à ceux qui le reconnaissent une incomparable grandeur.

Me voici donc dans un ordre de choses tout à fait nouveau. Si je laisse aller ma raison jusqu'au bout et si je la suis docilement, je comprends que, par cela seul qu'il y a pour moi *obligation, devoir,* je fais partie d'un autre monde que celui que mes sens atteignent et où mes membres se meuvent. Les passions, les préoccupations, les encombrements et les corruptions qui viennent des choses et des hommes me font trop souvent une raison mutilée ou troublée ou pervertie, en tout cas isolée des vraies sources de la vie, si je puis ainsi parler; mais la raison de l'homme vivant, complet, sain reconnaît que, du moment que l'obligation ou le devoir existe, je suis ce qu'on nomme une *personne;* je suis une réalité vivante, qui sait, qui aime, qui veut; je fais partie du monde de l'*esprit.* Cette loi, qui est ma loi, est la loi commune de tous les esprits. Je ne suis pas seul. Il y a une société des esprits, et j'en fais partie.

Appellerai-je cela un royaume ou une cité? Pourquoi pas?

Je suis citoyen d'un État spirituel, et la belle définition qu'Aristote, dans sa *Politique,* donne du citoyen, s'applique merveilleusement à moi : le citoyen, c'est celui qui participe au gouvernement et à l'obéissance. N'est-ce point mon cas?

Je trouve en moi la loi. C'est une loi intérieure. Je ne la reçois pas du dehors. Je la conçois, je la pense, et, en un sens, je puis dire presque que je la fais, tant il est vrai qu'elle est en moi et qu'elle est l'expression de ma nature, j'entends de ma vraie nature, de mon essence, de ce que j'ai de meilleur, de ce qui est proprement humain, de ma raison. Et en même temps elle s'impose à moi. Elle m'est supérieure. Je participe donc au gouvernement et à l'obéissance, ou, pour parler maintenant comme Kant, je suis membre législateur en même temps que sujet, dans ce royaume moral où m'introduit ma qualité de personne morale ou d'esprit.

Je l'ai vu plus haut, ces métaphores sont légitimes. S'il est vrai que je ne puis exprimer les choses d'un ordre supérieur qu'en me les représentant à l'image des choses sensibles, il n'est pas moins vrai que celles-ci ne sont intelligibles et même ne sont constituées dans l'être que par leur rapport avec celles-là. C'est donc le sens dit figuré qui est, nous l'avons remarqué, le vrai sens original.

L'ordre social figure l'ordre moral, mais l'ordre moral est le modèle même que l'ordre social essaie de reproduire, et toute la raison, toute la vertu de ce qui est d'ordre social, se trouve dans l'ordre moral lui-même.

Loi, obéissance, ordres donnés, prescriptions, tout cela est, d'une certaine manière, chose sensible, étant chose sociale. Mais tout cela aurait-il un sens, tout cela même existerait-il, si l'ordre moral ne préexistait pas?

C'est la raison qui vraiment ordonne, c'est elle qui donne des ordres aux esprits et qui met l'ordre en eux et dans les choses. C'est elle qui proprement commande et prescrit, et c'est d'elle que toutes les autres lois tirent leur *autorité*.

Bien loin donc que l'ordre moral soit une sorte de fiction dont la société civile et politique fournisse les éléments, il faut dire que la société, avec son ordonnance, est *symbolique* de la cité des esprits et de tout l'ordre moral. Nous l'avions déjà dit : il y fallait revenir et insister comme nous venons de faire ; car s'il n'est pas vrai que le sensible est la figure de l'intelligible et le matériel de l'esprit, s'il n'est pas vrai que c'est l'intelligible, l'idée, l'esprit qui est véritablement le premier et le modèle, étant ce qui donne à toute chose un sens et ce qui est de toute existence la raison et le principe : qu'est-ce que penser? rien ; et qu'y a-t-il à penser? rien non plus. Vraiment, il y a un platonisme inexterminable, nous l'avons déjà remarqué, et, sans ce platonisme-là, ni l'humaine pensée ne se comprend elle-même, ni aucune chose n'a de quoi subsister.

Je continue. Dans ce monde supérieur où m'introduit le devoir, par cela seul que pour moi il y a non seulement ce qui *est*, mais ce qui *doit être*, je trouve un *maître*.

La vérité exerce sur l'esprit un empire auquel on ne peut résister sans se faire de secrets reproches. L'empire de la loi morale est de même sorte, mais avec un caractère pratique : les rapports de perfection, comme disait Malebranche, règlent non seulement l'esprit, mais le cœur et la volonté ; ils déterminent l'estime, l'affection et la pratique.

Nous avons donc un maître. Voilà le sens complet de cette parole que nous disions au début de ces méditations philosophiques : Je ne fais pas de ma vie ce que je veux. J'ai une nature, une dignité, une excellence, un idéal, une règle. Je ne puis vivre n'importe comment, ni au hasard ni au gré du caprice. J'ai une œuvre à faire, une tâche à remplir. Il faut que je sois vraiment un homme, et en cela même je découvre quelque chose qui m'est supérieur : cet *il faut*, ce caractère de règle que prend ma nature idéalement considérée, cette dignité de mon être qui ne me permet pas d'en faire tout ce qui me plairait, autant de marques que je ne m'appartiens pas complètement à moi-même, en ce sens qu'un rôle m'est assigné qu'il ne m'est pas permis de ne pas remplir. Être homme, faire mon métier d'homme, τὸ ἀνθρωπεύεσθαι, c'est mon honneur et c'est ma joie. Sans doute ; mais c'est mon office, c'est chose à moi commandée par un supérieur.

Et, dès lors, je suis responsable de ma conduite. Encore une métaphore, mais combien légitime! On répond de ce qu'on a fait devant un maître qui, devenant un juge, interroge après l'action. Qu'as-tu fait, demande-t-il, de ce qui t'était remis, commis, confié? Ainsi mon existence, mon essence, mon être avec ses qualités et ses puissances, ce sont choses qui me sont confiées pour que j'en fasse quelque chose; ne pouvant en user à ma guise, j'ai à répondre de l'usage que j'en fais.

> Qu'as-tu fait de ta vie et de ta liberté[1]?

Vraiment si ce que je fais de moi-même m'était bien égal, je ne serais pas un homme; mais si cette indifférence m'est interdite et est indigne de moi, c'est que j'ai un maître. Il y a au-dessus de moi quelqu'un qui m'a remis moi-même à moi-même, qui m'a destiné une tâche et m'a destiné à cette tâche, qui me demande compte de la façon dont j'use de moi-même et dont je remplis ma tâche.

1. Musset, *Nuit d'août.*

La responsabilité morale, sans laquelle, encore une fois, on n'est pas un homme, est une suite de l'obligation, ou plutôt c'est l'obligation même sous une autre face. Dans l'obligation, la loi dicte et détermine l'action; dans la responsabilité, elle dicte le jugement qu'on en porte, soit par avance, soit après l'avoir faite. Je considère l'action à faire, et je dis qu'elle doit être telle ou telle : voilà l'obligation. Je considère l'action comme faite (soit par prévision, soit parce qu'elle est faite réellement), et je la juge : voilà la responsabilité. Et la responsabilité, comme l'obligation, manifeste un supérieur, un maître. Car enfin, je suis un être vivant, libre, et je déploie en agissant une activité très réelle et personnelle. Qui voulez-vous qui me commande d'agir comme ceci ou comme cela? Une idée? Et devant qui voulez-vous que je réponde de mon action? Devant une idée? Mais une idée, si ce n'est bien qu'une idée, c'est chose moins réelle, moins substantielle, moins vivante, moins consistante que moi, ou plutôt c'est chose qui n'a d'existence et de subsistance qu'en moi et par moi. L'idée est née de la pensée; elle se conserve, elle existe dans la pensée et par la pensée. Si l'idée me domine, me maîtrise, me pousse, m'arrête, et ensuite me juge, m'approuve ou me condamne, si l'idée prend à mes yeux une solidité invincible, si elle apparaît comme plus réelle, plus durable, plus puissante que moi : c'est que dans l'idée je considère autre chose que l'idée même. Allons donc jusqu'au bout. Parlons de vérité. La vérité, plus que l'idée, mieux que l'idée, se montre indépendante de mon esprit qui la reconnaît. Mais ce n'est pas assez. Parlons d'un être qui est l'être par excellence, puisqu'il est l'autorité vivante et parlante qui, dans la raison et dans la conscience, s'assujettit des êtres raisonnables. Parlons de quelqu'un dont il faut dire que c'est par excellence le Maître, *Magister et Dominus*, celui qui enseigne et celui qui commande.

Et maintenant, nous attachant toujours à l'obligation et à la loi, envisageons les choses sous un autre aspect. La loi est implicitement considérée comme raisonnable et bonne, nous l'avons vu. Mais comment est-elle raisonnable et bonne? C'est que les choses ont une valeur, un prix, une qualité, une excellence, et qu'entre elles il y a une hiérarchie fondée sur des rapports de perfection : sans quoi la loi serait arbitraire. Nous pouvons bien ne pas savoir les raisons de ses prescriptions, mais nous ne pouvons pas ne pas penser qu'il y en a ; nous pouvons bien ne pas voir pourquoi elle commande ceci ou cela, mais si le pourquoi nous échappe, nous ne pouvons pas ne pas être convaincus qu'il existe ; car, s'il n'existait pas, les commandements ne seraient en définitive que des hasards ou des caprices, et la morale reposerait sur des décrets absolument arbitraires et par conséquent tyranniques. Il faut donc qu'un certain bien préexistant logiquement à la loi contienne la raison de la loi, et enfin c'est le bien qui est le fondement de la loi.

Mais, pour trouver quelque chose qui soit digne de l'estime de l'*esprit*, il faut revenir à l'*esprit*. Ce qu'il y a de meilleur, et sans doute ce à quoi tout le reste se compare, ce sur quoi tout le reste se règle, ce dont tout le reste aussi est l'expression, c'est l'*esprit*. Et par là, j'entends la personne, l'être complet, celui dont on peut dire que, par rapport aux autres choses, il est une fin à laquelle ces autres choses se rapportent, *finis cui,* comme disait l'École, *fin en soi,* comme dit

Kant. Le bien le plus excellent, le plus éminent, le bien le plus bien, c'est celui-là. Qu'y a-t-il de meilleur qu'un être actif et agissant, qui se connaît, qui se possède, qui se gouverne, qui aime, qui veut, et qui est lui-même dirigé en son intelligence par la vérité, en ses affections et en sa conduite par la loi morale? Et dans tout le reste qui n'est point esprit, qu'y a-t-il de bien, sinon ce qui est image, ou reflet, ou vestige de l'esprit, ou moyen et instrument pour l'esprit? Ainsi tout se rapporte et se mesure à l'esprit, tout a dans l'esprit sa règle et sa fin comme tout, sans doute, a dans l'esprit son principe.

Mais moi qui suis esprit, je ne suis pas ce qu'il y a de meilleur, absolument parlant. Ma propre nature ou essence est, par rapport à ce que je suis en fait, un idéal; mais ma nature, même idéale, n'est pas ce qu'il y a de mieux. Il y a une façon d'être esprit bien supérieure à la mienne. Ce qu'il y a de mieux, ce qui est absolument le meilleur, c'est l'Esprit n'ayant rien à chercher en dehors de soi ni au-dessus de soi. Que la vérité ne soit plus rien de distinct de lui, ni la loi non plus; que l'être et l'énergie qui sont en lui et qui sont lui aient en lui seul leur source et leur principe, en sorte qu'il n'y ait rien en lui qui ne soit par lui : un tel être sera le plus excellent de tous, étant tout être, et ce sera vraiment l'Esprit par excellence à qui tout se rapportera, à qui tout aboutira, le Bien suprême, le Bien souverain, Réalité souveraine, souverain intelligible, souverain aimable et désirable.

Ainsi c'est encore un être vivant et personnel que la loi morale, considérée en son suprême objet et en son dernier fondement, me fait trouver. De toutes les façons, je sors de la froide et pâle région des ombres ou des fantômes intelligibles, je veux dire des idées abstraites. L'obligation me place dans un monde réel et vivant. Elle m'introduit dans la société des esprits. La loi n'est pas une abstraction. Il y a, au sens le plus excellent du mot, un Législateur. Et la responsabilité me met en présence d'un Juge. Et le bien m'amène jusqu'au Bien par excellence, qui est l'Être excellemment être.

Je suis vivant, et d'une vie déjà haute. Comment recevrais-je ma lumière, ma règle, ma loi d'une pure idée? Je ne puis recevoir de lumière, de règle, de loi que d'un Vivant comme moi et plus excellent que moi. Cette loi qui m'arrête, moi vivant et tout frémissant peut-être, bouillonnant, débordant d'activité, de désir, comment ne serait-elle qu'une abstraction? Cet idéal qui m'attire avec toutes mes puissances, qui met en branle toutes mes énergies, comment ne serait-il qu'une conception de mon esprit? Ce qui vit serait éclairé, guidé, contenu, remué par ce qui ne vit pas? Ce qui vit recevrait de ce qui ne vit pas un accroissement de vie, un magnifique développement de vie, une vie plus intense, plus puissante, plus riche, plus haute? Ce n'est pas admissible. La vie seule donne le dernier mot de la vie.

Il y a pour l'homme trois régions.

Il y a celle des faits purs et simples, de la perception pure et simple, de l'expérience pure et simple.

Il y a celle des idées, des abstractions, et la science, l'art, la morale même sont les fruits de ses labeurs dans ces régions.

Il y a enfin la région de la réalité comprise ou du moins intelligiblement saisie, et de l'idée pleine, totale, vive. Là tout est vivant. La science, tout abstraite, revient à la vie, d'une certaine manière, par son empire sur la nature réelle. L'art aspire à la vie et y revient par ses fictions et ses créations où il y a toujours quelque chose de concret; mais c'est la fiction par un côté toujours, et c'est toujours par un côté ce qui n'est pas. La morale bien entendue, spéculative et pratique, retrouve, elle, la vie de toutes parts : dans la pratique, cela va sans dire, mais dans ses plus hautes spéculations aussi; car elle ne trouve son véritable objet, elle ne s'explique à elle-même son véritable caractère, elle n'a sa raison, son principe, son fondement, que si l'on dépasse la région des abstractions et que l'on arrive jusqu'à la réalité vivante.

Ainsi la *morale* nous fait sortir de la *nature*, mais elle ne nous transporte pas dans le vide ni dans le royaume des ombres. Le monde supérieur où elle nous introduit est un monde vivant.

On peut dire que c'est la Vie qui règle et appelle à soi la vie. La Vie pleine, parfaite, excellente, souveraine, règle la vie partielle, imparfaite, défectueuse, dépendante, et elle l'attire et l'élève à soi, la conformant à soi, j'allais dire la remplissant de soi.

Et la nature même, pour qui la regarde de ce point de vue supérieur, n'apparaît pas comme foncièrement en opposition avec la morale : car ce qui est proprement et excellemment moral, est *vie*. Et la nature est *vie*.

Tout va donc à la vie. Tout, même le sacrifice, je l'entrevois maintenant. La mort n'est la raison ni le terme de rien. La mort est moyen. La mort supprime l'obstacle, et, quand il le faut, elle brise les liens, elle en dégage.

Tu n'anéantis pas, tu délivres[1]!.....

dit le poète, s'adressant à la mort. Ainsi de tout renoncement, de tout sacrifice, tout renoncement et tout sacrifice étant mortification et mort au moins partielle. Tout vient de la vie et tout va à la vie. Seule, la volonté qui se détourne de la vie par le péché va à la mort. *Peccatum general mortem*[2]. Cela, c'est la vraie mort. Mais le renoncement, mais le sacrifice, mais toutes ces morts qui tuent le désir, la passion, même le corps, quand il le faut, et quand il le faut aussi, l'esprit propre avec ses petitesses et ses enflures, la volonté propre avec ses étroitesses et ses extravagances, toutes ces morts-là sont moyen de vie.

[1]. Lamartine, *Premières Méditations*, l'Immortalité.
[2]. *Épître de saint Jacques*, I, 15.

Rien de plus profond, de plus substantiellement et pratiquement vrai, de plus efficace et fécond que cette parole évangélique qui est, si je puis dire, une des formules de la vie : « Qui cherche sa vie, la perd; qui perd sa vie, la gagne[1]. »

Et comme tout se rejoint, sous l'œil de qui sait voir! N'avons-nous pas remarqué déjà que la vie, même en sa forme inférieure, la vie organique tend à se dépenser, à se donner? Vivre, c'est employer ses forces, les consumer, donc les perdre; c'est mourir; et mourir, c'est vivre : car c'est en employant la vie, en la consumant, qu'on a la joie de vivre. Élevons nos pensées. De ces bas-fonds de la vie passons dans les régions hautes. La loi de la vie est toujours la même. Quitter la vie partielle, la vie égoïste, la quitter et la perdre, c'est aller à la vraie vie. Mourir, c'est vivre, et pour vivre il faut mourir. L'abnégation, le renoncement, la mortification a une vertu vivifiante.

La morale donc, quand elle contient, refrène, refoule, tue, ne fait cela que pour que nous ayons la vie.

---

[1]. Saint Matthieu, x, 39; xvi, 25; saint Marc, viii, 35; saint Luc, ix, 24; saint Jean, xii, 25.

La vie qui n'est que vie, tel est le principe, tel est le terme de tout. C'est au Vivant éternel et parfait que tout est suspendu. De lui tout vient, à lui tout va, selon lui tout se règle, par lui tout se soutient; en lui est le premier et le dernier mot de tout.

Le voilà donc, dans son ensemble, cet ordre moral où nous introduit l'idée d'obligation. Quelle richesse, et quelle harmonie !

L'obligation posée, un monde s'ouvre devant nous, monde que les sens n'atteignent pas. La raison en reconnaît, en démontre l'existence. Mais la raison qu'on peut appeler raisonnante, qui est la raison vulgaire, demeure dans la région des idées abstraites. Ici, nous sommes dans le réel suprasensible. C'est tout l'être humain qui s'y porte. Une raison séparée, isolée des sources de la vie, ou n'y entre pas, ou ne s'y maintient pas.

Et dans ce monde réel et vivant, nous avons un Maître : c'est tout à la fois notre Législateur, notre Juge, et le Bien souverain, et le Vivant parfait, Celui pour qui l'on vit et pour qui, s'il le faut, on meurt, Celui par qui l'on vit.

C'est là précisément ce dont le temps présent semble ne plus vouloir. « Ni Dieu, ni Maître » : cri de quelques-uns, c'est aspiration secrète de plusieurs. Rien au-dessus de l'homme. Plus de dogmes religieux. Plus de dogmes moraux. Plus de morale mystique, comme on dit. Rien de transcendant. Vérité, loi, devoir, si tous ces mots gardent leur sens usité, c'est encore quelque chose de supérieur à l'homme que tout cela signifie, et la libération convoitée ne s'opère pas. On voit bien que la vieille morale ou, pour mieux dire, la morale conserve en soi et ramène invinciblement le principe supérieur sans lequel elle n'est plus. Et on renverse la morale, et, ce qui revient au même, on en imagine une nouvelle où il n'y a plus rien de moral. Vains efforts. L'homme ne peut se passer de maître. Il ne veut plus de celui d'en haut, il tombe sous le joug de ceux d'en bas. Il veut émanciper la vie, il la détruit. S'il consentait à la réduire sous l'empire du Maître légitime, il la sauverait. Quand il n'y a plus de morale proprement dite, que peut-il y avoir? la nature, et la nature au sens bas et tyrannique du mot. L'homme dépend des éléments. C'est littéralement vrai. Il est en tout, dans sa pensée, dans sa science, dans la pratique, le résultat d'une lente évolution, et, à son origine, il n'y a rien que des éléments, des éléments matériels. Il est soumis à un absolu déterminisme. Pour briser ce joug, il faut qu'il accepte l'autre : celui de la raison et de la conscience, de la vérité et du devoir, c'est-à-dire, pour qui sait voir et comprendre, celui de Dieu. *In regno nati sumus : Deo parere libertas est*[1].

[1]. Sénèque, *De vita beata*, xv, 7.

CHAPITRE XIV

LES MISÈRES DE LA VIE

Je commence à comprendre ce qu'est la vie. Elle est chose sérieuse. L'homme a une œuvre à accomplir, et c'est précisément de vivre en homme, de vivre d'une vie vraiment humaine. Or, la vie vraiment humaine, c'est une vie raisonnable, et, pour préciser davantage, une vie morale. La règle, la loi propre de la vie humaine, c'est la loi du devoir ou loi morale. Cette loi marque à la vie son but, et en détermine le sens. Si je me demande ce que je dois penser de la vie, je me réponds qu'elle m'est donnée pour faire mon devoir, pour accomplir la loi morale, et c'est là le but de l'existence humaine parce que c'est le but de l'humaine activité. Envisagée de cette manière, la vie s'agrandit, se simplifie, s'illumine. Je la trouve noble, je ne me perds plus dans des détails compliqués qui en dissimulent la signification vraie, je vois clair ou je commence à voir clair. Et comprenant le but et le sens de la vie, j'en comprends du même coup l'usage : j'userai comme il faut de la vie si j'en use selon la loi morale. D'un mot, vivre de la loi morale, c'est la formule qui, en déterminant l'idée de la vie, en détermine l'emploi. Je puis commencer à juger de la vie et à dire ce qu'il en faut faire.

Mais, si la vie morale est celle qui est conforme à la loi du devoir, la loi du devoir ayant elle-même sa raison et son principe dans le Bien et définitivement dans l'Être souverainement bon, la vie morale est celle qui réalise le bien, c'est-à-dire celle où l'être humain se donne la perfection dont il est capable et rattache ses pensées, ses sentiments, ses volontés, sa conduite, tout ce qu'il est et tout ce qu'il peut, à l'absolue Perfection, son principe et sa fin. La vie morale est celle où l'homme obéit à Dieu, souveraine Raison et souverain Bien.

Telles sont les hauteurs où, en suivant la raison jusqu'au bout d'elle-même, je me suis élevé pour juger de la vie et voir ce que j'en dois faire.

Il me faut maintenant redescendre de ces hauteurs; mais, de mon passage sur les cimes, je retiendrai deux choses : le *respect* inviolable de la loi morale, la *confiance* dans le bien.

Cela est acquis. Aucune découverte à venir ne m'en pourra déposséder.

Quoi que je puisse constater dans la suite de cette étude, je me souviendrai d'abord que la loi morale a un caractère absolument original, étant quelque chose de souverain, au sens propre du mot, quelque chose d'auguste, de sacré, d'austère aussi, de contrariant souvent, de contraignant, de répressif, et néanmoins de profondément conforme aux aspirations et aux lois fondamentales de la vie : si bien que c'est vers la vie qu'en définitive elle va, même quand elle prescrit le sacrifice et condamne à la mort.

Je me souviendrai ensuite, ou, pour mieux dire, en même temps, qu'au bien appartient le dernier mot. Et le bien, c'est la vie pleine et parfaite. Quand on a une fois vu ce qu'est le bien, à sa source, en son principe, on est convaincu à jamais qu'il faut, qu'il convient, qu'il est *bon* qu'en toute chose le dernier mot soit au bien, au bien, c'est-à-dire à la vie : à la vie en elle-même, et aussi en nous qui avons avec elle une sorte de société. Donc, quoi qu'il arrive, confiance, et courage!

Et maintenant, regardant tout autour de nous et en nous, voyons le mal, qui est un fait, un fait universel et perpétuel; considérons-le, et, si je puis m'exprimer ainsi, ressentons-le. Trop souvent les philosophes y sont indifférents dans leurs systèmes. Ils n'y prennent presque pas garde, ou, s'ils le remarquent, ils en parlent comme d'une chose quelconque : ils n'en sentent assez ni la réalité ni la profondeur.

Essayons de bien voir et de sentir vivement, sans déclamer, tout simplement, avec le souci d'être entièrement dans la vérité.

L'homme souffre, et beaucoup.

Il y a la souffrance physique. Laissons tout développement banal. Gardons-nous de toute exagération. Constatons qu'il y a toute une série, et même toute une foule de petits biens inaperçus dont le prix n'est connu que lorsqu'ils viennent à manquer, et que cela rend la vie supportable et même agréable. Mais ne soyons pas de ces gens qui prennent aisément leur parti des maux d'autrui, sauf à crier bien fort quand ils viennent à être eux-mêmes atteints. Voyons et disons qu'il y a des souffrances aiguës, violentes, poignantes. Et il y a des états extrêmement pénibles, des infirmités, des maladies qui durent. Voilà une première forme de la misère et du mal.

Il y a, dans l'ordre intellectuel, la grossièreté, la brutalité, la bestialité. Y pensons-nous assez? Des hommes, c'est-à-dire des êtres raisonnables, faisant partie de la cité des esprits, disions-nous tout à l'heure, et réduits presque à l'état de la bête : ne se doutant pour ainsi dire pas de ce monde supérieur pour lequel, pourtant, ils sont faits; si profondément enfoncés dans la matière que le reste, pour eux, est comme non avenu; si totalement ignorants que la vérité, pour eux, est comme si elle n'était pas. Puis il y a, à des degrés moindres, toutes les sortes d'ignorances, bien dégradantes et bien lamentables encore, et les faiblesses et les limites de l'esprit, et les erreurs multiples et variées. Ici encore, n'exagérons pas. N'oublions pas qu'il y a toute une série de vérités présentes dans l'humanité, presque inaperçues, et d'ailleurs indispensables, puisque sans elles l'humanité ne subsisterait pas; reconnaissons ensuite qu'il y a d'admirables progrès, de merveilleuses conquêtes de l'humaine pensée, mais constatons, voyons, sentons ce que, dans l'ordre intellectuel, il y a de misérable, de profondément misérable.

Considérons l'ordre des sentiments. Que de misères d'une autre sorte! Les froissements ou les brisements du cœur; les tristesses; les douleurs morales; et ce qu'il y a de faible, de petit, de mesquin, d'étroit, de court dans les meilleures affections, avec la mort, d'ailleurs, au bout de tout; et en tant d'âmes, l'inexprimable et incurable ennui.

Dans l'ordre de l'action, comptons, si nous le pouvons, les entreprises manquées, les plus belles ambitions déçues, les meilleurs efforts restant stériles, et toujours la mort venant tout traverser, tout interrompre, au hasard :

... Quare mors immatura vagatur[1] ?

Dans l'ordre social, ce sont des imperfections, des défauts, des misères de toute espèce. Il faut un singulier parti pris pour ne le voir pas, un

1. Lucrèce, v, 222.

égoïsme invétéré ou une étrange légèreté d'âme pour ne pas s'en émouvoir. L'organisation de la société est, à bien des égards, vicieuse. Considérons le travail, la richesse, le capital, les salaires, etc. : partout des défauts choquants, et des désordres inhérents, ce semble, à la constitution même des choses, et des souffrances, des souffrances d'hommes, profondes, cruelles souvent, persistantes, qui semblent sans remède. Songeons-nous à ce que, dans certaines classes inférieures, il y a de misérable? l'existence précaire, la vie débile, sans cesse menacée par la maladie, par la faiblesse native, par les circonstances contraires; les privations, le travail rude, le manque de travail, l'insuffisance du salaire, les angoisses journalières, et avec cela, souvent, l'abrutissement : la bête humaine qui se déchaîne, prête à devenir bête de proie, objet de mépris, tant il y a là d'abaissement! objet d'horreur, tant il y a là de furie! objet de pitié, puisque cet animal immonde et farouche c'était pourtant et c'est encore un homme.

Enfin il y a une misère que l'on pressent dans tout ce que je viens de dire, mais que je n'ai pas encore regardée en elle-même ni nommée de son nom : c'est la violation de la loi morale. La volonté se révolte contre la loi et elle lui dit : Non. A la raison dont cette loi est l'expression, au bien, à Dieu elle oppose une parole de négation, de suppression, si je puis dire : elle souhaite, elle veut, elle tâche que ce qui *est* et est excellemment digne d'être *ne soit pas,* et elle emploie à cette œuvre de néant ce qu'elle a d'énergie. Voilà le mal par excellence. On n'en tient plus compte comme il faut. On n'ose pas le nommer par son nom. On l'atténue, on le dissimule. Regardons-le en face, et disons qu'il est essentiellement et foncièrement le mal. Disons que ce n'est plus l'erreur ni l'ignorance, ni le malheur, mais la faute, *culpa,* le péché, *peccatum*.

Et, au-dessous du péché grave, que de misères morales encore, vraiment désolantes pour qui sait ce qu'est la vie morale, et combien elle est excellente et précieuse ! Quand on y pense bien, quand on attache sur le spectacle des choses, autour de soi et en soi, un regard pénétrant et prolongé, on est écœuré de ce qu'on y découvre : une vulgarité, une banalité, une insignifiance de presque tous les moments; trop souvent la bassesse, ou du moins la petitesse; quelque chose de mesquin, d'étroit, de pauvre, de vain; des lâchetés inavouées et à peine aperçues; une disproportion presque constante entre la réalité et l'idéal; une faiblesse presque désespérante, une impuissance douloureuse d'exécuter ce qu'on veut et souvent de vouloir ce qu'on voudrait!

Je n'ai rien exagéré, et cette vue de la misère humaine est certes troublante. Ainsi la vie paraît souvent mauvaise, presque toujours insignifiante. Serait-elle donc mal faite? Nous avons un but noble : nos ressources pour l'atteindre seraient-elles insuffisantes? Nos moyens seraient-ils défectueux? Y aurait-il donc disproportion entre le but et nos forces? En fait, quelle pauvreté dans les résultats! L'homme étant ce que nous avons dit, un être qui a qualité morale, qui a sa place dans la cité des esprits, qu'est-ce que cette vie réelle qui est la sienne? combien indigne de lui! combien éloignée de la fin qui lui est proposée! S'il a un but noble, c'est un fait qu'il lui tourne le dos le plus souvent. Si sa destinée est grande, c'est un fait qu'il la manque et semble condamné à la manquer.

N'anticipons pas. Ne jugeons pas prématurément. Ne crions pas au scandale. Mais, nous en tenant au fait indéniable et patent, disons que la condition de l'homme est misérable.

Qui ne le reconnaîtrait pas, aurait un esprit bien court et un cœur sans générosité.

Il ne faut pas être parmi les mécontents ni parmi les désespérés, puisque la loi morale existe et le bien existe. Mais qu'il ne faut pas être non plus des satisfaits, j'entends de ceux qui trouvent tout bien en ce monde! Les satisfaits sont indifférents aux maux qui ne sont pas les leurs; et, pour eux-mêmes, ils sont bornés dans leurs vues et dans leurs vœux. Ils terminent leurs pensées et leurs désirs à je ne sais quel bonheur mesquin et égoïste. Ils n'ont pas d'élan, ils n'ont pas d'ardeur. Ils jouissent petitement, ou ils voient tranquillement autrui souffrir en se croisant les bras. Quel misérable sort que celui des satisfaits!

Pour y échapper, je veux me remplir l'esprit des maux de la vie. Cette vue troublante est salutaire. Il est bon de voir ce qui est et d'entrevoir les raisons de ce qui est. Décidé à garder le respect inviolable de la loi morale et une imperturbable confiance dans le bien, je ne puis que gagner à voir le mal sous toutes ses formes, la misère humaine, profonde, variée, universelle, perpétuelle. Je viens d'essayer de la voir nettement et même de la ressentir. Il me reste à en chercher le sens d'abord, et ensuite, s'il se peut, le remède.

CHAPITRE XV

MYSTÈRES ET LUEURS

Je ne veux rien précipiter. Au point où je suis parvenu, je ne suis pas en état de surmonter les difficultés qui s'offrent à moi. Je m'y briserais. Mais quelques réflexions, qui n'ont pas la prétention d'être des solutions, seront dès maintenant à leur place. Il est bon d'énoncer tout de suite les idées que suggère la vue de la misère humaine, mise en contraste violent avec la grandeur morale.

Il y a là un mystère. C'est ce que je me sens pressé de dire tout d'abord.

Je sais qu'on va se récrier. Ce n'est ni scientifique ni philosophique, me dira-t-on, de parler de mystère.

J'en demande pardon à mes contradicteurs.

C'est très conforme au véritable esprit scientifique et philosophique. Tout grand savant, tout vrai philosophe confesse le mystère.

Je me souviens qu'un jour je parlais à M. Pasteur des joies que devait lui procurer ce monde des infiniment petits, découvert et exploré par lui.

« Parlez plutôt, reprit-il, du sentiment de mon ignorance que chaque pas dans ce monde inconnu rend plus vif : je ne connais presque rien, je suis de toutes parts entouré de mystère. »

Il n'y a là aucun scepticisme, aucune tentation de renoncer à la raison. Reconnaître le mystère, c'est savoir discerner entre la lumière et l'ombre, demeurer fermement attaché au connu, voir la limite, et affirmer qu'au delà de cette limite il y a quelque chose encore, et par delà cette ombre, de la lumière encore.

Dans le fait universel et perpétuel de l'humaine misère, il y a quelque chose que je ne comprends pas. La loi morale étant posée, et le dernier mot devant appartenir au bien, le monde tel qu'il est m'étonne, me choque, me déconcerte, me scandalise. Je me garde bien d'abandonner ce que je comprends, ce que je tiens, ce que je sais. Je maintiens que le but de la vie humaine est la vie morale, et que je ne puis, en aucune façon, me dispenser d'un respect inviolable pour la loi morale et d'une entière confiance dans le bien. J'aurai occasion de voir jusqu'où cela m'engage et me porte. Pour le moment, cela me fait dire que la vie humaine, qui paraît mal faite, doit pourtant ne pas l'être dans le fond, et, pour me restreindre d'abord à un seul point, que la souffrance, qui m'est objet de scandale, doit avoir un sens. Il y a donc là un mystère. Mais, du fond même des ombres mystérieuses que je révère, il sort de temps en temps je ne sais quelle lumière sombre qui me rassure.

D'abord, je crois entrevoir le sens de la souffrance : la douleur a un rôle moral dans la vie.

La douleur sert à former l'homme.

L'éducation de l'homme individuel ne se fait point sans douleur, ni celle de l'humanité non plus. Rien de grand ne s'accomplit sans douleur. *Sine dolore non vivitur in amore*[1]. Si l'amour résume toutes les nobles et belles et généreuses choses, parce que toutes exigent que pour les

---

1. *Imitation de Jésus-Christ*, III, v, 7.

faire on aime, il convient de dire que la vie véritable, la vie noble, belle, généreuse, ne va pas sans douleur. Il y a la peine de n'avoir pas ce qu'on aime, la peine de le conquérir, la peine née de la crainte de le perdre, la peine de ne pas aimer assez. Le monde étant ce qu'il est, semé d'obstacles, sous la menace de la mort, comment aimer et ne pas souffrir? Mais que cette souffrance est salutaire! Elle détache de choses dont aucune n'est suffisante à remplir le cœur. Elle suscite au fond de notre être des énergies ignorées. Sans elle, chacun de nous ne serait jamais qu'un perpétuel enfant. Il faut avoir souffert pour devenir un homme. Je ne dis pas qu'il faut avoir connu les dernières extrémités. Mais, du moins, il faut avoir connu l'obstacle, la contrariété, la déception sur quelque point, et quelque chose aussi des durs labeurs, et les aiguillons du chagrin. Si cela est vrai, commençons-nous à entrevoir le sens de la souffrance? C'est un moyen d'éducation morale. Nous aurons à y revenir. J'ai voulu seulement ici donner une première indication. Il importait de remarquer tout de suite que les notions morales, déconcertées d'abord par la souffrance, permettent de trouver à la souffrance même une signification haute, bonne, satisfaisante. Cela rassure et réconforte.

> Tu fais l'homme, ô Douleur! oui, l'homme tout entier,
> Comme le creuset l'or, et la flamme l'acier.
> . . . .
> Qui ne t'a pas connu ne sait rien d'ici-bas;
> Il foule mollement la terre, il n'y vit pas;
> Comme sur un nuage il flotte sur la vie.
> . . . .
> Il n'y sait pas, à l'heure où faiblissent les armes,
> Retremper ses vertus aux flots brûlants des larmes;
> Il n'y sait point combattre avec son propre cœur
> Ce combat douloureux dont gémit le vainqueur,
> Élever vers le ciel un cri qui le supplie,
> S'affermir par l'effort sur son genou qui plie,
> Et dans ses désespoirs, dont Dieu seul est témoin,
> S'appuyer sur l'obstacle et s'élancer plus loin ! [1]

Voici une autre indication non moins précieuse.

La misère humaine éveille dans l'âme de qui la contemple un sentiment très particulier : la pitié.

Je ne parle pas d'une pitié hautaine, dédaigneuse, méprisante, qui écrase du regard en secourant. Je ne parle pas non plus d'une sensiblerie vaine. Je parle de la pitié cordiale, qui est la vraie. Être à l'abri du mal et se sentir ému de la misère des autres jusqu'à la partager et à la porter avec eux, c'est très beau et très grand.

---

1. Lamartine, *Harmonies*, II, VIII, Hymne à la Douleur.

Par là, une ineffable communication s'établit entre des êtres que tout sépare. L'inégalité la plus profonde se trouve comblée. Entre avoir et n'avoir pas, quel abîme ! Et par la pitié, celui qui a verse ce qu'il a et se verse lui-même dans celui qui n'a pas ; il prend pour lui, autant que faire se peut, la souffrance d'autrui, il la soulage, il y remédie par une action bienfaisante qui est efficace, même si les circonstances la rendent presque impuissante, parce qu'elle procède du cœur et qu'étant affectueuse elle a une vertu consolatrice et réparatrice. La pitié lie les âmes entre elles. Par la piété se forme une cité des âmes, « une cité dont tous les habitants s'aiment[1] ». Serait-ce une des raisons explicatives du mal que cette merveille dont le mal est la condition : l'humaine pitié pour l'humaine misère ?

J'entrevois maintenant une certaine forme de la vie, si je puis dire, qui a une étrange beauté. Il me semble que je commence à comprendre quelque chose à la condition humaine, au moins actuelle, je veux dire en ce monde. Ce n'est pas le repos ni la jouissance. Il y a des moments de

---

1. C'est un beau mot du P. Gratry. *Crise de la foi*, p. 201.

relâche, des trêves. Mais parler de trêves et de relâche, c'est assez dire que la vie est faite pour autre chose. Ce n'est pas non plus l'action pleine et heureuse qui est le lot de l'homme : il y aspire, il ne l'a pas, il ne peut l'avoir. Sa condition, c'est le travail, le labeur, la peine, πόνος, comme on dit en grec; c'est l'effort, l'effort qui coûte; c'est la lutte : lutte contre des obstacles de toutes sortes, intérieurs et extérieurs, lutte contre la nature, lutte des hommes entre eux, mais aussi lutte dans laquelle les hommes peuvent se prêter une mutuelle assistance, affectueuse, cordiale, et réaliser la loi morale qui est leur règle, et tendre au bien qui est leur fin.

> Per varios casus, per tot discrimina rerum
> Tendimus in Latium.

CHAPITRE XVI

OPTIMISME ET PESSIMISME

Les vues que je viens d'énoncer sont justes, je crois ; mais, pour porter sur la vie un jugement de philosophe, il faut que je procède avec méthode.

Depuis que la considération de la misère humaine m'est présente, la question qui me préoccupe est celle-ci : la vie est-elle bonne, ou est-elle mauvaise ? Mais quel est le sens précis de cette question ?

La vie est-elle bonne, ou est-elle mauvaise ?

Cela veut dire d'abord, ce me semble : à prendre la vie dans son ensemble, la somme des biens y est-elle supérieure à la somme des maux, ou inversement, la somme des maux y dépasse-t-elle la somme des biens ?

Mais de quels biens et de quels maux veut-on parler? Demande-t-on si dans la vie on jouit plus qu'on ne souffre, ou l'on souffre plus qu'on ne jouit?

C'est cela, sans doute, mais c'est aussi quelque chose de plus profond : on demande si dans la vie il y a de quoi lui communiquer, malgré les maux qui y abondent, une valeur bonne, en définitive ; ou si, quoique mêlée de biens, elle est, en définitive, sans valeur finale?

Précisons encore.

La loi morale étant la loi de la vie, la vie est mauvaise, si la souffrance, si les efforts, si les luttes y sont en pure perte, je veux dire si la loi morale n'y produit rien ou pas grand'chose ; car alors on voit bien les misères dont cette loi est elle-même la cause, mais les résultats où elle aboutit sont si minces et la moralité se réduit à si peu que, vraiment, ce n'est pas la peine de tant souffrir et de tant lutter. Tout ce tragique de la vie est, en somme, disproportionné avec le résultat final.

Au contraire, la vie, malgré tant de maux, est bonne si la souffrance est vraiment féconde, et si le but final, noble, beau, digne d'être poursuivi, est atteint ou du moins est accessible.

Ainsi le sens de cette question : la vie est-elle bonne, ou est-elle mauvaise? va se diversifiant.

La vie, à la prendre dans son ensemble, est-elle triste ou gaie? Premier sens. Mais, plus profondément et mieux, la vie a-t-elle quelque dignité ou non? mérite-t-elle qu'on l'estime ou qu'on la méprise, ayant un but, et un but accessible, ou étant, en somme, insignifiante et stérile? Et enfin, y a-t-il lieu de se défier d'elle comme d'un faux ami, ou faut-il avoir confiance en elle?

Ce n'est pas tout. Plus je réfléchis, plus la question s'étend, s'agrandit, se multiplie.

L'homme a ce privilège de ne pas se considérer seul, d'une façon tout individuelle. Il considère l'humanité, et il la regarde comme un seul homme, et l'humanité ne se compose pas seulement des hommes actuellement vivants, elle se compose encore de ceux qui ont vécu et de ceux qui viendront à vivre.

Lors donc que je me demande si la vie est bonne ou mauvaise, je ne songe pas seulement à ma propre vie ni à celle des hommes de mon temps; j'embrasse dans ma pensée cette humanité qui remplit les siècles, et c'est de cette vie de l'humanité que je me demande si, en définitive, le bien y est plus abondant que le mal, ou si c'est tout le contraire ; c'est de cette marche de l'humanité à travers les âges que je me demande si elle a un sens, et si tant d'efforts et de souffrances servent à quelque chose de considérable, ont une valeur, en sorte que, pour l'humanité, la vie vaille vraiment la peine de vivre.

Mais, si j'ai peur de me perdre dans une si vaste contemplation et que je revienne à chacun, les difficultés ne sont pas moindres. Que dire de chacun ? Chaque individu humain, avec ses racines plongeant dans ce long et obscur passé, et avec ses vues sur cet indéfini et encore plus obscur avenir, chaque individu humain, résumant en soi, d'une certaine manière, le passé et contribuant à préparer l'avenir, a-t-il, sur cette scène où il paraît pour disparaître bientôt, un rôle qui compte ? Ce qu'il vient faire vaut-il la peine qu'il se répande tant de larmes et parfois tant de sang ? Pour l'individu comme pour l'humanité, la vie vaut-elle la peine de vivre ?

La question se complique. Je ne puis porter un jugement sur la vie sans me rendre compte de la place de l'humanité dans l'univers et de la place de chacun dans l'humanité.

La vie de chacun n'est qu'un point. Ce point est comme perdu dans un immense espace. Et il en faut discerner et comme mesurer la place!

Essaierai-je, par prudence, de restreindre ma vue? J'oublierai l'espace qui m'entoure, je ne regarderai que ce point qui est *ma* vie, la vie à moi, en moi, pour moi. Je sais que j'ai ma tâche, ma règle, ma loi, et mes misères aussi. La question ainsi réduite ne va-t-elle pas être plus facile à résoudre? C'est un fait que je trouve la vie souvent agréable, et toujours ou presque toujours supportable. Voilà bien des difficultés écartées par cela seul. Mais quelle place a dans ma vie ce que je sais être la raison de vivre? La loi morale doit être la maîtresse de la vie, et, quand elle la domine et la pénètre, elle en fait l'honneur et l'intime joie. Sublime idéal. Qu'est la réalité? Bien pauvre, sans doute. Ce qui fait la beauté de la vie occupe dans la vie une place très mince; ce qui est la profonde et vraie raison de vivre effleure la vie réelle bien loin de la remplir. Mais mettons que le devoir pénètre ma vie; qu'avec des défaillances inévitables, mais suivies de courageux relèvements, je sois en somme dévoué au bien. Cela rend la vie bonne, à n'en pas douter. Cela lui donne une dignité, une excellence, une valeur. Si je fais cela de ma vie, assurément c'est la peine de vivre. Mais après? Entendons-le bien : ce dévouement au bien, c'est le dévouement à ce qui ne périt pas ; une vie vraiment morale, c'est une vie où les choses éternelles entrent, en quelque sorte, et s'impriment pour tout transformer, tout transfigurer. Voilà donc une vie mortelle où l'éternel transparaît. Les aspirations indéfinies que la pratique courageuse du bien suscite dans l'âme seront-elles, en définitive, sans objet? Aurai-je aimé, et aimé jusqu'au sacrifice, jusqu'à mourir, ce qui ne passe pas, pour passer à jamais moi-même ? Est-elle bonne la vie, si, ayant dans ses limites mortelles atteint l'éternel, elle ne se prolonge point par delà pour le saisir d'une prise sûre et s'y reposer ?

Ainsi je m'étais réduit à ce point qui était moi et ma vie. Et une question plus ample et plus formidable que toutes les autres me presse. J'ai cru rétrécir ma curiosité et simplifier la question en me bornant à moi. Or, voilà qu'il me faut dépasser les limites de la vie présente, me demander s'il n'y a pas une autre vie : par delà ce monde présent, y a-t-il autre chose? et quoi?

Une dernière question s'impose à moi. Du moment qu'il y a une loi morale, j'ai un maître, ai-je dit, et ce maître, c'est Dieu. Mais je n'ai encore considéré la Puissance et la Raison et la Bonté souveraines que dans la cité idéale. Je ne me suis pas demandé ce qui gouverne ma vie, ma vie réelle. Dieu est le Législateur suprême. Dieu est le Bien. Dieu est l'Autorité qui parle dans la raison et dans la conscience. Mais cette vie que je mène à chaque heure, au milieu de circonstances diverses, favorables ou fâcheuses, et qui doit durer un certain temps dont je ne connais pas la mesure, qu'est-ce qui y préside? Qui en a marqué le commencement et le terme? Qui en conduit l'évolution? Est-ce la force, la nécessité, le hasard? Suis-je, avec mes nobles aspirations et ma loi sublime, le jouet, en définitive, ou la dupe, et, en un mot, la victime d'une puissance indifférente à mes efforts et à mes souffrances, ou peut-être même méchante, que ce soit la Nature ou je ne sais quel génie puissant et malin? Ou, au contraire, ma vie est-elle orientée vers le bien, dirigée vers le bien, aidée pour le bien, et le même Dieu qui parle dans la raison et dans la conscience est-il le maître de ma vie réelle et celui qui la conduit à une fin elle-même bonne, bonne en soi, bonne finalement pour moi?

Telles sont les questions multiples, variées, singulièrement difficiles qui viennent m'assaillir quand très sérieusement je me demande : la vie est-elle bonne ou mauvaise, et que vaut la vie?

Les hommes, ceux qui vivent sans penser presque, et ceux qui vivent en pensant, et ceux qui semblent vivre pour penser, se partagent en deux classes. Les uns disent : c'est bien ; les autres : c'est mal. *Optime, pessime.* Le genre humain et les philosophes se divisent en *optimistes* et en *pessimistes*.

Mais que d'optimismes et de pessimismes différents! Nous l'entrevoyons dès maintenant, et nous apercevons du même coup qu'il y a, soit des optimismes, soit des pessimismes dont nous ne pouvons pas vouloir, puisque la raison nous a convaincus que nous ne pouvons douter ni de la loi morale ni du bien.

Il y a un optimisme vulgaire et intermittent, et aussi un pessimisme de même caractère.

On dit : cela va bien, et la vie est bonne; ou cela va mal, et la vie est mauvaise, sans autre raison que les satisfactions ou les déconvenues journalières. Passons. Cette première forme de l'optimisme et du pessimisme ne mérite pas d'examen. Nous n'avons affaire là qu'à des généralisations hâtives d'un égoïsme très étroit.

Il y a un optimisme que la science suggère et semble autoriser.

Très frappé des conquêtes de la science, on rêve, on espère, on prédit pour le genre humain des améliorations inouïes, un progrès régulier, constant, donc un ordre de choses nouveau, une régénération universelle, et l'âge d'or, que les poètes plaçaient aux débuts du monde, apparaît dans un avenir plus ou moins lointain dont chaque jour nous rapproche. Ce n'est rien moins qu'une humanité nouvelle que la science prépare.

Je ne m'arrête pas à discuter ces espérances. Seulement, je dis que dans cet optimisme est recélé un pessimisme désolant : car enfin, les hommes, dans cette conception, ne sont que des rouages, des ressorts, et il faut ajouter que leurs maux sont comptés pour rien..., pourvu que la fin soit atteinte un jour.

Je remarque aussi que cet optimisme méconnaît la valeur des choses morales : ce qui est d'ailleurs tout simple, puisque l'univers n'est là qu'un vaste mécanisme.

Certes, je me réjouis des conquêtes de la science, et je crois à un rôle bon et utile de ses merveilleuses inventions dans l'humanité. Mais je ne puis vouloir de cet optimisme. Le bonheur de l'humanité ne dépend pas de la science, parce que l'homme est un être moral. Il ne me suffit donc pas de voir les triomphes de la science et d'en prévoir d'autres plus complets et plus éclatants pour être content de tout.

Aussi bien, une philosophie issue de la science s'offre à moi, qui a des conséquences manifestement pessimistes. C'est le positivisme quand il est conséquent avec lui-même. A la lettre, il dévaste la vie. Il déclare toutes les hauteurs inaccessibles : on est, dès lors, porté à les croire vides. Les idées que le positivisme développe comme ayant seules du prix parce que, seules, elles lui semblent scientifiques, ce sont des idées très tristes. La lutte pour la vie, la sélection naturelle, l'évolution naturelle, quand aucune idée morale n'y est mêlée, ne sont-ce pas choses désolantes? La moralité, dont j'ai reconnu la valeur éminente et que je suis décidé à ne jamais compromettre, m'interdit et cet optimisme soi-disant scientifique et ce pessimisme positiviste.

Ce que l'on aime aujourd'hui à appeler la *Critique* suggère un optimisme analogue à celui de la science, mais moins généreux : car la science promet à l'humanité future le bonheur, et la Critique ne voit dans les choses de la vie qu'un spectacle amusant ou intéressant : elle n'a aucun souci des souffrances ni des maux, et n'en rêve pas le soulagement. C'est, à vrai dire, un pessimisme, un horrible pessimisme, qu'elle engendre; à peu près le pessimisme du positivisme scientifique, mais avec cette nuance particulièrement triste qu'ici ce sont les choses morales mêmes qui sont en cause, directement. Le positivisme essaie de donner de la moralité des explications qui, en somme, la détruisent, mais il ne s'en fait pas un jeu. La Critique considère les choses morales, les tourne et retourne, les admire, s'y complaît, puis joue avec elles, si je puis dire, et finalement les dissout. A cela, ajoutons cette idée introduite dans la philosophie de la vie, que peut-être nous sommes le jouet et les dupes d'une puissance qui s'amuse à nos dépens. Qui sait si tout dans l'univers ne s'explique point par le jeu capricieux, esthétiquement merveilleux, d'une nature rusée qui se plaît à nous mystifier? Le règne morne de la force et du hasard est triste : plus triste encore le règne brillant de la fantaisie. Voilà encore un optimisme et un pessimisme dont la moralité ne me permet pas de vouloir.

J'arrive à un optimisme radical qui consiste à affirmer que la somme des biens l'emporte sur celle des maux, et qu'en définitive tout aboutit, si l'on peut parler ainsi. Comparons le monde à une entreprise : l'entreprise réussit, du moins elle réussira, pour l'humanité, pour chacun. Mettons-y le temps, et, s'il le faut, l'éternité même. Tout est bien qui finit bien. Et, à vrai dire, les maux ne sont que de moindres biens. Disons mieux : les maux disparaissent devant le bien. Disons enfin : le mal n'est pas.

> Et le sage comprit que le mal n'était pas,
> Et dans l'œuvre de Dieu ne se voit que d'en bas[1].

1. Lamartine, *Jocelyn*.

En face de ce radical optimisme, voici un pessimisme radical. Il y a plus de maux que de biens ; et, en définitive, rien n'aboutit, tout est manqué. L'optimisme promettait la satisfaction finale : le pessimisme s'attend à la désillusion finale. Les choses supérieures ne sont pas, et les biens de la vie ne comptent pas. Que dire donc enfin, sinon que le bien n'est pas ?

Je ne puis vouloir ni de cet optimisme ni de ce pessimisme.

Ce parfait optimisme insulte au bien, car il le regarde comme indifférent au mal. C'est un optimisme sans entrailles, coupable même. Ou il méconnaît la réalité de la souffrance, ou il en prend son parti trop aisément. Il fait de même pour le péché. Et, d'ailleurs, le triomphe forcé, fatal du bien ôte au bien même sa sainteté et détruit toute vertu en détruisant la liberté.

D'autre part, ce parfait pessimisme dont nous venons de parler méconnaît le prix de la moralité, en même temps qu'il a le tort d'oublier les biens réels de la vie.

Je rejette donc et cet optimisme et ce pessimisme.

Mais il y a un pessimisme d'une autre sorte :

c'est celui qui implique un certain optimisme.

Je veux dire que la loi morale y est posée avec son irréfragable autorité, que le bien y est révéré : seulement, on n'a pas confiance dans l'efficacité du bien.

On insiste sur les maux de la vie. Il y un a certain scepticisme qui, par amour et estime de la vérité, insiste sur les erreurs dont l'humaine intelligence est pleine. A chaque doctrine, à chaque idée, à chaque proposition, l'austère et rigoureux censeur vient dire : Non, ce n'est pas la vérité, cela. Si haute, si pure est l'idée qu'il se fait de la vérité ! De même le pessimisme dont je parle est sévère pour les biens de la vie. A chacun il dit : Ce n'est pas le bien, cela. Le bien, le vrai bien est rare. Il est inaccessible en général ; un petit nombre seulement, un petit nombre d'élus y atteignent.

Ce pessimisme qui, par respect et amour de la moralité, par respect et amour du bien, juge la vie mauvaise parce que la moralité y est rare et pour ainsi dire nulle, ce pessimisme mérite considération.

Mais, par contre, il y a un optimisme qui reconnaît le mal, qui voit la souffrance et le péché, et leur laisse toute leur réalité, toute leur profondeur. Seulement, il a cette confiance que le bien, en définitive, sait vaincre le mal. Sa formule pourrait être : N'être jamais vaincu par le mal, mais vaincre le mal par le bien, dans le bien. *Noli vinci a malo, sed vince in bono malum*[1]. Mais comment? Que de difficultés, et que cela est environné de mystère !

Quoi qu'il en soit, c'est en ayant sous les yeux et ce pessimisme et cet optimisme, ainsi définis, que j'essaierai de me rendre compte de ce que vaut la vie.

---

[1]. Saint Paul, *Épître aux Romains*, xii, 21.

CHAPITRE XVII

LE BIEN ET LE BONHEUR

J'ai besoin, pour étudier une si complexe et si difficile question, d'avoir du bien et aussi du bonheur une idée nette : sans quoi je ne puis savoir ce que je dis en déclarant la vie bonne ou mauvaise.

Commençons par les jugements les plus ordinaires.

D'un ouvrage manuel soumis à mon jugement, je dis : C'est bien. J'entends par là que la chose faite est ce qu'il convenait qu'elle fût pour répondre à sa destination, pour servir au dessein en vue duquel elle est faite, ou encore pour remplir une certaine idée que j'avais dans l'esprit; j'y trouve l'arrangement harmonieux, les proportions, l'élégance que j'avais conçue et souhaitée.

D'un être organisé et vivant, je porte un jugement analogue, et je dis en le considérant : C'est bien, ou encore c'est bien cela, si je le trouve en état d'accomplir ses naturelles fonctions, de faire ce à quoi sa nature le destine, d'agir suivant ses lois propres ; il répond à l'idée que me suggère de son développement normal la vue ou l'étude de sa constitution.

Si maintenant je considère l'homme même, j'entends l'homme tout entier, et la vie humaine, quand est-ce que je dirai : Voilà qui est bien ? Ce sera quand les diverses puissances de l'homme seront développées avec vigueur et selon l'ordre, c'est-à-dire quand tout, dans cet homme, sera à sa place, en son rang, tout bien proportionné, tout déployé, si je puis dire, conformément à sa nature d'homme, à son essence. Et alors de la vie, qui est précisément une continuité d'action, si elle est conforme à la nature humaine idéalement considérée, à l'essence de l'homme, je dirai qu'elle est *bonne*.

Ainsi l'être ayant ce qu'il peut être et ce qu'il doit être, ayant ce que sa nature ou essence requiert d'abord et ensuite comporte, ce sans quoi il y aurait manque, insuffisance, et ce avec quoi il y a richesse, abondance, en d'autres termes encore, ayant ce que les strictes exigences de sa nature demandent et ce que je ne sais quelle ambition plus haute appelle, un tel être est bon.

N'est-ce pas là une notion très simple, très claire, très certaine? Je ne vois là rien de raffiné ou de subtil, rien d'obscur ou de confus, rien d'indécis ou de vague. Je ne fais que traduire ce que j'ai dans l'esprit, ce que tout le monde a dans l'esprit en disant d'un être qu'il est *bon*. C'est vrai d'un cheval, d'un chien, d'un animal quelconque ; c'est vrai de l'homme. Ces deux degrés dans le bien sont renfermés dans nos jugements les plus familiers. Je demande brusquement à un homme comment il se porte ; il me répond : Je suis bien. Cela veut dire qu'il n'est pas malade, et qu'est-ce que l'état de santé, sinon un état où tout est à sa place, en équilibre, où rien ne manque de ce que requiert la nature; mais n'y a-t-il pas quelque chose de plus? Une vigueur, une souplesse, je ne sais quoi de dispos et d'alerte, une surabondance, une efflorescence de vie qui s'exprime par une fraîcheur, un éclat, une fleur de beauté dans le visage, par une grâce, une élégance, une agilité, si je puis dire, puissante ou charmante dans toute la personne, par un besoin vif d'entreprendre de grandes choses, de dépenser une réserve de forces en des actions ardues, de courir en quelque sorte et de conquérir le monde. N'est-ce pas un bon état encore ? assurément, bon et très bon ; mais le bien ici ne désigne plus seulement les strictes exigences de la nature satisfaites, il désigne un surcroît que cette nature comporte, appelle même, sans le requérir comme chose indispensable. La santé, disait Leibniz, est un milieu, un état moyen, un niveau moyen, *Mittel* : tombez au-dessous, c'est la maladie ; montez au-dessus, c'est la beauté, c'est la perfection, c'est l'excellence [1].

Maintenant, de deux êtres également développés selon leur essence, quel sera le meilleur ?

Ce sera celui dont l'essence sera la plus riche. Et j'entends par là qu'en lui il y aura plus à entendre, plus à estimer, plus à aimer ; il y aura plus de ressources, plus d'énergies natives, plus de capacités ; et si lui-même est capable d'entendre, d'aimer, de faire, plus complète, et plus haute,

---

1. Opuscule allemand sur le Bonheur, *Von der Glückseligkeit.*

et plus excellente sera sa vie, et d'autant plus que cette noble capacité sera plus ample à son tour et plus développée. Pour qui sait réfléchir, cela est manifeste. Un ver de terre a une organisation merveilleuse ; mais supérieure est celle du cheval ou du chien ; et l'homme, qui pense et aime, *sub specie æternitatis,* dépasse tous les animaux. Il faudrait, pour ne pas voir cela, d'étranges partis pris.

Allons donc jusqu'au bout. La vie, dans l'homme, et dans l'homme pleinement développé, est une vie puissante, noble, belle, excellente. Plus excellente serait la vie d'un être dont la pensée aurait plus d'étendue et de vigueur, la volonté plus de fermeté et d'efficace. Si j'épure, si j'agrandis, si j'exalte ce que je nomme penser, aimer, vouloir, j'arrive à concevoir des êtres d'une noblesse et d'une beauté croissante : la vie y est sans cesse plus pleine, plus harmonieuse, plus haute. Il y a, par delà tout le reste, à une distance que rien ne peut combler, la Vie, non pas seulement plus complète que les autres, mais complète en soi, absolument, Vie parfaite, pleine, sans comparaison, au sens absolument positif, rien ne lui manquant, rien en elle n'étant à souhaiter et à attendre, Vie souverainement et parfaitement vie, toute consciente, toute aimante, toute agissante. Celle-là est pleinement bonne; celle-là est excellente. Et, parce qu'elle est l'abondance même, sans aucune nécessité, sans aucun besoin, sans aucun intérêt propre d'aucune sorte, par pure bonté, elle se communique : *bonum diffusivum sui*. En sorte qu'étant le Bien, elle veut du bien, elle fait du bien, et si elle ne trouve rien d'autre qu'elle-même où elle puisse répandre ses dons, elle fait, par le premier des dons, des êtres où s'exprime, à des degrés divers, le bien dont elle a la plénitude.

Voilà l'idée de la Vie, au sens plein et absolu du mot, et la Vie et le Bien ne font qu'un.

Il y a donc deux aspects du bien. Pour chaque être pris à part, le bien est perfection : l'être est bon quand il s'accomplit et s'achève, remplissant son *idée*, parvenant à sa *fin* : *perfectus, perfectio*. Dans la série des êtres, le bien est excellence ; un être meilleur qu'un autre est un être plus éminent, un être qui a plus et est plus, un être qui répond à une idée plus riche et plus haute, et dont la *fin* aussi est plus relevée.

Il suit de là que le Bien suprême est souveraine Perfection, non qu'il se soit comme réalisé par un progrès, mais parce qu'il est d'emblée ce qu'il est et doit être, étant, comme parle l'École, tout Acte et Acte pur, sans rien de virtuel ni de latent ; et il est suprême Excellence, étant incomparablement au-dessus de tout le reste, qui, par rapport à lui, est comme s'il n'était pas.

Enfin le bien, qui est perfection et excellence, est encore bienveillance et bienfaisance : c'est être bon que de vouloir et faire du bien hors de soi ; et ce que cette volonté et cette action produit, c'est précisément quelque chose de bon. Le Bien suprême est suprême Bonté.

Ajoutons encore une autre considération.

Il y a différentes manières d'être bon (aux divers sens susénoncés) : on est bon par *nature;* on est bon par *choix.* Or, ce qu'on est par *nature,* on l'est sans y être soi-même pour rien : la nature est chose reçue. Être bon par *choix* a une incomparable dignité, parce qu'il y a liberté : ce qu'on est par choix, on l'est parce qu'on l'a soi-même voulu et fait : c'est une façon d'être de soi et par soi ; et là est précisément le caractère propre de ce qui est *moral*. Avec une nature qu'on n'a pas faite, on met en soi, par la moralité, quelque chose d'un autre ordre, quelque chose dont cette nature n'est point le principe. Mais au-dessus de la bonté par nature et de la bonté par choix, il y a la bonté par *essence*. C'est celle-là qui a vraiment une suréminente et tout à fait incomparable dignité. Elle est par elle-même, par elle seule. La nature est une donnée qui vient d'ailleurs; le choix suppose quelque chose qui lui préexiste. Être bon par essence, c'est être ce qu'on est, tout simplement, de soi et par soi, absolument parlant; et la bonté par choix n'a tant d'excellence que parce qu'elle est, dans un être qui n'est point d'ailleurs par soi, une imparfaite imitation de la Bonté par essence.

Demeurons encore un instant sur ces hauteurs. La Vie pleine, parfaite, excellente, étant bonne en soi, est bonne aussi pour l'Être même, pour le Vivant parfait et excellent. Il la voit, il la possède, il l'approuve pour ainsi dire sans cesse, et sans cesse l'aime comme elle le mérite: comment n'en jouirait-il pas? Comment l'excellence vue, possédée, aimée, ne procurerait-elle pas une jouissance excellente elle-même ? L'activité souverainement parfaite est, par cela seul, souverainement douce ; et si vivre, quand il s'agit d'une vie telle quelle, a sa douceur, comment la vie parfaite ne serait-elle point parfaitement agréable ? Le plaisir, c'est le sentiment de la perfection, comme dit Leibniz, *voluptas sensus perfectionis*[1] ; et une joie durable et continue, c'est le bonheur ou la félicité[2]. Le Vivant parfait et excellent et éternel est parfaitement, excellemment, éternellement bienheureux. L'appeler le Parfait ou l'Éternel ou le grand Bienheureux[3], c'est tout un. Le bien nous apparaît donc encore sous un aspect nouveau : le bien, qui est la perfection et l'excellence, est aussi le bonheur.

Ce que nous venons de dire de la Vie excel-

---

1. *Definitiones Ethicæ*. Et dans les *Nouveaux essais*, II, xxi, § 41. « Le plaisir est un sentiment de perfection. » — Et dans l'opuscule *Von der Glückseligkeit* : « Die Lust ist eine Empfindung einer Vollkommenheit oder Vortrefflichkeit. »

2. *Definitiones Ethicæ*. « Felicitas est lætitia durabilis. » — *Von der Glückseligkeit* : « Die Glückseligkeit ist der Stand einer beständigen Freude. »

3. On se rappelle ce beau fragment de Pindare (Fragment 97 Boeck, 109 Bergk) : μάκαρα μέγαν ἀείδοντ' ἐν ὕμνοις. — Et, dans le Christianisme, saint Paul, I *Tim.*, I, 11 : « Evangelium gloriæ beati Dei » ; vi, 15 : « Beatus, Rex regum. » — Voy. Bossuet, *Élévat. sur les Mystères*, I, iii, et II, ix.

lente est vrai des vies imparfaites et inférieures : là toute perfection, tout progrès même entraîne la jouissance ; tout déploiement d'activité, tout épanouissement de la vie a pour corollaire, pour suite naturelle, le plaisir.

Le bien est double. Il y a le bien en soi, et il y a le bien senti, et celui-ci dépend de celui-là.

Continuons notre étude à la clarté de ces notions.

Voici les vies incomplètes, imparfaites. Toutes expriment, à des degrés divers, avons-nous dit, la Vie suprême. Mettons dans les êtres imparfaits l'intelligence, la raison : il y aura en eux une aspiration plus ou moins sentie, plus ou moins consciente vers la Vie parfaite ; et ce sera le ressort de toute leur activité. Dès lors, voici ce qui pourra arriver. La volonté pourra s'attacher aux biens incomplets qu'elle trouve autour d'elle ; elle le pourra tout en ayant du mouvement pour aller plus loin. Alors il pourra y avoir préférence pour un bien inférieur, pour un moindre bien. Aucun être, pris en soi, n'est mauvais, pas même la matière. L'être inférieur est incomplet, insuffisant, pauvre, il n'est pas un mal, il est un moindre bien. Le priser n'est donc pas mauvais non plus. Seulement, il ne faut pas le priser plus qu'il ne vaut. Et, de même, l'aimer n'est pas mauvais. Seulement, il ne faut pas l'aimer plus qu'il ne le mérite. Quand volontairement on le prise et on l'aime effectivement plus qu'il ne vaut, et qu'ainsi la volonté s'y arrête, s'y termine comme à sa fin, c'est cela, et cela seul, qui est un mal; mais c'est un mal réel, un mal positif.

Vouloir le bien selon ce qu'il est, c'est un bien d'un caractère à part, un bien réel, positif, qui est propre à la volonté, un bien proprement *moral*. Il procède de la conformité volontaire, par libre détermination et préférence, à une règle qui est elle-même fondée sur la valeur des choses, ou, ce qui revient au même, sur leurs rapports de perfection et d'excellence, ou encore sur la naturelle ou essentielle et rationnelle hiérarchie des biens.

Au contraire, vouloir le bien d'une façon qui n'est plus conforme à ce qui est, vouloir comme bien supérieur un bien inférieur : c'est un désordre *sui generis*, un désordre proprement *moral*, et ce n'est pas seulement un moindre bien, c'est un mal réel, *positif*.

Il suit de là que le sentiment soit de cette volontaire conformité à l'ordre, soit de ce désordre volontaire, est à son tour soit un bien, soit un mal. La bonne volonté procure une jouissance qui a elle-même un caractère moral, la joie du bon vouloir et du bien faire ; et la mauvaise volonté engendre une douleur de qualité morale, elle aussi, la douleur de mal vouloir et de mal faire. Or, cette joie et cette douleur sont choses très positives. En sorte que la conformité sentie au bien est un bien positif, et le désordre senti est un mal positif. Voilà la souffrance en son type primitif : tout désordre senti, toute perturbation sentie sera douleur, sera souffrance, et ce sera un mal positif.

Ce sont là autant de notions simples, nettes. On les oublie souvent parce qu'elles sont très familières. Il importait de les rappeler et d'y prendre garde. Si on les laisse se brouiller, tout est en confusion.

Le bonheur consiste dans la perfection ou excellence sentie. Ce qui permet de dire que le bonheur est proprement *satisfaction*. Or, pour une nature imparfaite, c'est perfection de devoir, en un sens, à son opération propre sa perfection même et l'excellence, et c'est ce que nous nommons proprement la *vertu*. Par la conformité voulue et constamment voulue au bien, l'être qui a l'habitude de bien faire ou qui est vertueux a une excellence qui a quelque analogie avec l'excellence suprême, et la vertu commence à produire et mérite de produire le plus grand bonheur, qui est de jouir de la vertu même et du Bien qui en est le modèle et la fin. Un tel bonheur est vraiment satisfaction : il réunit les deux conditions indispensables du bonheur pour un être imparfait de sa nature, puisqu'il le met en possession du Bien qui le passe par une action à lui propre; être établi dans l'ordre, et avoir conscience qu'on s'y est établi librement, c'est être heureux.

Nous pouvons dire maintenant qu'il y a trois sortes de biens : le bien, qui est perfection ou excellence; le bien, qui est jouissance; le bien, qui est vertu. Si nous considérons le Bien suprême, nous trouvons que c'est la Vie parfaite et excellente, avec la parfaite jouissance d'elle-même. Si nous considérons le bien dans les êtres imparfaits, nous y distinguons l'idéal, puis un moyen d'atteindre l'idéal, et enfin le terme atteint. L'idéal, c'est l'excellence. Le moyen, c'est la vertu. Le terme atteint, c'est l'excellence sentie et goûtée, ou le bonheur.

La vie humaine est-elle faite de telle façon que l'idéal y soit assez facilement reconnu, que le moyen soit accessible, que le terme puisse être atteint? Je pourrais dire d'un mot : la vie humaine mène-t-elle définitivement au bonheur, tel qu'il vient d'être défini? Si oui, elle a du prix; sinon, non. Si oui, c'est le bien qui l'emporte en fait, malgré toutes les apparences contraires, et c'est le bien qui est la raison des choses et la fin véritable de tout. Sinon, non.

Il n'est pas nécessaire que la vie humaine mène infailliblement, inévitablement, indispensablement au bonheur. Que dis-je? il n'est pas nécessaire; il faut dire qu'il ne conviendrait pas qu'il en fût ainsi. Que deviendrait, en effet, la liberté, et partant la moralité? et où serait alors le prix de la vie? En prétendant que le bonheur fût assuré à tous par une inéluctable nécessité, on se contredirait et on détruirait d'emblée vertu, bonheur, toute l'économie de la moralité et de la vie.

Il ne s'agit donc pas non plus de compter ceux qui arrivent au bonheur. Ce n'est pas la question. Ce qu'il s'agit de savoir seulement, c'est si la vie humaine est telle qu'elle puisse mener au bonheur. Est-elle organisée pour cela? Si oui, elle est bonne, malgré tout; sinon, malgré tout elle est mauvaise.

Il me semble que la question devient précise. Je ne dis pas facile, je ne dis pas simple. Mais enfin je vois ce que je cherche. Je vois ce que je veux et attends de la vie pour la déclarer bonne : c'est qu'elle m'ouvre vers le bonheur, tel que je l'ai tout à l'heure défini, un chemin non pas commode, uni, mais praticable.

Pour répondre à la question, m'adresserai-je à l'expérience?

Si par expérience j'entends le spectacle que me donne la vie, telle que je la vois autour de moi et en moi, qu'en puis-je attendre? Ce spectacle est si souvent laid, triste, décourageant; et si je trouve la vie presque toujours supportable, même agréable, qu'est-ce que cela comparé à ce bonheur dont j'ai l'idée et qui m'apparaît comme seul digne d'être le but de la vie? Une fois qu'on a bien vu le prix de la personne morale, on ne peut trouver de prix à la vie que si elle prépare la libération et le triomphe de la personne morale elle-même. Je deviens difficile, délicat, exigeant en fait de bonheur. Le bonheur tel quel qui se rencontre dans la suite de nos jours, c'est assez pour traverser l'*existence*, soit ; ce n'est pas assez pour trouver la *vie* bonne, pour l'estimer, pour lui reconnaître une haute valeur, un *prix*. Et alors?

Alors il me faut d'abord peser, si je puis dire, les idées que je viens d'exposer, afin d'en reconnaître toute la valeur et de ne point risquer de les méconnaître dans la suite de mes réflexions.

Qu'ai-je fait? Rien autre chose que de tâcher d'éclaircir par de justes distinctions et de développer tout entière une notion très familière, la notion du bien. Mais, à vrai dire, cela est très considérable, cela est immense. Si je sais me rendre compte de cette opération, si je sais en mesurer toute la portée, je vois qu'une étude de ce genre va loin, très loin. Quand on a affaire, non à une notion simplement abstraite et générale, pour ainsi dire factice, artificielle, encore qu'elle soit fondée sur des observations réelles, mais à une de ces notions primordiales, indispensables, sans lesquelles la pensée ne peut se soutenir ni avancer, ce n'est pas se perdre dans l'abstrait que de travailler à considérer cette idée dans toute sa pureté et dans toute son ampleur; c'est bien plutôt se rapprocher de la réalité. Plus l'idée est dégagée de tout alliage, plus on lui trouve de consistance et de substance. Le bien, considéré comme une simple étiquette sous laquelle on range toutes les choses dites bonnes, n'est qu'un abstrait; mais attachez-vous à rendre précise, distincte, nette cette notion, pour l'obtenir toute pure, vous écarterez tout ce qui n'est pas elle, et, par cela seul, vous découvrirez tout ce qu'elle implique de réalité. Encore bien plus vous verrez-vous amené au réel, si, après l'avoir considérée dans toute sa pureté, vous vous appliquez à la déployer, à la développer tout entière, à la pousser jusqu'au bout d'elle-même, jusqu'au fond, jusqu'au haut. Vous avez essayé d'abord de n'avoir qu'elle, rien qu'elle : vous essayez maintenant de la laisser être tout elle-même. Les notions abstraites succombent dans cet effort. Elles ne sont pas susceptibles de ce progrès à l'infini. Elles éclatent, elles se brisent, elles se dissolvent. Les idées primordiales, rendues à elles-mêmes, toutes pures, prennent tout naturellement leur infinie portée, et c'est là, élevées à ce souverain degré, comme disait Leibniz[1], qu'elles ont tout leur sens et qu'elles satisfont l'esprit. Or, à cette hauteur, elles retrouvent la réalité, une réalité supérieure elle-même, une réalité transcendante. Ce qu'elles exigent qui soit, est.

Pénétré de l'idée du bien, j'affirmerai donc tout ce que l'idée du bien implique, contient ou réclame. En dépit de l'expérience, je proclamerai ce qui doit être, et je dirai que ce qui doit être, est. Y a-t-il à cela tant de hardiesse? Être raisonnable, n'est-ce pas précisément avoir en soi de quoi affirmer, d'une part, les inéluctables nécessités de la pensée qui ne peut supporter l'existence simultanée des contradictions; d'autre part, les inviolables convenances du bien à qui doit appartenir en toute chose le dernier mot?

Je maintiendrai donc que le bien existe, qu'il est le principe et la fin de tout, et qu'en fait,

---

1. Voy. notamment *Discours de métaphysique*, § 1er.

malgré les apparences, en dépit des démentis d'une expérience incomplète sans doute et mal interprétée, c'est le bien qui est la raison de la vie humaine.

Donc encore, dans les théories que j'essaierai pour concilier l'expérience avec les indomptables convictions de la raison et de la conscience, je n'introduirai rien qui fasse injure au bien.

Or, je lui ferais injure si je n'avais pas une vue nette du mal, du mal positif; car je considérerais ce mal comme un moindre bien, ce qui serait oublier précisément la pureté du bien et n'en avoir pas un respect assez jaloux. Si je prétendais expliquer la vie sans y tenir compte suffisamment de la réalité positive du mal, c'est que je ne saurais pas assez ce qu'est le bien.

Je ferais encore injure au bien si je ne tenais pas compte, autant qu'il le faut, du prix de la personne, de la personne morale. Je considérerais la vie d'une manière noble, peut-être, mais esthétique, ou, pour ainsi dire, politique. J'y verrais une belle œuvre, le produit d'un art accompli, ou comme une sorte de réussite heureuse, d'affaire bien menée, là où des circonstances favorables auraient permis le succès, et je ne me soucierais pas beaucoup des avortements ou des revers. Mais, si le bien est le bien, si nous avons su donner à l'idée du bien toute sa pureté et toute son ampleur, la personne morale est telle que rien ne peut autoriser à la traiter comme si elle n'avait pas qualité morale.

Résolu donc à ne faire aucune injure au bien, je m'interdirai, dans mes essais de théorie, toute vue où le mal serait méconnu et où la personne morale serait sacrifiée.

Ce n'est pas tout. Il ne suffit pas de respecter le bien, il faut avoir confiance dans le bien. Donc, affirmant que le bien existe, j'affirme, par une naturelle et immédiate conséquence, que la vie humaine est telle qu'en somme et en définitive, c'est le bien qui l'emporte, ou, pour parler avec plus de précision, que l'être humain, s'il le veut, peut être heureux.

Ainsi le Bien est perfection, excellence, vie pleine, parfaite, excellente, absolument indépendante de tout, se suffisant pleinement à soi-même, bienveillante par cela même, et bienfaisante, enfin bienheureuse. Vais-je hésiter à affirmer cela? Non, je n'hésiterai pas. L'idée, claire, riche, pleine, poussée jusqu'au bout, portée au souverain degré, emporte l'existence. Sans cet *à priori*-là, point de pensée, point de raison. Le Bien est. C'est une réalité, c'est la réalité transcendante, laquelle est absolument positive, étant pure de toute négation, libre de toute limite, sans aucun mélange de non-être : elle est, elle est *être* sans qu'il soit vrai de dire en aucun sens qu'elle ne soit pas, elle est sans que s'y glisse, si peu que rien, le n'*être pas*. L'Être souverain ou le Bien souverain, ce qui est tout un, a un droit souverain à être effectivement. J'ai dans le Bien cette confiance qu'il est, et que, pour tout ce qui est et n'est pas lui, il est la raison d'être, la fin, et le principe.

Cette affirmation en entraîne une autre : c'est que, dans le monde donné, le Bien est fin, fin de l'existence. Cela étant vrai en droit, cela est en fait. Je puis ne pas le voir : cela est. Je puis ne pas savoir comment : cela est. Le mal n'est ni fin, ni principe non plus. Le mal est réel, mais il suppose le Bien. Que le Bien ne soit pas, que sera-ce que le mal? C'est le Bien qui est premier, premier intelligible, premier existant. C'est le Bien qui est principe, et c'est le Bien qui est fin, en fait, encore une fois, comme en droit.

La vie donc, la vie humaine est pour le Bien. C'est incontestable. Cette affirmation, qui semble hardie, n'est que la suite immédiate de l'affirmation du Bien. Le Bien est la fin de la vie humaine, non seulement en soi, mais en ce sens pratiquement réel que, d'une part, c'est la fin à vouloir pour l'homme; d'autre part, que c'est une fin qu'il est possible à l'homme d'atteindre.

CHAPITRE XVIII

DIFFICULTÉS NOUVELLES

J'ai cherché dans les indispensables exigences de la raison de quoi me rassurer contre l'expérience. Je sors de cette contemplation de l'idée du bien rasséréné et raffermi. Mais bientôt l'inquiétude me reprend : car enfin l'expérience est là, et de l'expérience je ne puis faire fi. Il faudra bien que j'arrive à la concilier avec cet *à priori* que j'affirme d'une façon si forte et si confiante.

Une théorie s'offre qui a je ne sais quoi d'engageant et de séduisant.

Assurément, me dit-on, le bien est la fin de tout. Mais, puisqu'il est trop clair que la vie humaine, considérée en chaque individu, est souvent mauvaise moralement, ou du moins très mesquine, qu'il y a beaucoup de vies manquées et que dans les meilleures il y a beaucoup d'avortements, pourquoi ne pas en prendre son parti? Pourquoi, au lieu de l'individu, ne pas regarder l'espèce, au lieu de la vie de chacun, la vie de l'humanité? Pourquoi ne pas élargir encore nos conceptions, et ne pas considérer l'univers? Alors, nous pourrons nous rire du démenti que semble nous donner le spectacle des choses humaines. Toutes les laideurs, toutes les misères, toutes les pauvretés de la vie n'y feront rien. Il demeurera vrai, en fait, que la fin, la fin idéale de l'univers étant le bien, l'univers marche à cette fin. Le bien se fait, il est en voie de formation, et c'est son progrès qui est la raison de l'univers, qui en est la vie. Le bien, c'est l'être ayant une plus pleine conscience de soi. Ou, si l'on aime mieux, et d'ailleurs cela revient au même, la fin de l'univers, c'est la pensée, c'est la raison. Or, par une longue et lente évolution, par un progrès insensible mais sûr, l'univers s'avance vers la conscience plus complète, vers la pensée, vers la raison, et l'on peut affirmer qu'à la fin la raison aura raison.

Vue magnifique et terme qui paraît sublime!

En attendant, pourquoi se soucier trop des individus? De grandes théories scientifiques nous encouragent à n'en pas tenir un compte exagéré. Voyez la sélection naturelle. Est-ce que la nature ne prodigue pas les germes? Bien peu réussissent. Que quelques-uns réussissent, cela suffit. Il y a une merveilleuse prodigalité, un immense effort, pour que quelques-uns seulement réussissent. C'est une loi de la nature. Qu'y faire? la constater, et admirer cette sorte de magnificence folle qui jette germes et semences sans compter, avec une profusion superbe. Ainsi dans l'univers entier. Ainsi dans l'histoire de l'humanité. Des générations entières travaillent, souffrent, meurent pour l'éclosion, pour la floraison de quelques hommes grands, pour la production d'une élite.

Le bien est la fin. C'est donc très vrai, mais à la condition de ne pas entendre cela d'une façon mesquine. C'est « le but social[1] », le but humain, le but universel qu'il faut regarder. L'univers a ses fins, et elles sont bonnes. La nature a ses fins, et elles sont bonnes. Tout va vers le bien.

---

1. Renan, *Dialogues philosophiques*, p. 27. Il est aisé de reconnaître que la théorie exposée dans le présent chapitre est celle que Renan a développée, surtout dans ses *Dialogues*.

Et en chaque être « un secret ressort porte tout à être selon les lois de l'esthétique et de l'eurythmie[1] ».

Que maintenant la nature, allant à ses fins, nous attire et nous trompe pour mieux y réussir, qu'importe? On peut parler tant qu'on voudra de ses ruses, de ses rouéries, de ses fourberies[2]. Nous sommes dupés. Qu'importe, pourvu que la nature aille à ses fins? Et d'ailleurs, à nous de n'être pas dupes[3]. Reconnaître que nous sommes dupés, c'est, tout en nous soumettant, nous faire libres. Celui qui voit la ruse, n'est pas dupe. Celui qui perce l'illusion, y échappe après tout.

Persuadons-nous donc bien que l'homme individuel en un sens n'est rien. Et il n'y a pas, à l'origine non plus qu'à la fin des choses, un homme agrandi qui serait Divinité. Il y a la nature, il y a l'univers, il y a la vie totale, et un progrès vers la pensée. Le bien est, en définitive, la fin universelle. Et nous, si nous le recon-

---

1. *Dialogues philosophiques*, p. 26.
2. *Dialogues philosophiques, passim*, et notamment p. 31, 32, 39, 40.
3. *Dialogues philosophiques*, p. 42, 43, 46. « Prêtons-nous aux buts de la nature, soyons dupes (et non dupés), dupes volontaires de son machiavélisme; entrons dans ses fins, résignons-nous. »

naissons, si, sans être ses dupes, nous sommes ses serviteurs, ce sera notre grandeur et notre dignité, et en un sens notre bonheur [1].

Voilà une théorie en harmonie, ce semble, avec les sciences de la nature, en harmonie aussi avec l'expérience, si souvent triste, laide, mesquine. Les difficultés que dresse devant nous la réalité semblent supprimées, et l'affirmation du bien subsiste triomphante.

Mais, si je me reprends moi-même après avoir respiré, si je puis dire, ce parfum enivrant, je m'étonne d'avoir été tenté de penser qu'on pût chercher dans une telle théorie la solution de la question. Ne devais-je pas voir tout de suite l'injure qu'elle fait au bien?

D'abord elle ne sait employer, pour parler du bien, que des expressions et des images qui en sont parfaitement indignes. « Les fourberies bienfaisantes que la nature emploie, nous dit-on, pour arriver à sa fin, qui est la moralité de l'individu, sont choses surprenantes à étudier en détail [2]. » Mais bien surprenant est ce langage. Je devrais

---

1. *Dialogues philosophiques*, p. 38. « Obéir à la nature, ce sera collaborer à l'œuvre divine. »
2. *Dialogues philosophiques*, p. 31-32.

dire qu'il révolte. La nature a en vue le bien, et elle n'y arrive que par une sorte de cabotinage où elle semble se complaire, ou par une politique machiavélique, le mot y est plusieurs fois. Vraiment, ce n'est pas la peine de protester au nom de la raison contre l'idée trop humaine, pense-t-on, que l'homme se fait de Dieu, pour avoir recours à de pareilles métaphores quand il s'agit de faire entendre que « le monde a un but et travaille à une œuvre mystérieuse[1] ».

Mais entrons plus avant dans la théorie, et saisissons-en mieux le vice.

Elle méconnaît le prix de la *personne* humaine. Négligeons ces métaphores empruntées à l'ordre humain, et qui aussi bien ne lui font pas honneur, puisqu'il n'y est parlé que d'habileté sans scrupule ; ôtons cela : le type de l'activité ici est dans la *nature*. Sans doute, on dit que l'homme est ce que nous connaissons de plus haut dans l'univers, mais on ne sait pas assez le prix d'un être moral. On proclame la beauté de la pensée, de la raison, c'est vrai, mais sans avoir de la moralité l'idée ni l'estime qu'il faut avoir.

---

1. *Dialogues philosophiques*, p. 22.

C'est une conception *naturaliste* et *esthétique*, ce n'est pas une conception morale. Il lui manque pour cela deux choses : à l'origine, elle ne place pas l'Être moral par excellence, le Bien par essence, la Vie souveraine et parfaite, bienveillante et bienfaisante; dans la marche et ce qu'on pourrait appeler les procédés de l'univers, elle ne tient pas de l'être moral humain le compte qu'il faut. Alors qu'avons-nous? La nature dominée, je l'avoue, mais aussi on ne sait comment, par une certaine idée de beauté, et voilà tout. Le bien, considéré comme fin universelle, n'est ni proprement voulu ni proprement voulant. Un instinct, ou une nécessité, ou une loi, ou une aspiration, tout cela à la fois peut-être, c'est là ce qui est substitué au vouloir. On redoute l'anthropomorphisme. Soit. Mais que dire de ce *physiomorphisme*, si l'on peut ainsi parler? L'univers, la nature, ce sont de très beaux mots; mais les animer, les personnifier, les diviniser, c'est se tromper soi-même, c'est, au fond, ne rien dire en paraissant dire beaucoup. Le Bien, c'est la Vie pleine, parfaite, qui n'est telle que si elle est en soi, par soi, et bien voulante, et bienfaisante. Qu'elle ait alors quelque analogie avec ce qui est dans l'homme, ou plutôt que l'homme trouve en soi l'analogue de ce qu'elle est, en quoi cela la diminue-t-il et fait-il tort à son éminente dignité? Si elle est par soi, et souverainement, qu'est-ce qui peut, je ne dis pas lui être égalé, mais même lui être comparé? Elle s'exprime en ce qui n'est pas elle, ce qui n'est pas elle n'est point le modèle sur lequel elle se forme. Aussi bien ne se forme-t-elle pas : elle est, et cela dit tout.

Elle posée à cette incomparable hauteur, chaque être moral a, par elle précisément, un prix tel qu'il ne peut pas n'être qu'un rouage dans le grand univers. Sacrifier les individus à l'ensemble et à quelques privilégiés, c'est une théorie aristocratique qui oublie que chacun des êtres humains ayant qualité morale, vaut pour soi, compte pour soi, et ne saurait être purement et simplement un moyen.

Rappelons donc encore une fois, mais avec une précision nouvelle, en regard de la théorie que nous venons de discuter, les exigences absolues de la raison et de la conscience, ce qu'il faut admettre et maintenir si l'on veut garder le respect inviolable et l'imperturbable confiance que mérite le Bien.

Le Bien est la fin de l'univers. Sans doute. Il est la fin de l'humanité. Sans doute encore. Et il est la fin de chaque vie humaine, de chaque être humain. C'est certain, encore que je ne voie pas assez comment.

Mais dire que le Bien est la fin, qu'est-ce au juste?

C'est dire que l'Être bon et bienheureux est la fin en soi, étant ce en vue de quoi tout existe, ce vers quoi tout doit aspirer et aspire.

C'est dire aussi qu'étant le principe comme il est la fin, l'Être bon et bienheureux qui est l'auteur des choses, l'auteur des êtres, leur marque leur fin, leur pose leur fin, et préside au développement par où ces choses et ces êtres s'y acheminent.

Disons donc que la *Vie* parfaite est; puis, que la vie humaine, j'entends la vie individuelle, personnelle, a un prix propre. Il faut que chaque être humain puisse être *bon* et définitivement *heureux*, et cela, par un acte qui en quelque chose lui appartienne, donc, en un sens, par sa propre et libre opération. Je suis destiné au bien par l'Être bon : il faut que je puisse y arriver. Et, pour parler avec précision, il faut que, si je le veux, je puisse être *bon* moi-même, et par là *heureux*. A cette condition, la vie humaine, quoi qu'elle puisse être d'ailleurs, sera bonne. De plus en plus, grâce aux exigences absolues de la raison et de la conscience, approfondissant, développant, appliquant l'idée du bien, la question se simplifie, se détermine, devient précise, et pressante aussi. Je sais mieux ce que je demande. Je vois mieux où est la difficulté, et les ressources dont je dispose pour la résoudre se montrent mieux à moi. Il est temps maintenant de regarder de nouveau l'expérience. Puis-je n'en tenir aucun compte? Manifestement non. J'ai de quoi l'interpréter. C'est quelque chose. A-t-elle elle-même quelques indications à me donner? Ai-je à apprendre à son école? C'est probable, pourvu que je ne perde jamais de vue les affirmations rationnelles et morales qui s'imposent à ma raison et à ma conscience.

CHAPITRE XIX

LE SENS DE LA VIE PRÉSENTE

M'adressant à l'expérience, dans une étude comme celle que j'ai entreprise ici, il est convenable que je cherche d'abord une expérience que j'appellerai morale : une expérience qui appartienne à la vie morale, une expérience où je voie agir et comme se mouvoir la personne morale elle-même.

Je vais parler de quelque chose de tout intime, d'assez malaisé à voir et surtout à exposer, à rendre sensible aux regards; mais de quelque chose de très réel néanmoins. Je fais appel à la conscience de chacun. N'y a-t-il pas une sorte d'éducation intérieure, éducation de l'âme et de la volonté, qui se fait peu à peu? Les événements même petits y ont un rôle. Chacun a une histoire morale qu'un œil attentif sait suivre. Volontiers je dirais (c'est une pensée du P. Gratry) que pour chacun il y a un poème et une histoire. Un bel idéal, parfois entrevu, préside au poème, souvent interrompu. Et l'histoire marche, marche toujours. Elle a ses misères, ses petitesses, parfois à faire honte et à faire pitié. Regardez de plus près, plus au fond : que de ressources mises à votre disposition pour le bien ! L'histoire pouvait être conforme au poème, si vous l'eussiez voulu. Que d'événements dont vous auriez pu tirer profit ! Et en fait, même en prenant la vie telle qu'elle est, avec ses exigences humbles, avec sa médiocrité, avec cette continuité désolante de choses mesquines dont elle est remplie, avec ses occupations absorbantes, avec ses catastrophes et ses grandes joies, avec ses petites peines et ses petits plaisirs, et aussi en dépit de tant de négligences, d'oublis, de méprises, de défaillances que votre conscience vous reproche, si vous suivez bien ce fil qui se déroule, et si vous savez vous recueillir pour saisir et discerner l'invisible, vous verrez quelque chose de grand qui en somme se fait : l'être moral, en vous, la *personne,* la personne ayant qualité morale, laquelle se dégage, se forme, se perfectionne. Voilà ce que l'expérience intime vous montrera si vous savez regarder, à la condition que vous soyez, je ne dis pas un saint ni un héros, mais un homme ayant quelque souci de la vie morale, et la portant en soi à quelque degré.

Serait-ce donc l'éducation de la personne morale qui est au fond l'affaire à avancer au milieu des événements journaliers si multiples et si variés? Et pourrait-on dire que la vie humaine est le théâtre de cette éducation, en sorte que, si cette éducation est, non pas facile, mais possible, c'est assez pour que la vie humaine soit déclarée bonne?

Mais si j'étends à tous les êtres humains cette affirmation, j'affirme par cela même que *le tout de la vie n'est pas ce que nous en voyons.*

Cette assertion est moins hardie qu'elle n'en a l'air. Car enfin la responsabilité, que nous affirmons à chaque instant, a des mystères où nous ne pénétrons pas. Comme on se méprend sur les intentions! Comme il est aisé de supposer du mal où il n'y en a pas et de se tromper aussi sur la pureté des motifs d'une action! Nous n'avons qu'à nous regarder nous-mêmes pour en juger. Tel se froisse, s'irrite d'une parole, d'une démarche où nous n'avions pas mis une ombre de malice; et tel autre nous félicite quand au fond de nous-mêmes nous avons honte de notre lâcheté ou de notre égoïsme. Ne jugeons donc pas des hommes par ce que nous en voyons, et ne décidons pas trop vite que, la moralité n'occupant dans la vie qu'une place restreinte, la vie est manquée, la vie est mauvaise.

Puis, s'il est vrai qu'une Puissance bonne préside à la vie, et il le faut, puisque tout est suspendu à la Vie parfaite et suprême et y a son principe, si cela est vrai, cette Puissance bonne a des ressources infiniment variées pour atteindre les âmes. C'est une vue des théologiens catholiques à propos du salut. Ils remarquent qu'en dehors de ce que nous voyons, la grâce divine a des moyens à nous ignorés d'agir sur les âmes, et que nous ne pouvons ni ne devons restreindre en rien cette puissante et miséricordieuse action. C'est là une vue singulièrement profonde. Vraiment, qui a une fois vu ce qu'est le Bien et ce qu'est une âme, ce qu'est la Vie suprême et ce qu'est la personne morale, ne peut plus réduire à la portée de notre faible vue l'influence de Dieu. Le commerce entre les personnes morales et Dieu échappe à tous regards, à toute investigation, et il faut oser dire que le tout de la vie n'est pas ce que nous en voyons.

Voilà donc une première façon de comprendre la vie présente : l'éducation de la personne morale s'y fait. Voici une autre idée : cette vie présente est comme un théâtre, ou plutôt encore un champ de bataille où la personne morale déploie son activité.

Les êtres, les êtres moraux surtout, ne sont pas répandus dans l'univers, jetés dans la vie comme des germes sans prix, qui lèveront, s'ils le peuvent. Mais si réelle et si vivace est leur spontanéité propre que, pour laisser leur libre mouvement se déployer plus à l'aise, le plan universel se dissimule. Le monde a l'air d'aller tout seul et comme au hasard, tant chaque détail a de vigueur, de relief, d'importance propre. Le concert universel échappe, tant chaque chose semble exister pour soi-même. Et cela même n'est-il pas admirable? C'est une étonnante et déconcertante et presque effrayante variété. L'ensemble des êtres est tumultueux. La vie est une mêlée.

Chacun coudoie tant d'autres êtres, les pressant et pressé par eux. Chacun, avec cela, dans les conditions particulières qui lui sont faites, a une chose très précise à faire, mais sous quelles formes diverses! il a à être *bon*. Oui, à être bon; mais au milieu des difficultés, en livrant bataille, en subissant une épreuve. Et voilà sans doute une nouvelle façon juste, intéressante, salutaire aussi de nous représenter la vie : c'est un *combat*, c'est une *épreuve*.

Une troisième idée se joint aux deux premières : c'est l'idée de la *solidarité humaine*. Idée très importante. Chacun compte pour soi, nous avons vu pourquoi et comment. Mais chacun cependant est membre d'un même corps. C'est vrai physiquement en quelque sorte, puisque le vivant naît du vivant, et ne croît et ne subsiste que par le vivant. C'est vrai socialement. C'est vrai intellectuellement et moralement. C'est vrai de toutes les manières. L'homme isolé, réduit à soi, n'est plus l'homme. Et l'homme a un si profond, si incessant, si universel besoin de l'homme que, d'une part, avec les morts mêmes il est en commerce, et qu'ils entrent de toutes sortes de façons dans sa vie, et que, d'autre part, ceux qui ne sont pas encore nés prennent place dans sa vie, eux aussi, et font de mille manières l'occupation de sa pensée, l'objet de son activité. Les hommes forment donc une société, et dans un sens beaucoup plus étendu qu'il ne paraît d'abord. Comment s'en étonner puisque le Bien est, de soi, bienveillant et bienfaisant, et que les personnes morales, existant à son image, sont capables d'aimer? Est-ce en vain que cette capacité d'aimer est un des caractères essentiels de la personne? Pourquoi ne pas dire, en empruntant au P. Gratry une très belle formule, que l'humanité est « une pluralité d'âmes destinées à l'amour[1] », une pluralité de personnes destinées à aimer, à s'entr'aimer? Et, s'il en est ainsi, pourquoi la vie présente ne serait-elle pas l'image très imparfaite de ce qui doit s'accomplir ailleurs? La cité des esprits que nous avons déjà saluée ne serait pas une cité tout idéale. Nous avons vu qu'elle n'est pas un vain mot, du moment que le monde moral existe; nous avons vu qu'elle n'est pas un rêve chimérique. Quiconque vit de la vie morale en

---

[1]. *Connaissance de l'âme*, l. V, ch. III, § 1er.

fait partie, car il est en communion avec tous les êtres moraux, pensant, sur l'essentiel, comme eux, agissant comme eux. Mais pourquoi la cité des esprits n'existerait-elle pas, ramassée en un? Alors la vie présente en serait la préparation, en même temps que cette pauvre vie si divisée, si troublée, nous offrirait l'image, très imparfaite, mais enfin l'image anticipée de cette société véritable.

Et ces trois idées, celle de l'éducation morale, celle du combat et de l'épreuve, celle de la solidarité morale et de la société des esprits, ces trois idées, dis-je, rapprochées, combinées, unies, nous aideraient à concevoir le rôle de la vie présente dans l'univers ; elles nous feraient saisir le *sens* de la vie présente.

Je dis *de la vie présente*, car en même temps que ces idées supposent que *le tout de la vie n'est pas ce que nous en voyons*, elles supposent aussi que *la vie n'est pas toute resserrée dans les limites de la vie actuelle*.

Ainsi l'expérience présente, consultée, étudiée à la lumière de l'idée morale et de l'idée du bien, répond qu'elle ne s'explique point par elle-même : la vie que nous vivons, la vie actuelle et présente ne se suffit point à elle-même. Elle *signifie*, elle *prépare*, elle *représente* autre chose. La personne morale, au milieu de tant d'événements divers, se forme en de mystérieuses profondeurs ; une vie, prolongement de celle-ci, se prépare en celle-ci ; et cette société humaine, qui se meut et qui combat en ce monde, est l'image d'une cité meilleure.

Donc la vie présente, malgré ses misères, est *bonne*. Elle est bonne par le rapport qu'elle a avec autre chose. Elle est bonne parce qu'elle prépare plus et mieux. Ailleurs, par l'œuvre méritoire qui se fait en ce monde, ailleurs sera le développement parfait, le parfait épanouissement, la satisfaction ; ailleurs, l'homme parfait, la vie parfaite, la parfaite société ; ailleurs, le bien possédé et le bonheur. « Les tendances aboutissent », pour reprendre encore une belle formule du P. Gratry. L'Être bon, qui gouverne la vie, Celui qui est la Vie excellente et éternelle, ζῶον ἀΐδιον καὶ τέλειον [1], attire à lui ces pauvres êtres que nous sommes,

---

[1]. Aristote, *Métaphysique*, xii, 7, 1072ᵇ29.

et nous entrevoyons les biens qu'il nous destine, et nous les appelons de nos vœux. Par lui, nous verrons, nous posséderons les vrais biens dans la terre des vivants.

> Tu nos bona fac videre
> In terra viventium[1].

---

1. Prose *Lauda Sion*, Office du Saint-Sacrement.

CHAPITRE XX

LE PRIX DE LA PERSONNE MORALE

Je veux insister sur ce caractère de l'être humain que nous désignons par ce mot d'*esprit* ou de *personne morale*. Si nous arrivons à bien voir ce qu'il y a là, beaucoup de choses s'éclairciront.

Le Bien est le principe, la raison, la fin de toute chose : il doit l'être, il l'est. Et le Bien, c'est l'Être bon, et l'Être bon, c'est un être ayant, si je puis dire, qualité morale, c'est un Esprit, en ce sens que c'est un être qui pense, qui aime, qui veut, et excellemment.

Il convient à l'Être bon de vouloir que des êtres soient, lesquels participent en quelque manière à sa bonté et à son être, et en soient l'expression en même temps que l'effet. Libre, comme il convient à l'Esprit, l'Être bon est libéral. Librement il fait être ce qui n'est pas. Or, si tout degré d'être, pris en soi, est manifestement un bien, étant l'expression et le produit de l'Être bon, il faut dire que l'être qui a le plus de prix, c'est celui qui a qualité morale, étant raisonnable et libre, étant une personne, et comme tel, exprimant mieux l'Être bon lui-même.

Dans un être imparfait, qui n'est point par soi, la liberté sera limitée. Dans un tel être, essentiellement dépendant, la liberté n'est point l'indépendance. Dès lors, c'est une liberté qui n'est pas toute liberté; mais, quoiqu'elle ait des limites, elle est d'un grand prix. Pour nous en convaincre, considérons les faits que voici.

Un homme commande. D'autres hommes obéissent. Une discipline rigoureuse, exacte, s'établit. Des mouvements précis s'exécutent. Ce qu'un homme pense et veut est accompli par un millier d'hommes. C'est beau et grand. Ce n'est pourtant pas ce qu'il y a de plus beau et de plus grand. Pourquoi? parce que si le premier auteur de toute cette série de mouvements est libre, ces hommes qui les exécutent ne font qu'accomplir une consigne. Libre est le commandant suprême, libre le chef suprême; mais ceux qui traduisent, qui réalisent le mot d'ordre, n'ont eux-mêmes aucune spontanéité.

Plus puissante est la parole qui persuade. Plus belle aussi l'obéissance, si l'on peut dire, de celui que la parole convaincante et persuasive ébranle, remue, fait agir.

Et l'éducation? Quel en est le triomphe? Est-ce de faire des machines? Non pas. C'est de faire des êtres auxquels se communique un certain *esprit* et qui, à leur tour, aient de l'initiative et une forme propre. Sans cela on dresse, on n'éduque pas. On s'en tient à la lettre morte. La transmission toute littérale d'une formule laisse inerte celui qui la reçoit, comme est inerte celui qui la transmet. Mais pour communiquer l'*esprit*, il faut agir soi-même comme il convient à un esprit, et il faut s'adresser à un esprit : alors on y suscite le mouvement, la vie, la pensée, on fait que lui-même agit d'une manière propre et personnelle. Et c'est pourquoi l'éducation est une si grande et si noble chose, si difficile aussi : elle contribue à *faire des hommes.*

Le chef-d'œuvre de l'Être bon, ce sera donc de faire des êtres qui, tenant tout de lui, aient néanmoins, ou plutôt par cela même, une vraie existence, et non un semblant d'existence, une vraie spontanéité, et non un semblant de spontanéité, une vraie opération et causalité, et non un semblant d'opération et de causalité. Dieu est si puissant et si bon qu'il a voulu, comme dit saint Thomas d'Aquin, communiquer même à des créatures la dignité de la causalité, l'honneur d'être des causes[1]. Il a voulu que ces êtres, qui ne sont point par eux-mêmes, fussent pourtant, à son image, des causes, des causes véritables, et que chacune d'elles, fût pour les autres, cause de bien[2]. Il a voulu que ces êtres essentiellement dépendants fussent libres, et que leur liberté leur permît d'exercer, à l'égard de leur Créateur même, une sorte de libéralité, puisque, pouvant refuser à Dieu leur amour, ces créatures raisonnables peuvent librement le lui donner ; pouvant vouloir et, en quelque manière, faire qu'il ne soit pas, elles peuvent vouloir et, en quelque manière, faire

---

1. *Summa theologica*, I, XXII, 3. « ... non propter defectum virtutis suæ, sed propter abundantiam bonitatis suæ, ut dignitatem causalitatis creaturis etiam communicet. »
2. *Summa philosophicæ, seu contra gentiles*, II, XLV. « Perfectius accedit res creata ad Dei similitudinem si non solum bona est, sed etiam ad bonitatem aliorum agere potest, quam si solum in se bona esset. » — III, XXI. « Esse aliorum causa est bonum... In hoc res intendunt divinam similitudinem ut sint aliis causæ. »

LE PRIX DE LA PERSONNE MORALE.

qu'il soit, et en jugeant bon et voulant qu'il soit plutôt qu'elles-mêmes, en consentant au Bien et à l'Être[1], aux dépens d'elles-mêmes, s'il le faut, elles peuvent, n'étant d'ailleurs que des créatures, aimer le Créateur d'un amour désintéressé et généreux.

N'est-ce pas beau et grand? Assurément.

Mais quelle est la condition de cette belle et grande chose? La liberté, j'entends le pouvoir de dire oui ou non, par choix, en se déterminant de soi, en sorte que si l'on dit oui, la possibilité de dire non demeure, et inversement si l'on dit non, cela laisse subsister la possibilité de dire oui. Sans cela, l'amour est forcé, et ce n'est plus l'amour véritable, et toute l'excellence, toute la beauté que nous venons d'admirer s'évanouit.

Or, cette liberté entraîne manifestement la possibilité de pécher. Si la créature est forcément, nécessairement déterminée au bien, le caractère propre et excellent du bien disparaît; mais, du moment que la créature ne dit pas oui forcément, elle peut dire non, comme nous venons de le

---

1. Bossuet, *Méditations sur l'Évangile*, la dernière Semaine du Sauveur, XLVIIe jour. « L'amour est un consentement et une union à ce qui est juste et à ce qui est le meilleur. Il est meilleur que Dieu soit, que nous. »

remarquer, et cela même, c'est précisément pouvoir pécher.

Ces vérités une fois posées, regardons le monde réel. C'est un monde où l'activité créée se déploie, et de telle façon que l'activité créatrice ne se montre pas; celle-ci opère néanmoins, non seulement pour soutenir l'activité créée, mais pour la diriger. Grâce à cette opération secrète, le monde est pour la personne morale ce lieu d'éducation et d'épreuve dont nous avons parlé plus haut.

Les conditions où se fait cette éducation et où a lieu cette épreuve paraissent bien défavorables. Disons que Dieu seul est juge des conditions; il les pose comme il veut. Ce n'est pas à nous de décider ce qu'elles devraient être. Si elles sont défavorables, Dieu, qui est puissant et bon, remédie, supplée, pourvoit à ce qui manque.

Je reprends ici un principe déjà énoncé précédemment. C'est que pour juger de la vie il ne faut pas s'en tenir à ce qui se voit. S'il n'y a que ce qui se voit, quel scandale! Mais il y a ce qui ne se voit pas.

Quoi donc? Nous jetons-nous dans le rêve? Pas le moins du monde.

Nous l'avons déjà indiqué plus haut. Il y faut

revenir. Considérons la vie humaine d'une façon commune, sans mysticisme aucun, terre à terre même : nous n'y entendrons rien si nous ne savons y faire la part de ce qui ne se voit pas. L'invisible y tient une place immense. Dès que vous portez le moindre jugement de moralité, vous entrez dans l'invisible. Cette action, celle qu'il vous plaira de considérer, — la même visiblement dans cet homme-ci et dans celui-là, — sera bonne ici, et là sera mauvaise. Pourquoi? à cause de l'intention. C'est élémentaire et reconnu de tout le monde. Ce don, par exemple, ici sera charité, et là calcul. Cette démarche sera ici dévouement sublime, et là basse hypocrisie. Pour les yeux, tout est pareil : mêmes mouvements, mêmes sons de la voix. Où donc est la différence? au dedans, et le dedans est invisible.

Sachons reconnaître en philosophes les mystères de l'invisible, comme à chaque instant nous les invoquons et nous les confessons dans la vie. *Pectus templaque mentis*[1]. Que serait la vie si de ce sanctuaire intime il n'était jamais parlé? A chaque instant je méconnais les autres, ou je

---

1. Lucrèce, V, 101.

suis méconnu, et de ce qui paraît j'en appelle, par esprit de justice, à ce qui ne paraît pas, qu'il s'agisse d'autrui ou de moi.

Eh bien! dans ce monde, dans ce grand *drame* où tous, tant que nous sommes, nous faisons notre partie comme acteurs, et acteurs responsables, il y a ce qui se voit : mais pourquoi le plus important ne serait-il pas ce qui ne se voit point? Et pourquoi n'y aurait-il pas des mystères d'âme impénétrables? un commerce secret entre le Bien et les âmes, des appels et des résistances, des ressources qui échappent aux yeux et infiniment variées? Pour qui jette sur la vie un regard superficiel, l'être humain semble un rouage presque. Osons dire que cela n'est pas, parce que cela ne doit pas être. Affirmons que chaque être humain est une « fin en soi », et traité comme tel ; et prenons de ce respect dont il est l'objet quelque idée dans ces profondeurs de la conscience où se décide la vie morale. Vraiment, ô Bien, ô Maître des vivants, ô Dieu, principe et fin et modèle des *esprits*, vous nous traitez avec une grande révérence, *magna cum reverentia disponis nos*[1].

---

1. *Sagesse*, xii, 18.

C'est le moment d'user de cette indication ébauchée plus haut. Les théologiens catholiques, disions-nous, traitant la question du *salut*, parlent des ressources merveilleuses de la Providence et des moyens invisibles dont Dieu peut se servir pour atteindre les âmes. Des esprits sans profondeur peuvent sourire et ne voir là que de singulières inventions. Quand on sait ce qu'est la personne humaine et ce qu'est la vie morale, et quand, d'ailleurs, on a quelque expérience morale et quelque notion de ce que l'invisible y tient de place, on trouve qu'il y aurait une grande outrecuidance et en même temps une grande légèreté à prétendre borner à ce que nos sens atteignent l'action divine. Du moment que l'être humain est essentiellement un être ayant qualité morale, disons-le et redisons-le hautement, pour ne l'oublier pas, il faut tenir compte, et un grand compte, de ce qui ne se voit pas, pour expliquer la vie.

L'éminente dignité de la personne morale a une autre conséquence encore. Elle nous fait prolonger la vie au delà des limites actuelles. Nous distinguions tout à l'heure entre ce qui se voit et ce qui ne se voit pas; nous avons à distinguer maintenant entre ce qui se fait et ce qui se prépare. Une fois le prix de la personne morale bien vu, la vie présente n'a pas en soi de quoi se comprendre toute seule. Elle sème : il faut une récolte. Elle combat : où est le repos, où la gloire achetés par la victoire?

La vie présente est comparable à une éducation et aussi à une épreuve : c'est dire qu'elle est *transitoire*. D'ailleurs, nous appelons et déjà nous portons, pour ainsi dire, en nous l'éternel. Nos objets les plus hauts, ceux de la pure pensée, sont éternels. La vérité, la loi morale, le Bien ni ne commencent ni ne passent. Le temps n'y entre point et n'y a point de prise. Quelle raison y aurait-il, quelle raison valable et suffisante, pour que moi, être raisonnable et moral, ayant commencé de connaître et d'aimer l'éternel, je cessasse de le faire quand lui ne cesse pas d'être? Ma pensée et mon amour se prolongent comme par leur propre mouvement à l'infini. Tout ce qui en moi est marqué du caractère de la vérité et de l'excellence morale, est fondé à tout jamais :

... fundatum perpetuo ævo[1].

1. Lucrèce, V, 161.

Et si je considère la Bonté créatrice, je ne vois pas pourquoi, donnant l'être, elle se plairait à l'ôter. Elle a créé les choses pour qu'elles fussent, *creavit res ut essent*[1]. Et pour celles qui ont qualité morale, continuer d'être, persister dans l'être, c'est garder cette qualité morale. La personne humaine a donc en soi un principe de fixité, de stabilité, de perpétuité, et tout acte *posé* par elle *pose* des conséquences dont le prolongement est indéfini. Pourquoi donc ne dirais-je pas qu'en cette vie la personne humaine se forme, au milieu des difficultés et des obstacles, dans la lutte, dans la peine, à travers les labeurs et les douleurs de l'*épreuve*, et que dans une autre vie elle s'épanouira et fleurira, ayant, dans celle-ci, préparé et mérité cet épanouissement et cette floraison?

Tels sont les enseignements que je recueille de mes méditations sur le prix de la personne morale. Je suis entré dans la sphère de l'invisible et du futur. La vie présente vaut par l'intention invisible qui en inspire et en dirige le mouvement. Elle vaut encore par l'avenir auquel elle conduit et elle prépare. Le tout de la vie, le meilleur de la

---

1. Saint Thomas d'Aquin, *Summa philosophica, seu contra gentiles*, IV, LXXXVIII.

vie, n'est pas ce que nous en voyons, ni ce que nous en tenons : ce qui en fait le prix, ce n'est pas ce qu'elle est aux yeux, c'est l'esprit qui la pénètre et l'anime; ce n'est pas le présent où elle est renfermée, c'est l'avenir où elle mène. Mais, si cela lui communique une grandeur incomparable, si l'intention morale et la destinée future la transforment, l'élèvent, j'allais dire la divinisent, du même coup cette vie telle quelle que nous vivons, qui est entre nos mains et sous nos yeux, n'est-elle pas décolorée, exténuée, presque anéantie? Ne valant que par ce qui n'est pas elle, ne faut-il pas dire qu'en elle-même elle est comme rien, et qu'en définitive, pour vivre de la vie véritable, il faut mépriser la vie présente? C'est ce que nous avons maintenant à examiner.

CHAPITRE XXI

LE PRIX DE LA VIE PRÉSENTE

La vie présente vaut comme *moyen*. Voilà ce que nous venons d'établir.

Mais c'est une profonde et excellente remarque de Leibniz que certains *moyens* sont en même temps *fins*[1]. La vie présente n'est *moyen* proportionné à la grandeur de la *fin* que parce qu'il est lui-même *fin* d'une certaine manière. Dans un ordre de choses relevé et noble, l'*instrument* n'est jamais instrument pur : il est *agent*, cause, principe, encore qu'il serve à autre chose et travaille pour autre chose ; le moyen n'est pas moyen simplement, il a, secondairement, rang de fin. Cela se vérifie partout. Ce

---

1. *Essais de Théodicée*, II, § 208.

monde donc, qui en prépare un autre, est un monde réel, et un monde ayant de la valeur. Le drame a son dénouement final ailleurs, mais les détails et les péripéties qui sont en ce monde ont de l'intérêt. Ce n'est pas une concession à l'humaine faiblesse que je fais en disant ceci. Il n'y a dans ces dires aucune indulgence. C'est la vérité que j'entends énoncer. Prenant les choses en leur idée même, je dis que ce monde visible et transitoire, qui vaut par son rapport à l'invisible et à l'éternel, a pourtant, ou mieux par cela même, une valeur propre, une valeur considérable. Il s'agit donc, non de le mépriser, mais d'en reconnaître et d'en mesurer le prix.

Que peut être la valeur de ce qui n'existe que par son rapport à l'invisible et à l'éternel? C'est précisément le reflet de l'invisible et de l'éternel à y *reconnaître* et à y *mettre*.

Distinguons dans ce monde présent le *lieu* et les *acteurs*.

Le lieu a son intérêt, car il a sa beauté. C'est un monde réel que ce monde, réel, vivant même, bon en ce qu'il a et par ce qu'il a d'être, de réalité, de vie. Dieu même s'y exprime. Faibles vestiges, tant qu'on voudra, mais vestiges de la divine excellence, dès lors ayant du prix. Notre éducation morale s'y fait, et à ciel ouvert, non dans une cave où il n'y aurait rien à regarder, rien à voir. La lutte s'engage, se poursuit, mais une vraie lutte, non une petite guerre, c'est-à-dire un semblant de guerre, non des manœuvres factices et de parade. C'est avec des êtres réels que nous sommes aux prises, et réel est le théâtre : tout y est vivant, mouvant, agissant. Il importe donc à l'homme de connaître ce monde où il vit et combat. Il peut et doit y reconnaître ce qui s'y trouve de grand et de beau, et, dans une certaine mesure, s'y attacher comme on s'attache à une chose intéressante, et en user et en jouir dans une certaine mesure aussi comme d'une chose qui a de l'utilité et de l'agrément. Il peut et il doit l'explorer, l'exploiter, le cultiver, le conquérir. Le théâtre de l'éducation, de la lutte, de l'épreuve pour la personne morale, c'est aussi pour elle un domaine à s'approprier de plus en plus, et pourquoi? pour y mettre de plus en plus sa marque, c'est-à-dire la marque même de Dieu. Plus elle le connaîtra et s'en rendra maîtresse, plus elle y imprimera sa ressemblance propre, et l'intelligence y reluira, la beauté morale même s'y reflétera, et cette action de la personne morale fera que le sensible et le matériel même exprimera davantage le spirituel d'abord et ensuite le divin lui-même.

Trois grandes forces sont aux mains de l'homme : l'industrie, la science, l'art. Les mépriser, sous prétexte qu'elles n'ont point de rapport immédiat avec l'invisible et avec la vie future, c'est méconnaître l'économie des choses. En accomplissant cette triple œuvre, c'est encore son œuvre d'homme que l'homme fait, et en explorant, en embellissant, en améliorant, en achevant, là où par une attention divine elle semble inachevée, son habitation présente, il se rend encore digne de la demeure future. Le prix moral de l'action est indépendant du résultat prévu ou atteint. Les hommes, pour bien user de la vie, n'ont pas tous à se dire qu'ils vont s'appliquer à étendre leur empire sur la nature, et ils n'ont pas à y réussir. Mais je dis qu'à prendre les choses d'une manière très générale, c'est le devoir de l'homme, qui est un être raisonnable et moral, de se rendre maître du monde par l'industrie, la science et l'art; et j'ajoute que, d'une manière très particulière, c'est le devoir de quiconque a le *talent* nécessaire pour cela. Dans certaines conditions spéciales, avec un certain degré de culture, l'homme ne remplit son devoir humain universel, tout son devoir d'homme, que s'il développe ces talents propres. Comment douter qu'il manque à son devoir s'il refuse ou néglige de s'appliquer de son mieux, en la forme précise indiquée par les circonstances, à ces œuvres de conquête? L'antiquité faisait des héros révérés, des demi-dieux, de ceux qui avaient été les libérateurs de l'humanité aux prises avec la nature. Il y avait là une grande et profonde pensée. Quiconque étend l'ascendant de l'homme, c'est-à-dire de l'esprit sur la nature, fait une œuvre vraiment humaine, et aussi une œuvre divine. Je n'hésite pas à dire qu'avoir en soi le talent qui destine à être un savant, un artiste, et n'en rien faire, c'est manquer sa vie.

Pénétrons donc de plus en plus ce monde qui est là devant nos yeux. Tâchons de le comprendre, de nous en emparer d'abord par la pensée. Ce monde donné n'est pas une vaine fantasmagorie. Il a sa valeur, il a son prix. C'est l'œuvre de Dieu dont les perfections s'y reflètent. Il vaut bien la peine qu'on prend pour en découvrir les secrets et les lois. Et l'homme a encore le devoir de travailler à le soumettre par une action intelligente, pour le discipliner, en quelque sorte, y accroître en un sens, y aviver l'image de l'esprit, l'image des perfections divines.

La vertu n'exige donc pas que l'homme soit indifférent à ce théâtre où se déploie l'humaine activité. Tout au contraire. Et d'ailleurs, si le devoir de l'homme à l'égard de l'univers, à l'égard de la nature, n'est pas et ne peut pas être compris de tous, Dieu a pourvu cependant à ce qu'il fût rempli par tous d'une manière au moins rudimentaire et suffisante. Il y a, en effet, un devoir dont tous n'ont pas le secret, mais qui est imposé à tous, c'est le *travail*. Or, le travail est toujours une main mise sur la nature, un effort pour la tourner au service de l'homme, une façon d'y mettre quelque chose de soi.

Nous venons de considérer le lieu. Considérons les acteurs. Ce sont les autres hommes.

Dès que l'on parle de morale, on est frappé du nombre et de l'importance des préceptes relatifs à nos semblables. C'est en remplissant ces devoirs sociaux, dont le plus grand nombre ne concernent que la vie présente, que nous préparons et méritons la vie future. Une autre vie est exigée par la moralité, mais, en attendant, c'est en celle-ci, c'est sur celle-ci que la moralité s'exerce. La justice est une vertu éminemment sociale, et quelle moralité y aurait-il pour l'homme sans justice?

Mais ce n'est pas tout. Il y a plus et mieux que cela. Il y a une loi d'amour : les hommes doivent s'aimer les uns les autres. C'est la sublime originalité du Christianisme d'avoir énoncé ce commandement d'une façon jusque-là inconnue, en l'appuyant sur son vrai fondement, et de l'avoir renforcé par le sublime exemple du sacrifice de la Croix; aussi le Christ a-t-il dit en toute vérité : Voici mon commandement, un commandement nouveau, *mandatum novum*[1]. Mais cela n'em-

---

[1]. *Évangile selon saint Jean*, XIII, 14.

…êche pas que rien ne se trouve plus conforme
… la droite raison et à la saine nature, et s'aimer
…s uns les autres est tellement la loi de l'homme
…ue, cette loi ôtée, toute morale est horriblement
…éfectueuse.

Il y a donc la loi d'amour, l'homme de-
…nt aimer l'homme son semblable. Puis, il y
… les affections extraordinaires, les grandes,
…s pures, les nobles, les héroïques amitiés.
…uis, à considérer les choses d'une autre
…anière, il y a entre les hommes une étrange
…olidarité, et enfin une certaine idée, une cer-
…ine ambition, si je puis dire, d'unité, image
…e la parfaite union des âmes dans la cité spi-
…tuelle.

Rien ne paraît plus attacher à ce monde que les
…ffections de ce monde ; mais comment ne pas
…emarquer que, plus elles sont vraies et pro-
…ndes, plus elles aspirent à l'éternel[1] ; plus elles

---

1. « Je ne t'aimerais pas si bien, si je n'aimais l'honneur plus
…e toi. »

« I could not love thee, dear, so well,
Loved I not honour more. »

… que Shakespeare dit si bien de l'honneur, il le faut dire de la
…rité, de la justice, du bien, de Dieu.

sont pures, plus elles ont en effet un caractère d'éternité? D'ailleurs, dans les limites de ce monde même, ne sont-elles pas une augmentation d'amour, et, dès lors, pourvu qu'elles soient réglées, comment n'auraient-elles pas de prix, puisque, augmentant l'amour, elles augmentent l'union des âmes entre elles et créent ainsi de plus vives images de l'union spirituelle?

Notre siècle est très frappé de la loi de solidarité, et l'étudie scientifiquement comme on n'avait jamais fait. L'économie sociale et politique montre avec une force nouvelle et par des détails précis combien les hommes ont besoin des hommes. Est-ce à mépriser? Assurément non. C'est très considérable. Il y a longtemps, c'est vrai, que la théologie avait proclamé la parenté des hommes entre eux, les faisant tous sortir d'un même couple, les regardant presque comme un seul homme. A cet égard, nous n'avons rien à apprendre, et plutôt les philosophies hâtives nées des sciences, et l'économie politique, inféodée à ces philosophies, font tout pour brouiller nos idées. Néanmoins, comment ce grand mouvement des esprits n'aurait-il pas un sens et une considérable portée? pourquoi hésiterions-nous à regarder, à favoriser ces études nouvelles, à y contribuer, à en tirer profit? Même quand elles semblent le plus éloignées des vues proprement morales, elles y peuvent être ramenées, elles y reviennent, elles y servent. Unir les hommes entre eux, c'est une très grande chose, et très bonne, et où la moralité trouve son compte.

Ainsi, quand nous paraissons confinés dans la vie présente, nous la dépassons toujours de bien des manières, par le seul effet de l'idée morale; et, quand nous la dépassons, portés par ce souffle qui vient de plus haut et va plus haut, nous y sommes cependant ramenés toujours, l'idée morale même nous y faisant chercher et trouver un objet de vertu. Tant il est vrai que cette vie présente a de la valeur et du prix! L'être humain secouru, assisté, soigné dans ce qui constitue sa vie temporelle : que cela est terrestre, si je puis dire, et petit! Un être raisonnable se dévoue à cela. Le voilà tout entier à cela : il y applique, il y abîme son intelligence, son énergie, sa vie. Et c'est grand, et beau, puisque c'est un des plus nobles et des plus hauts et des plus purs exercices de la vertu. C'est divin.

Serait-ce donc que l'amour et l'union qu'il accomplit auraient une grandeur et une beauté qui en feraient comme le dernier mot des choses?

Or, quand chaque être humain fait son devoir, quand chaque homme aime son prochain généreusement, jusqu'au dévouement, s'il y a lieu, par cette conformité à la loi universelle, et par l'héroïque pratique de quelques-uns, la vie présente, tout occupée en apparence des choses présentes, devient la préparation de la vie future. Voilà donc que, d'une première façon vraiment excellente, se réalise le rapport entre cette vie-ci et l'autre, celle-ci ne faisant pas oublier l'autre et y menant, et cette autre n'ôtant point à celle-ci son intérêt ni son prix.

De plus, dans les limites mêmes de la vie présente, dans le monde présent, ce rapport se réalise d'une autre manière encore bien remarquable, car une image de l'union future sans cesse s'essaie et se fait. Ne serait-ce pas l'unité du genre humain qui, à travers tant de luttes, se poursuivrait dans l'histoire, obscurément, confusément, avec mille défaillances, mais enfin d'une manière certaine?

Et cuncti gens una sumus.

Rêve, ambition, idéal sans cesse repris, sous des formes diverses, toujours renaissant après les échecs. C'est un contemporain du faible empereur Honorius qui célébrait dans le vers que je viens de citer l'unité réalisée par Rome : « Tous ensemble, nous ne sommes qu'une seule et unique nation[1]. » La *respublica christiana*, ce que l'on a appelé si heureusement la chrétienté, en a été une autre et beaucoup plus belle réalisation. La *république des lettres*, comme on disait depuis le XVI° siècle, c'est un autre essai

---

1. Claudien, *De laudibus Stiliconis*, III, 159. Il célèbre la Ville par excellence, Rome, et il s'écrie :

>Hæc est in gremium victos quæ sola recepit,
>Humanumque genus communi nomine fovit,
>Matris, non dominæ ritu, civesque vocavit
>Quos domuit, nexuque pio longinqua revinxit.
>Hujus pacificis debemus moribus omnes,
>Quod veluti patriis regionibus utitur hospes ;
>. . . . .
>Quod cuncti gens una sumus...

Un autre poète, Rutilius, qui fut préfet de Rome en 417, écrit dans son *Itinerarium*, en s'adressant à Rome :

>Quumque offers victis populis consortia juris,
>Urbem fecisti quod prius orbis erat.

encore. Je ne parle pas des rois, des empereurs, et de leurs projets de monarchie universelle. Je ne parle que des mouvements d'idées et de la vertu unifiante procédant de ces foyers intellectuels et moraux. La Révolution française en est la dernière manifestation dans l'ordre politique. La science, aujourd'hui, essaie, à sa manière d'unir les nations, et en rapprochant les distances, en supprimant presque l'espace et le temps, elle parait tendre, au milieu de beaucoup de maux produits par elle, à faire de l'univers une sorte d'immense assemblée. La civilisation d'où naissent tant de divisions, est, en somme et à le bien prendre, une force unifiante. Ainsi, de toutes les façons et sous les aspects les plus divers, recommence toujours, et se poursuit sans cesse, et partiellement s'accomplit le rêve du genre humain uni. L'Église catholique, notons-le ici, a de cette unité une conception claire avec un dessein ferme d'y parvenir, des ressources incomparables pour l'atteindre, et un succès sans cesse renouvelé et varié.

J'ajoute que, d'autre part, ce que l'on nomme les questions sociales prend à nos yeux une importance croissante. Or, de quoi s'agit-il au fond de toute question de cet ordre? Il s'agit de procurer une amélioration dans l'état des hommes : amélioration matérielle, intellectuelle, morale, sociale. N'est-ce pas, en effet, un des buts à poursuivre en ce monde, et cette préoccupation des questions sociales n'est-elle pas le signe que l'humanité prend heureusement une conscience plus nette et plus vive d'un de ses devoirs?

L'Église catholique n'a jamais oublié la communion des âmes, elle n'a jamais oublié non plus le soin d'accroître le règne de Dieu sur la terre. Saint Jean Chrysostome, pour ne citer que lui, disait dans la vieille Antioche : « Chrétiens, vous rendrez compte, non de votre propre salut seulement, mais de l'univers tout entier. » Et il voulait que la prière du chrétien fût vraiment universelle, catholique, le chrétien qui prie se présentant à Dieu chargé des intérêts du genre humain tout entier. A la prière se joint l'action, et, dans les siècles les plus durs, le souci d'améliorer les choses humaines s'est conservé et manifesté au sein de l'Église. Qu'il suffise de citer la *trêve de Dieu*. Mais c'est un des caractères de notre temps que le devoir social comme tel y apparaît avec une clarté nouvelle; il est plus précis et plus pressant. Est-ce en vain? n'est-ce pas la preuve que l'humanité doit, en ce temps, faire un pas décisif dans la voie de l'amélioration sociale, à tous égards, sous toutes les formes?

Disons que, pour quiconque a cette vue de l'amélioration humaine comme but terrestre de la vie, ce serait une faute de n'y pas coopérer.

Disons ensuite que, pour tout homme éclairé, c'est un devoir d'avoir cette vue.

Serait-on vraiment homme sans cela? Homme, on doit se soucier de l'humanité, avoir l'ambition de la servir, de lui faire du bien. A chacun de travailler à cette œuvre en la manière qui lui est possible, qui s'offre ou s'impose à lui, qui lui paraît convenable; à chacun de faire sa partie dans sa sphère, dans son ordre, selon sa vocation et ses moyens propres : mais nul n'a le droit de s'en dispenser et de demeurer, devant l'humanité souffrante, les bras croisés.

Voilà donc un nouvel aspect des choses qui se présente à nos regards : faire son devoir, et, pour employer une expression chrétienne (dont nous verrons plus loin le sens précis), faire son salut, c'est indispensable, et c'est bien : mais il le faut faire en pensant aux autres, en procurant leur bien, bien matériel, bien intellectuel et moral, et celui qui aurait la prétention de ne s'en occuper jamais, à vrai dire, par suite de cette indifférence égoïste, ne ferait point son devoir, ne ferait point son salut.

Tout à l'heure nous avons vu que chez les plus simples le *travail* accomplit le devoir humain à l'égard de la nature ; nous voyons maintenant que sans aucune vue savante, la bienveillance et la bienfaisance, mais surtout la charité et la prière catholique accomplissent le second devoir, le devoir envers les hommes, car l'une et l'autre ont, chez les plus simples, une vue universelle, l'une et l'autre embrassent l'humanité entière et tout dans l'humanité. Ainsi, sans rien de vague, mais au contraire avec une précision parfaite, tout homme qui veut et fait le bien a le souci et le soin du devoir terrestre, si je puis dire : il voit qu'il y a un but terrestre à poursuivre, et il y va. Il contribue pour sa part à transformer le monde et à amener tous les hommes à la cité future en même temps qu'il travaille à l'amélioration de la cité présente. Ce que Cicéron célèbre dans le *Songe de Scipion*, chaque chrétien l'accomplit en toute simplicité.

Mais, au fond, qu'est-ce que vouloir l'amélioration des choses et des hommes, sinon se proposer d'établir, d'affermir, d'accroître le règne de Dieu en ce monde?

Ayons la conviction qu'il y a quelque chose à faire de ce monde. Travaillons-y avec l'espérance d'y réussir insensiblement. Il faut vouloir faire resplendir dans cet univers composé d'êtres vrais, actifs, agissants, ce qui est le suprême objet de la pensée, de l'amour, de l'activité, le Bien. Et vouloir cela, c'est vouloir ce que Dieu veut; c'est faire ce que Dieu fait, puisque le monde n'est enfin que l'expression de Dieu.

Voilà donc les choses de l'ordre présent prenant une dignité et un intérêt propres, quoiqu'elles ne soient que des fins secondaires, et partant des moyens par rapport à une fin plus haute. Il y a « un élan à donner au monde[1] ». C'est assez pour attribuer à la vie présente un prix considérable. Nous avons à travailler en ce monde, nous avons à en aimer et à en servir effectivement les habitants, nous avons un but terrestre à

1. Gratry, *La morale et la loi de l'histoire*, t. I, p. 92.

y poursuivre : c'est de le rapprocher de Dieu ; et nous le rapprochons de Dieu, si nous tâchons d'y améliorer tout sous l'influence de l'esprit, de conquérir la nature, de resserrer les liens des hommes entre eux, de faire resplendir et régner en ce monde même le Bien.

CHAPITRE XXII

LE RENONCEMENT ET LA MORT

Reconnaître le prix de la vie présente, ce n'est pas oublier la loi du renoncement.

Rien de ce qui est partiel et transitoire ne peut avoir une valeur telle qu'il n'y ait pas lieu d'y renoncer. D'abord il est clair qu'il faut savoir passer outre et aller au delà, sans quoi ce serait s'y reposer comme si c'était le complet et le définitif. Puis ce qui est moyen peut aussi se tourner en obstacle, et alors il faut le surmonter, le briser, le sacrifier, à cause et en vue de la fin pour laquelle le moyen a été institué.

Enfin c'est l'indispensable condition de la vie morale, dans le temps de l'éducation morale, de la lutte et de l'épreuve, que l'activité se contienne pour être plus puissante. Rien de grand ne se fait sans la force de se contenir, de se retenir, de s'abstenir. Il faut, selon l'étymologie et le vieil usage latin, donner un grand sens à ces mots *continentia* et *abstinentia*. Qui ne sait pas, en présence des choses, tenir la convoitise naturelle bridée, qui ne sait pas ne point porter la main sur ce qu'il désire, ne vivra jamais de la vie morale ; qui se laisse aller sur toutes les pentes, n'aura jamais de vertu.

Le renoncement est la loi de la vie qui n'est pas la vie pleine. Et ce qu'il faut bien comprendre, c'est qu'en prétendant user et jouir de tout elle-même sans frein, elle se bornerait au lieu de s'étendre, elle s'épuiserait et se consumerait au lieu de se donner toute l'ampleur possible. Le moyen pour elle de se dilater véritablement, c'est de commencer par se resserrer. Elle avoue ainsi et déclare pratiquement son insuffisance foncière, et elle trouve, en se contenant, la vraie voie pour s'étendre. C'est que s'étendre pour elle qui est de nature bornée, c'est se dépasser[1].

---

1. Voy. dans Bossuet l'admirable esquisse du *Panégyrique de saint Benoît*, sur ce texte : « *Egredere*, Sors. »

Ainsi se concilie avec l'intérêt de la vie actuelle le sentiment de son impuissance à nous contenter. Ainsi devient possible d'en concevoir un salutaire mépris tout en la prisant, une salutaire haine tout en l'aimant, et la mort partielle et successive, puis complète et définitive, s'harmonise avec la vie bien comprise. On n'est pas un homme si l'on ne sait pas mourir. Toute grande action entraîne un labeur, qui est un commencement de mort, puisque c'est une usure, une dépense des forces vitales. Cela est vrai dans tous les ordres. Et si l'on n'est pas prêt à mourir s'il le faut, quelle vie mène-t-on? Quelle entreprise hardie osera-t-on aborder? Pour vivre grandement, noblement, généreusement, il faut embrasser la mort. L'héroïsme ne paraît si admirable qu'à cause du peu de cas qu'il fait de la vie. Il ne la ménage pas, il la prodigue, et il accomplit des merveilles. Le dévouement semble le dernier mot de la vertu. C'est qu'il achève ce que le désintéressement commence : le dépouillement de soi, l'oubli de soi, le don de soi, la perte de soi.

Le sacrifice est au fond de toute grande résolution humaine. Si l'on en veut la raison vraie, c'est que rien dans ce monde ne se suffit pleinement à soi-même, rien pas même la plus noble vie d'homme. Plus profondément encore, il faut dire que rien de créé ne se suffit à soi-même. Donc toute chose créée a, d'une manière ou d'une autre, à s'atténuer, à s'évanouir, à disparaître devant l'Être excellent et infini. C'est se mettre à sa place, pour l'être créé, raisonnable et libre, que de se réduire, par raison et avec liberté, à une sorte de rien, en présence de Celui qui est par soi et qui est tout Être. Alors on devient capable d'avancer vers une vie plus haute et plus pleine. Le sacrifice, qui semble détruire, vivifie. La vie, en subissant la mort, produit la vie.

Cette théorie du sacrifice concilie tout. Le monde présent garde son prix, mais je dirai qu'il ne l'a vraiment que pour qui sait aussi le mépriser, en la manière que je viens de dire. Si l'on y termine ses vues et ses désirs, on s'y perd et on le perd. Si l'on sait voir au delà, chercher au delà, et quand il le faut, le sacrifier, le perdre, on trouve une vie plus haute, et l'on a le moyen de mettre dans ce monde même une excellence de plus, si je puis dire.

Ni le renoncement ni la mort ne contredisent

nos affirmations sur l'intérêt et la valeur de la vie présente ; et ces affirmations, bien loin de faire oublier la loi du renoncement, l'impliquent et elles en supposent, elles en éclairent, elles en facilitent la pratique.

CHAPITRE XXIII

LA RAISON DE VIVRE.

Le moment est venu de porter sur la vie un jugement, de dire avec connaissance de cause ce qu'il en faut penser et ce qu'il en faut faire.

La raison de vivre, c'est le bien à *vouloir*.

C'est ce que nous avons entrevu dès que nous avons commencé à regarder la vie d'un point de vue moral. C'est ce que nous déclarons maintenant à la fin d'une longue étude.

C'est aussi le bien à *mériter*. L'être raisonnable aspire à l'éternité, parce qu'il en porte avec soi dans sa pensée même comme le raccourci et la semence. Il faut que la vie future achève celle-ci et contente l'homme. Alors celle-ci est un moyen d'éducation pour la personne morale, une épreuve, une lutte. L'épanouissement, le repos, le divin loisir de l'âme affermie dans le bien, est ailleurs. On peut craindre que cette vie actuelle, n'étant plus qu'un passage, n'ait plus d'intérêt en elle-même : nous avons répondu que, par cela seul que dans le monde actuel le bien s'exprime par de réelles et vivantes images, ce monde a une valeur, et nous avons à accomplir une œuvre terrestre intéressante (avec des suites d'ailleurs dans l'autre vie), œuvre qui consiste à reconnaître, puis à augmenter nous-mêmes ces images du bien.

Les difficultés s'aplanissent. La théorie de la vie se réconcilie avec la vie. Et nous nous réconcilions avec la vie, parce que nous en voyons les suites et les fruits, parce que nous en apercevons la portée ; aussi, parce que nous en saisissons l'intérêt actuel. Les contradictions, les antinomies disparaissent. Peu à peu, l'harmonie se fait, grâce à la lumière croissante.

Pacatumque nitet diffuso lumine cœlum.

Nous pouvons donc prononcer maintenant que la vie est *bonne :* c'est là ce qu'il en faut penser.

La vie est bonne, parce qu'une règle bonne en dirige le mouvement.

La vie est bonne, parce que ce à quoi cette vie

actuelle prépare et mène, c'est quelque chose de bon, à savoir la bonté de notre être formé, achevé, épanoui, parvenu à la perfection que comporte et appelle son essence, son idée, son idéal, sa vraie nature; et cette bonté intrinsèque de l'être excellemment et pleinement développé, c'est le bonheur; et cela, c'est la *vie*, la vie complète, pure, pleine, vraie de cet être. La vie actuelle est bonne, parce qu'elle prépare et mérite un état excellent où l'homme *vivra* comme il convient à l'homme.

La vie actuelle est bonne encore, parce qu'elle prépare et mène à une cité des esprits : car l'homme étant un être fait pour vivre en société, ce sera une cité, une cité des esprits, une assemblée des âmes, que cette vie future. Et déjà, en ce monde, toutes les fois que l'homme pense à la vérité et qu'il conçoit la loi universelle du devoir, il agit comme membre de cette cité, comme citoyen de ce monde supérieur. Toutes les fois aussi qu'il aime d'un amour profond, cet amour « intellectuel et cordial[1] », qui s'adresse à une *personne* et qui va au vrai, au bien, à l'éternel,

---

1. Saint François de Sales, *Traité de l'amour de Dieu*, I, x.

cet amour lui donne quelque idée de la parfaite société.

Or, comme tout cela ne peut se concevoir, se soutenir, se réaliser que par une action du Bien vivant, de Dieu chef des esprits, la vie actuelle est bonne par son rapport avec le Bien suprême, ou mieux encore avec la divine Bonté; elle est bonne par la place qu'elle tient dans l'ordre dont Dieu est l'auteur, elle est bonne par la coopération que l'homme est tenu d'y prêter à la divine Bonté.

Alors la vie actuelle est encore bonne parce que nous y trouvons le symbole en même temps que la préparation du monde futur. Et, envisageant les choses sous ce double aspect, y voyant et l'*image* et la *semence* de l'avenir éternel, on trouve bonnes les conditions de l'épreuve et de la lutte; bonnes les joies pures de ce monde, les douceurs des spectacles de la nature, les douceurs des affections de famille, les douceurs de l'amitié, et toutes les choses qui sourient et qui par leur sourire charment ou consolent, dans ce bas monde; bonnes aussi les douleurs, bonne l'abnégation, la souffrance voulue et endurée pour une noble cause, ou encore la souffrance expiatoire qui répare la faute; bon le sacrifice, le renoncement; bonne la mort, condition de la vie.

La vie actuelle est bonne, puisque, sous la conduite du meilleur des maîtres, on y jouit, souffre, travaille, lutte, non pas en vain, mais avec la double certitude de préparer un avenir éternel qui sera le règne définitif du bien, et de procurer un progrès du bien dans ce monde même. Rien ne se perd : le moindre bienfait au moindre des êtres a un retentissement indéfini.

La vie est bonne. Proposition optimiste, mais d'un optimisme qui n'est ni aveugle ni niais. C'est l'expression de la confiance la plus raisonnable, de la confiance dans l'excellence propre, dans l'excellence souveraine du Bien, et aussi dans l'efficacité du Bien.

Seule, la mauvaise volonté obstinée, invincible, peut se soustraire à cette action vivifiante. Tout vit par le Bien et pour le Bien. L'être obstinément rebelle se condamne à mort. C'est un immense malheur. Mais ôtez la possibilité de cette rébellion, de cette résistance : il n'y a plus de liberté, et, pour être la digne et vive image du Bien par essence, il faut être bon par libre choix.

Voilà comment je *pense* que la vie est bonne.

Et je ne nie pas le mal, ni la pente au mal, ni la faiblesse épouvantable du vouloir humain, ni les affreuses laideurs du vice et du crime, ni les misères de toutes sortes ; mais je dis que, malgré tout, il y a une divine orientation de la vie vers le Bien, que le Bien est le dernier mot de tout, et qu'au Bien, en définitive, appartient le dernier mot, au Bien l'empire du monde et l'avenir éternel. *Specie tua et pulchritudine tua intende, prospere procede, et regna.* Avec votre face lumineuse et charmante, ô Bien, avec votre beauté, allez, allez, avancez heureusement, et régnez : *regna propter mansuetudinem et justitiam et veritatem,* que la cause de votre règne, ce soit votre douceur et la justice et la vérité. Armez-vous, ô tout-puissant, ceignez l'épée, *accingere gladio tuo super femur tuum, potentissime*[1]. Vous vaincrez, vous triompherez. Je ne vous rétrécis pas, je ne vous borne pas : je me fie à votre efficace.

Maintenant, je puis dire ce qu'il faut *faire* de cette vie. J'ai le mot de l'énigme : il m'est facile

---

1. *Psaume* XLIV, 4, 5, 6.

d'avoir le mot d'ordre. Sachant ce qu'il faut *penser* de la vie, je sais du même coup ce qu'il en faut *faire*. Elle est bonne, je viens de voir pourquoi et comment. Il faut donc l'employer à se rendre bon, et à faire du bien autour de soi, et à travailler de toutes les manières au triomphe du Bien suprême; en d'autres termes, à se conformer et à conformer les autres à la vraie et parfaite et pleine vie.

Le beau de notre condition, c'est que, êtres réels et vrais, nous pouvons, par une action propre encore que dérivée de plus haut et subordonnée à plus grand que nous, nous pouvons être causes, vraies causes, nous portant nous-mêmes à des actes qui sont bien nôtres, et devenant pour d'autres que nous causes de quelque bien. Nous recevons sans cesse de la Bonté suprême. Mais elle s'est tellement communiquée à nous que ce que nous avons reçu d'elle, nous le pouvons verser en autre chose[1]. Ainsi nous pouvons vouloir le bien que Dieu veut, et, comme Dieu, faire du bien.

---

1. Saint Thomas d'Aquin, *Summa contra gentiles*, III, cxi : « Sola creatura rationalis habet dominium sui actus, libere se agens ad operandum. » — III, lxix : « Sic Deus rebus creatis suam bonitatem communicavit ut una res quod accepit possit in aliam rem transfundere. »

Cela dit tout, ce me semble. Mais je ne puis trop méditer ces fécondes formules. Plus je les considère, mieux je comprends l'usage et l'emploi de la vie, et en même temps de belles harmonies se découvrent à mes yeux. Faire le bien, faire du bien, qu'est-ce enfin sinon travailler généreusement à établir, à raffermir, à accroître le règne du Bien suprême, et cela, en soi, en autrui, dans le monde présent, de toutes les manières, pour l'amour des êtres à qui l'on fait du bien, et pour l'amour du Bien que l'on fait régner dans les êtres? Le Bien est notre bien, le bien de nos semblables, le bien des choses. Admirable et suprême harmonie : il y a Dieu, il y a moi, il y a les autres êtres; or, je ne puis devenir étranger à moi-même, je ne dois pas y être indifférent : ce serait être indifférent à ma perfection, qui enveloppe mon bonheur : j'y dois aspirer, j'y dois travailler. C'est la condition de tout le reste que cette vue de moi et ce sentiment qui m'attache à moi. Mais ce n'est pas de l'égoïsme. Il faut qu'étant bien moi, je sorte de moi, je me donne, au besoin que je me sacrifie. Il faut que je sois cause de bien pour autrui, que ce que je reçois je le donne, et sans cette bienfaisance généreuse je serai ni parfait ni heureux. Les autres deviennent ainsi le terme de mon action. J'ai l'air de me perdre en eux et pour eux. Mais prenons garde. Je fais pour eux comme pour moi, et même, en un sens, je fais pour eux plus que pour moi. Ce n'est pas qu'ils soient le terme suprême, ils ne le sont pas plus que moi-même je ne le suis. Le terme suprême, c'est le suprême Bien, le Bien absolu. Oserai-je le dire? c'est à lui qu'il faut que d'une certaine manière je fasse du bien. Là est la suprême noblesse et excellence de mon être, là ma suprême félicité. C'est à cela que tout se rapporte. Vouloir que le Bien soit, faire que le Bien règne, c'est à quoi toute action humaine doit tendre, comme toute action d'un être raisonnable, quel qu'il soit. Alors, tout étant en ordre, en harmonie, chaque chose à sa place, en son rang, dans mon estime, dans mon amour, en moi et, autant que faire se peut, autour de moi par moi, je suis pénétré tout entier par le Bien, je suis *bonifié*, et vivant de la vraie *vie*.

Comparées à cette formule, toutes les autres sont manifestement insuffisantes.

Dirai-je que la suprême raison de vivre, le but final de la vie, l'emploi de la vie, ce pourquoi je vis et ce que je dois faire de la vie, c'est le savoir pur ? ou l'art ? ou la conquête de la nature par la science et l'industrie ? ou le progrès de l'humanité par la culture, par la civilisation croissante ? ou le maniement des affaires publiques ? ou encore le perfectionnement tout esthétique de mon être ?

Non, je ne le dirai pas. Si je fais bien attention à ce que je dis, je ne puis ni ne dois le dire : car ni moi ni autrui nous ne sommes le terme final du vouloir et de l'agir ; j'ajoute ni les idées non plus, les pures idées du moment qu'elles sont tout abstraites, détachées de la suprême réalité. Chacune des choses que je viens d'énumérer est un but désirable et donne lieu à un emploi de mon activité, bon en son ordre ; mais aucune ne peut être le but final. Ce qui n'est pas la dernière raison des choses ne peut être pour moi la dernière raison de vouloir et d'agir.

Je dirai encore que ce n'est pas l'accomplissement d'une loi toute formelle qui peut être le terme final de la volonté et de l'activité.

La suprême raison de vivre, c'est de donner au Bien son assentiment et son consentement, son estime, son affection, son activité ; c'est donc aussi de respecter, de cultiver, d'accroître en soi et dans les autres l'image du Bien.

Et quiconque fait son devoir, même sans avoir une vue claire de cette raison du devoir, quiconque fait son devoir sincèrement, généreusement, entre dans cet ordre supérieur.

Et quiconque fait du bien, avec le sentiment, même confus, que c'est le devoir et que c'est en définitive le meilleur, le beau, le tout de la vie, entre dans cet ordre.

Ce n'est donc pas pour une élite seulement qu'est faite cette formule de la vie. Si vouloir et faire le bien est la raison de vivre et l'emploi de la vie, c'est une formule que tous comprennent. Il nous a fallu un long discours pour la justifier philosophiquement; mais, en elle-même, elle est accessible à tous. C'est ce qu'il faut. J'entrerais en défiance contre elle si ce caractère lui manquait.

CHAPITRE XXIV

LA FAIBLESSE HUMAINE

Est-ce bien sûr que nous ayons trouvé une formule de vie vraiment accessible à tous? Assurément, si la raison de vivre, c'est de vouloir le bien, et si c'est, en même temps et par cela même, l'usage et l'emploi de la vie, rien n'étant plus proche de nous que notre vouloir, le but final de la vie est à notre portée. Nous pouvons l'atteindre, puisqu'il suffit pour cela de vouloir et que vouloir dépend de nous. Et pourtant, serait-ce connaître l'homme que d'oublier jusqu'à quel point ce vouloir, qui semble tellement sien, lui échappe trop souvent? Rien n'est plus proche de lui, dans ce que j'appellerai la pure idée des choses; mais, dans le fait, en pratique, rien n'est trop souvent plus loin de lui. Tout consiste à vouloir. Soit. Mais est-il possible de vouloir ?

Voilà bien la dernière difficulté, la plus reculée, et elle est telle que, si elle demeure insurmontable, rien n'est fait. En vain aurons-nous dégagé le but final de toutes les circonstances indépendantes de notre vouloir : si, dans notre vouloir même, nous rencontrons un obstacle plus intime et partant plus invincible que tous les autres, qu'avons-nous gagné ?

Or, pour vouloir, il faut voir d'abord, et ensuite il faut précisément vouloir. Voyons-nous le bien comme il le faut voir ? et, si nous ne le voyons pas, est-ce qu'il dépendait vraiment de nous de le voir ? Puis, quand nous le voyons, qu'est-ce que cette faiblesse profonde, intérieure, aux entrailles mêmes de notre être, faiblesse qui nous rend incapables d'une résolution, d'une décision, d'un effort, en sorte que notre vouloir ne peut s'égaler à notre vue ? Ainsi, ou nous ne voyons pas, ou, voyant, nous voudrions vouloir, et nous ne voulons pas.

Cette difficulté est la plus poignante de toutes. Comment la surmonter ?

Que d'hommes ne voient pas le but de la

vie, la raison de vivre, le vrai usage de la vie ! Si ce n'est pas leur faute, c'est l'affaire de Dieu. J'ai recours ici à ces merveilleuses et secrètes ressources ou inventions de la Providence dont j'ai parlé plus haut, et je me dis que ces vies avortées, manquées, faute de lumières, ne sont peut-être avortées, manquées qu'en apparence, Dieu ayant le moyen d'atteindre les âmes d'une façon invisible. Il y a le plan et la marche visible du monde. Dans le fond, aucune personne morale ne devant être sacrifiée, aucune n'est sacrifiée en effet, et un ordre caché, plus favorable à l'évolution des êtres moraux, subsiste et se développe sous l'ordre apparent : quand nous en pouvons saisir quelque chose, nous le trouvons admirable, et ces révélations rares nous en attestent l'existence que nous garantissent la bonté de Dieu et le prix des âmes. Donc, que par suite des circonstances, beaucoup d'hommes semblent ne voir ni le but final de la vie ni la vraie raison de vivre, nous devons le déplorer, nous ne devons pas nous en troubler ; nous devons y puiser un motif de travailler à éclairer les esprits, nous ne devons pas crier au scandale. Comprenons qu'il y a là un appel à notre action dévouée et bienfaisante, et n'accusons pas Dieu.

Mais allons plus au fond. Il y a des hommes chez qui les circonstances et conditions visibles d'existence ne semblent nullement défavorables. S'ils ne peuvent voir, c'est qu'ils ont l'esprit mal fait. Est-ce leur faute? S'ils négligent volontairement de se mettre en état de voir, si, ne remplissant pas leurs devoirs intellectuels, ils jugent mal, c'est à eux évidemment qu'il y a lieu de s'en prendre. Nul n'est responsable de leur manque de lumière et de leur défectueuse vision qu'eux-mêmes. Cela n'a rien qui nous étonne, rien qui nous scandalise. C'est un des cas de cette volonté mauvaise dont la possibilité est liée à l'idée même de la liberté créée. Nous ne faisons ni de la possibilité de pécher ni du fait même de pécher un argument contre le Bien, contre Dieu. Nous avons trouvé de quoi nous rassurer, et là il n'y a plus rien à remettre en question. Plus profonde est la difficulté présente. Un homme a, comme on dit, l'esprit mal fait, ou étroit, ou faux, par je ne sais quel vice de constitution. Allons-nous en prendre notre parti? l'excuserons-nous ou l'accuserons-nous? Comment donc la vie humaine est-elle faite, si un homme qui paraît d'ailleurs sain, complet, normalement constitué, a une radicale impuissance de voir ce qu'il est le plus essentiel de voir? Il a toutes sortes de qualités intellectuelles peut-être ; et cela qu'il serait suffisant et indispensable de voir, il ne le voit pas. Un sens lui manque : il ne sait pas voir, il ne peut pas voir la vraie raison de vivre. Moralement il est aveugle ou il voit mal.

Je remarque qu'en posant dans ces termes le fait et la question, nous altérons le fait et, par suite, nous posons mal la question.

Prendre un homme à un moment donné, et puis dire : il ne voit pas, il ne peut voir; c'est oublier la continuité qui relie nos actes à nos actes. Vous ne voyez pas, c'est un fait; mais c'est un fait aussi que ce moment précis n'est pas le premier où vous avez commencé de voir. Or, depuis les premières lumières qui sont venues à vous et depuis les premiers instants où vous avez ouvert les yeux, qu'avez-vous fait de ces lumières et de celles qui les ont suivies, et comment vous êtes-vous servi de vos yeux, comment les avez-vous dirigés et traités ? Il y a un certain usage de la lumière reçue qui amène des lumières nouvelles et croissantes; il y a un certain usage de la vue qui la rend plus apte à voir. Il y a aussi un abus de la lumière qui en tarit la source, un abus de la vue qui la débilite et finit par la supprimer. Lors donc que je constate en vous, à telle heure, une impossibilité de voir, moi qui constate ce fait précis, je ne puis rien dire de plus; mais je sais par mon expérience propre qu'avant cet instant il y en a eu un autre, et avant celui-ci un autre encore, et, dès lors, je dois me dire : Cette impuissance à voir n'est-elle pas une impuissance acquise? Je suis donc ramené devant cet impénétrable mystère de la responsabilité que j'ai déjà plusieurs fois rencontré. Un esprit mal fait ne prouve rien contre Dieu; car, ou il est mal fait par suite de circonstances qui tiennent à l'ordre providentiel, et il n'y a point là de faute personnelle, ou il est mal fait parce qu'il s'est défait ou parce qu'il n'a pas travaillé à se faire, et nous sommes en présence d'une faute personnelle. Des deux manières, nous rentrons dans des cas déjà examinés et résolus, et la difficulté qui nous effrayait n'est vraiment pas nouvelle pour nous.

Il ne reste donc plus qu'un point, un seul point :

c'est celui de l'impossibilité de vouloir, de l'impuissance à vouloir.

Si l'on veut comme il faut, on dirige sa vie comme il faut. Alors on travaille à corriger les vices du tempérament, à remédier aux défauts naturels. On comprend qu'il y a une éducation de l'intelligence, comme de tout le reste dans l'homme, à entreprendre, à poursuivre ; et, ne le comprendrait-on d'abord que très imparfaitement, les premiers efforts d'une bonne volonté généreuse et courageuse servent à le faire comprendre davantage. On se met en état de bien voir, de bien penser, de bien juger. On se forme l'esprit, on acquiert un sens droit, rassis, ferme ; on se met en garde contre les illusions, les extravagances, les légèretés de toutes sortes ; on devient de plus en plus, de mieux en mieux homme de sens, homme de bon sens, et, grâce à cette volonté persistante de se diriger par raison, on étouffe les germes de folie, si je puis dire, que l'on portait en soi, on arrange si bien sa vie que la raison finit par y avoir raison.

Soit. Je comprends cela. Mais vouloir ainsi, voilà le difficile. Ne parlons plus d'une radicale impuissance à voir. Mais la radicale impuissance à vouloir? Là est le point où nous sommes acculés.

Est-ce qu'en fait je puis vouloir à volonté? est-ce qu'il me suffit de me dire que je veux vouloir et que je le dois, pour le pouvoir? Qu'il en coûte de prendre une résolution énergique! de dire non, mais tout de bon, sans réserve, sans arrière-pensée, pour toujours, à quelque chose qui plaît ou dont tout simplement on a l'habitude, pour dire oui, un vrai, total et efficace oui, à la raison et à la conscience! Mais ce ne serait rien que cela coûtât, ou plutôt ce serait superbe, puisque c'est méritoire; ce serait superbe si c'était possible. Est-ce possible, en fait, dans la pratique? N'y a-t-il point des cas où l'on ne peut tirer du fond de son être la force de vouloir? On voit, et très bien; on voudrait vouloir : on ne veut pas. Non seulement on ne peut pas faire : on ne peut pas vouloir faire. C'est là le plus pénible, le plus cruel. Il n'y a pas, ce semble, d'infirmité ni de plaie morale plus profonde que celle-là. Il ne s'agit pas d'un mauvais fruit, il s'agit de la racine même. C'est la racine qui est atteinte d'un mal sans remède, semble-t-il. Je ne puis vouloir. Est-ce que, loin de l'expérience même, dans le calme de la réflexion savante, je vois et je sens assez tout ce qu'il y a là? Je ne puis vouloir : je suis donc la proie, le jouet de la nature en moi, et des circonstances, et de tout ce qui s'élève des profondeurs inexplorées de mon être, et de tout ce qui du dehors souffle sur moi. Quelle condition misérable ! et où est alors pour moi la vie raisonnable, la vie morale ? Je me consumerai en vains désirs, en aspirations vagues, en velléités impuissantes, en regrets superflus, et attendant toujours de vivre, je ne vivrai jamais. Encore une fois, quelle misère !

Chez quelques hommes, la maladie est à l'état aigu. Très cultivés, raffinés, avec une intelligence ouverte, vive, pénétrante, avec une conscience délicate et jalouse, avec de nobles idées et des ambitions généreuses, des hommes qui ont tout ce qu'il faut pour être des hommes de grand sens et des hommes de bien s'arrêtent devant des fantômes, et leur impuissance de vouloir les condamne à une effroyable stérilité. La maladie, à ce point rare et étrange, étonne. Au fond, n'est-elle pas en tout homme le mal humain par excellence ? Bien plus que cette folie radicale dont je parlais tout à l'heure, il y a, dans toute âme d'homme, une radicale faiblesse. Et si vraiment, l'homme fait pour vouloir le bien ne le peut vouloir, comment ne pas dire que la fin assignée à l'homme ne lui est pas accessible et, en définitive, que la vie humaine est mal faite?

Tout semble donc remis en question.

Procédons avec calme. Commençons par l'examen de la maladie aiguë : le mal y étant plus visible, nous en saisirons mieux la nature.

Cette impuissance à vouloir, constatée à un moment donné, a-t-elle toujours existé aussi complète? C'est ce que je commence par demander.

La réponse n'est pas douteuse. Elle a eu ses commencements, ses progrès, son évolution. Elle a grandi par les lâchetés successives, elle s'est accrue par chaque défaite. On a voulu trop de choses, et vaguement : on s'est fatigué, épuisé en des efforts sans énergie précise. On a voulu trop peu, et mollement : on s'est accoutumé à des demi-résolutions, trop facilement formées, plus facilement abandonnées. Peu à peu la volonté s'est détendue, affaiblie, atténuée, appauvrie et comme anéantie. Où l'on a voulu avec trop d'obstination des choses qui n'en valaient pas la peine; on s'est usé dans un détail minutieux; on s'est mis dans un étau; la volonté s'est affaiblie à force de scrupules, et, devant la réalité, elle est comme annulée.

Ce qui s'est produit peu à peu, non par un dessein exprès, sans doute, mais par négligence et malgré les avertissements de toutes sortes, extérieurs et intérieurs, malgré les premières expériences si instructives, malgré les premiers résultats si propres à éclairer, on ne peut dire que c'était d'emblée et tout d'abord chose s'imposant à nous, et, dans ces commencements, la formule vulgaire « c'est plus fort que moi » n'avait pas lieu.

Qu'est-ce que cela nous montre? Un point de première importance, à savoir que le vouloir se fait ou se défait et, espérons-le aussi, se refait, par couches successives, si je puis dire, ou mieux par l'usage de lui-même, par sa propre action.

La volonté n'est pas comparable à je ne sais quel réservoir où il n'y aurait qu'à puiser, n'importe quand, pour avoir la force de vouloir et de faire. S'il en était ainsi, elle serait nature et non précisément volonté ; elle serait fonds subsistant en nous sans nous, et non chose existant par nous. Cette puissance toujours prête à agir, cette sorte de disponibilité universelle apparaît d'abord comme convenant à la volonté ; si l'on y regarde de plus près, on voit que concevoir ainsi la volonté, c'est en faire une force physique, non une force morale. Sachons donc renoncer à nous la représenter comme quelque chose d'inerte en soi, de morne, de mort, ou même comme une puissance vitale accumulée, emmagasinée je ne sais où ni comment ; elle se fait sans cesse, et chaque acte par où elle se manifeste contribue à la former ; chaque acte par où elle s'affirme la confirme ; chaque moment de son devenir constitue son avoir et son être, et cela parce que dans le fond notre vouloir c'est nous précisément, et que c'est à nous de nous rendre, en voulant, capables de vouloir. Si donc, au début, on a mésusé ou abusé d'elle, ou si l'on n'en a pas usé du tout, il ne faut pas s'imaginer qu'à un moment donné on l'aura sous la main intacte, entière, puissante, efficace. Elle manque à qui a manqué de s'en servir d'abord et de la développer. On s'est rendu peu à peu impuissant à vouloir parce que, progressivement, on a renoncé à vouloir ou, en certains cas, refusé de vouloir.

Il y a donc une importante éducation de la volonté à entreprendre et à poursuivre.

Pour s'en rendre compte, qu'on examine comment se peut refaire la volonté défaite. Le premier moyen, c'est de vouloir peu de chose ; le second, c'est de vouloir ce peu malgré tout.

Réduit à une extrême faiblesse, à une impuissance universelle et radicale, on peut faire pourtant quelque chose d'analogue à ce qui se pratique pour les organes du corps quand on en a perdu l'usage par une cause quelconque. On commence par quelques mouvements, et, quoi qu'il en coûte, avec de l'aide, s'il le faut, on les exécute. L'homme qui ne sait plus, qui ne peut plus vouloir est comme celui qui ne sait plus, qui ne peut plus mouvoir le bras ou marcher. Considérez, lui dirai-je, telle chose que votre raison vous montre comme bonne à faire. Détournez votre regard de votre vouloir affaibli, atrophié, comme vous détourneriez les yeux de votre bras amaigri ou de vos jambes faibles et molles. Remplissez-vous l'esprit de cette chose à faire, de la nécessité ou de l'utilité de la faire, de ce qu'elle a de convenable, de beau, d'excellent. Remontez-vous par cette vue. Je dirais presque enivrez-vous de cette vue. Puis dites-vous : ce que je vois si bien, je le veux. — Mais le moment venu, tu ne le feras pas. — Je n'en sais rien, nous verrons; pour le moment, je dis que je le veux. — Mais ce n'est pas vouloir que de ne pas prévoir que devant l'obstacle on ne cessera pas de vouloir. — Je n'ai rien à prévoir. — Du moins il faut pourvoir à l'avenir. — J'y pourvois mieux en disant présentement que ce que je vois, je le veux, qu'en diminuant mes pauvres forces par d'inutiles et stérilisantes réflexions.

Donc, vous avez décidé de vouloir ceci, qui est très précis, et qui est relativement peu de chose, un point unique; et puis, n'y pensez plus. Quand, occupé d'autre chose où vous voulez sans peine, vous vous reprenez à penser à la chose que vous croyez impossible, contentez-vous de répéter : Je le veux. Oh! ce n'est pas du *psittacisme*. Il vous semble que vous répétez un mot vide de sens. C'est une illusion. Votre imagination troublée vous fait croire que ce n'est qu'un son qui frappe l'air. C'est, à vrai dire, l'expression de votre volonté profonde. Répétez-la donc cette parole, et le son même de votre voix vous rassurera, vous enhardira. Les enfants chantent dans les ténèbres, et cela leur donne du cœur. Vous ne voyez plus les raisons de vouloir. Qu'importe? Vous les avez vues. Cela suffit. L'idée qui vous enchantait a perdu ses couleurs et ses charmes. Qu'importe? Elle a lui, et c'est assez. Souvenez-vous-en comme Descartes voulait que, ne voyant plus la suite de raisonnements par où se démontre une vérité, on se ressouvînt de la conclusion et, sur la foi de la mémoire, on gardât en sa créance une vérité bien établie, quoique les raisons qui avaient servi à l'établir ne parussent plus.

Et le moment venu, en dépit de tous les fantômes, tenez ferme. Vous avez dit : Je veux. N'allez pas faiblir. Une défaite augmenterait votre faiblesse. Si, pourtant, vous cédez aujourd'hui, n'allez pas croire tout perdu. Vous recommencerez demain, avec un peu plus de peine, c'est vrai, mais vous l'aurez bien mérité, et, si vous l'avouez, ce sera pour vous une source de force.

Ainsi peut se restaurer, non d'emblée, mais lentement, la volonté presque détruite. Je ne nie pas les coups d'éclat, les révolutions soudaines, les brusques revirements, ce qui, dans le langage chrétien, se nomme conversion subite. Mais je dis que d'ordinaire, comme la volonté s'est peu à peu défaite, c'est peu à peu aussi qu'elle se refait; et même quand le premier branle est soudain et inespéré, la réfection s'opère d'ordinaire par une lente action. Le vouloir se rétablit, se ressaisit, se reprend par des efforts successifs, progressifs, portant sur un petit nombre de points précis, bien considérés, énergiquement voulus. L'ambition est grande, sans quoi il n'y aurait pas d'élan; l'ambition est grande, puisque c'est celle de redevenir un homme; mais les détails voulus sont telle chose nettement déterminée, puis telle autre, et non un vague et indistinct et inconsistant ensemble, et, dans la netteté des vues et dans la précision de l'effort, la volonté se ranime et se retrouve.

C'est à peu près la même méthode qui réussit dans l'éducation de la volonté non malade, qu'il y a lieu non de traiter, mais de former. Vouloir peu à la fois, mais s'habituer à vouloir tout de bon ce que l'on veut; se proposer un but noble, haut, grand, mais, quand on vient au détail, étreindre pour ainsi dire un point précis; une résolution une fois prise, s'y tenir, malgré les retours d'indécision, malgré les obstacles, coûte que coûte;

après les défaillances, recommencer en songeant moins à la défaite essuyée qu'à la grandeur du but poursuivi et à la précision de l'effort décidé : par ces moyens on acquiert la virilité, et le vouloir, qui n'est pas chose toute faite, se fait par le vouloir même.

Il reste pourtant une ombre encore. Quand on se dit, parce qu'on ne le sent que trop, que l'on ne peut vouloir, où prendre, pour commencer, pour recommencer, la force de vouloir? C'est ici que nous touchons aux dernières profondeurs et du mal humain et de l'être humain.

Non, je ne disputerai pas avec vous qui dites ne pouvoir plus vouloir. Je ne rechercherai pas ce qu'il peut y avoir d'illusion dans ce découragement absolu. Je vous dirai comme au malade qui s'essaie à reprendre et à rapprendre l'usage de ses membres : Cherchez quelque aide. Mais quelle aide? Celle d'un sage? peut-être. Celle d'un ami? pourquoi pas? Mais c'est autre chose encore qu'il vous faut, c'est plus et mieux. Et non pas à vous seulement, mais à tous; et non pas dans votre cas de maladie aiguë seulement, mais en toute occurrence. Qui donc, en effet, ne sent et ne sait, pour ainsi dire, à chaque instant qu'il est faible, qu'il n'ose vouloir, qu'il ne peut vouloir? S'il n'est pas exact que l'impuissance soit absolue — et elle ne l'est pas puisqu'elle n'enlève pas la responsabilité, — il y a pourtant, inhérent à nos entrailles, je ne sais quoi de faible, de débile, et comme de disproportionné avec la noblesse de notre destinée. Qui ne sait pas cela n'a pas du mal de l'homme une idée profonde. Il faut donc à l'homme une aide. Il faut qu'il s'appuie sur ce qui est plus grand et meilleur que lui. Il faut qu'avouant son insuffisance, il puise ailleurs de quoi y remédier, y suppléer. Il faut qu'il crie au secours. Déjà quand il envisage le devoir, la loi morale, le Bien, il a, s'il le fait d'une façon tout à fait sérieuse, un sentiment vif du peu qu'il est par rapport à ces choses excellentes. Humilité morale qui est une invocation, une prière. Et qui donc, en effet, regarde comme il faut l'idéal moral sans en attendre un surcroît de force? Le considérer d'un regard profond, prolongé, pénétrant, c'est l'attirer en soi, et s'en remplir ; c'est en implorer le secours ; c'est y chercher, à force de le bien voir, assez de chaleur et d'énergie pour en faire sa règle pratique et tâcher de le réaliser dans sa vie. Toute idée contemplée sciemment afin de la traduire ensuite et de la produire dans des actes, opère sur le vouloir, y multiplie la vigueur et l'élan, l'affermit; et c'est là comme une prière naturelle par laquelle on se tourne vers la vérité, vers le bien, pour être par la vérité, par le bien, rendu dispos et fort, rendu capable d'y conformer son vouloir et tout son être.

Que si nous nous souvenons maintenant que le Bien c'est l'Être bon, et que Dieu est le chef des esprits, comme nous avons dit plus haut avec Leibniz, tout ce qu'il peut y avoir encore de métaphorique dans les propositions précédentes fera place à une exactitude littérale. C'est à la lettre que nous attendrons, que nous implorerons, que nous recevrons une aide intérieure et supérieure. Et nous jugerons que nos plus grandes détresses n'ont peut-être d'autre but, dans cette éducation morale qui est la vie, que de nous déprendre davantage de notre étroite et pauvre force propre, en nous en faisant sentir l'étrange insuffisance : moins sûrs de nous, plus défiants à l'égard de nous-mêmes, nous devenons plus capables de grandes choses, plus capables du bien, plus capables de Dieu, dirais-je volontiers. Ces expériences du peu que nous pouvons sont souvent une préparation merveilleuse à pouvoir beaucoup. Elles font partie de ces ressources de la Providence dont nous avons déjà parlé plusieurs fois. Nous ne sommes point par nous-mêmes : il est bon que, dans l'acte libre, dans l'acte moral, nous ayons encore présente notre dépendance, et que nous nous rattachions au principe même et à la source de l'être par une humble reconnaissance de notre indigente faiblesse, par une confiante prière à Dieu, qui, seul, peut y suppléer. L'aide divine est prévenante : elle devance nos désirs et nos requêtes ; mais l'économie du monde moral demande que de notre côté cette aide soit reconnue nécessaire, que nous la réclamions, que nous l'espérions, que nous la recevions ensuite de notre requête même, et qu'ainsi la vie morale soit un commerce entre l'âme et Dieu. C'est ce que nous avons entrevu dès que nous avons commencé à considérer le monde moral. C'est ce que nous voyons de plus en plus, de mieux en mieux, à mesure que nous avançons, et notre grande et profonde faiblesse, sentie et expérimentée, nous sert à nous en convaincre davantage. En sondant cette faiblesse, nous apercevons la nécessité, la réalité du remède divin, du secours divin. Nous reprenons donc confiance. Nous n'hésitons pas à dire que la raison de vivre et l'usage de la vie, c'est de vouloir le bien. C'est difficile, souvent ; cela semble impossible ; c'est impossible, si on l'entend bien : car c'est impossible à l'homme tout seul ; mais l'homme n'est pas seul !

CHAPITRE XXV

L'AMOUR

Vouloir le bien, c'est la raison de vivre, c'est le mot de cette énigme de la vie, et c'est le mot d'ordre où se résume tout ce qui est à faire.

La formule est justifiée. Elle dit nettement ce qu'il faut dire. Elle marque à l'homme un but qui, malgré les apparences, est accessible, accessible à tous.

Est-ce pourtant la formule définitive ?

Il y a un mot que j'ai plusieurs fois employé, mais seulement en passant : c'est le mot *aimer*. Le moment est venu d'examiner ce mot très grand et très simple, et de voir si la chose qu'il exprime n'a pas des caractères qui en font d'une certaine manière le tout de la vie.

Aimer : cela prend tout l'homme, ou cela se fait avec tout l'homme. C'est passion d'abord, c'est mêlé aux sensations. Puis, c'est sentiment. Il y faut la raison, il y faut la volonté. Amour est acte d'âme ; amour est consentement à ce qui est bon, à ce qui est ; amour est don de soi. Tout l'être, toute la personne est là. C'est un acte total où tout se réunit pour se donner. Tel est le vrai amour, celui que saint François de Sales appelle si bien « l'amour intellectuel et cordial [1] ». Si c'est là aimer, dans toute la force et plénitude du terme, aimer est, je puis le dire, un acte vital, l'acte *vital* par excellence, le produit, l'expression, le fruit de la vie même.

L'amour a aussi un caractère social : car, si l'on peut aimer quelque chose, c'est surtout à quelqu'un que l'amour s'adresse, et c'est le lien vital entre les êtres humains.

Une fois que nous considérons la puissance et l'acte d'aimer, commence à se dénouer une difficulté qui ne laissait pas que d'être embarrassante.

---

1. *Traité de l'amour de Dieu*, I, x.

Nous sommes des êtres réels, concrets, vivants, des personnes. Et nous avons, ce semble, notre loi, notre terme, notre suprême objet dans l'abstrait : car enfin, le devoir, la vérité, le bien, ce sont d'abord des idées, et même lorsque, suivant le mouvement de la pensée, nous disons que ce sont là les réalités suprêmes ou plutôt que tout cela se réunit, se fonde, se réalise et vit dans la suprême Réalité, en Dieu qui est le Vivant éternel et parfait, je ne sais quoi de froid, de morne, de pâle demeure encore, c'est toujours dans la région de la pure pensée que nous sommes, et nous affirmons, par raison, que c'est réalité et vie, sans le sentir.

Posez l'amour, et tout s'anime, sans qu'aucun tort soit fait à l'idéal.

D'abord, que l'objet de l'amour soit la *personne* et que j'*aime* vraiment, dans la personne même je trouve l'idée. Comprenons-le bien : aimer tout de bon, en donnant au mot toute son étendue, toute sa force, c'est aimer une *personne;* mais aimer une personne, en donnant au mot toute sa plénitude, toute sa portée, c'est aimer avec elle et en elle ce que je nomme l'*idée* ou encore l'*universel*. Je ne puis aimer la *personne* comme *telle* et ne pas aimer ce qui la fait telle, la vérité, le bien, les choses morales, ce par quoi et pour quoi elle est. Aussi toutes les grandes et profondes affections ont-elles ce caractère que les êtres qui s'aiment ainsi aiment ensemble quelque chose de plus grand et de meilleur qu'eux, et cela même agrandit leur amour et le rend plus profond.

D'un autre côté, si l'objet de l'amour est l'*idée* et que j'*aime* vraiment, voilà qu'apparaît l'être réel, vivant, l'esprit ou la personne, ou l'analogue de la personne ou de l'esprit, ou mieux ce dont l'esprit ou la personne est l'analogue. Puis-je aimer à fond la vérité et le bien, et demeurer dans l'ordre idéal pur, et ne pas sentir en même temps que voir que mon amour s'adresse à l'Être, va à l'Être ?

Je suis donc un être qui n'est jamais plus complètement ni mieux lui-même que lorsqu'il aime et qu'il aime comme il faut. Je puis dire que je *suis fait pour aimer*. Ne dirai-je pas aussi que le tout de la vie, c'est d'aimer ; que là est au fond la raison de vivre ; et que ce qu'il y a enfin à faire de la vie, c'est d'aimer ?

J'arrive alors à des formules plus pleines et

plus simples à la fois que celles dont j'ai usé jusqu'à présent.

Je dis que je suis fait pour aimer le Bien, ou mieux pour aimer Dieu.

J'ajoute que je suis fait pour aimer les autres hommes, mes semblables, par rapport au Bien, ou mieux à Dieu.

Je vois que je m'intéresse et m'attache naturellement à mon être propre et que naturellement j'aspire à ma perfection propre et à mon propre bonheur : je dis maintenant que je m'aime moi-même, mais que je ne dois m'aimer que par rapport au Bien, ou mieux à Dieu.

Comme tout cela est simple, et comme tout cela est solide et plein! Comme tout cela est vivant! Vraiment l'acte vital par excellence, c'est d'aimer.

Puis, une fois l'amour posé, une fois le suprême objet et la règle de l'amour bien vus, tout s'ordonne et se développe merveilleusement. Je comprends qu'il y ait des choses qui ne soient que *moyens;* qu'il y ait des *moyens* qui aient rang de *fins;* et qu'il y ait des *fins* qui ne soient jamais *moyens.* Je comprends aussi qu'aimer selon la règle, c'est aimer selon ce que sont les êtres, *prout sunt*[1], selon les degrés d'être et de vie. Et aimer ainsi, aimer comme il faut, c'est accomplir toute justice, c'est respecter et observer l'ordre ; c'est donner à ce qui vit ce qui lui est dû et c'est vivre soi-même vraiment.

Saint Augustin a donc raison de dire : *Ama, et quod vis fac,* aime, et fais ce que tu veux[2]. Aimer, entendu comme nous venons de l'entendre, comprend et dit tout. « Il ne suffit pas de garder l'extérieur de la loi : l'âme de la loi c'est de la garder par amour : l'effet de l'amour est de garder la loi... L'âme de la loi est d'aimer et de faire tout par amour ; le reste n'est que l'écorce et l'extérieur de la bonne vie[3]. »

Redisons-le donc encore, et d'une manière plus nette, si c'est possible : aimer, aimer le Bien souverainement, et selon la formule chrétienne,

---

1. *Imitation de Jésus-Christ*, III, xxvii, 5.
2. Saint Augustin, *In I Epist. Johannis Tract.* vii, 8 (éd. des Bénéd., part. 2, t. III, p. 875), expliquant les versets 7, 8, 9, 10 du chap. iv : « Semel ergo breve præceptum tibi præcipitur, Dilige, et quod vis fac : sive taceas, dilectione taceas ; sive clames, dilectione clames ; sive emendes, dilectione emendes ; sive parcas, dilectione parcas : radix est intus dilectionis, non potest de ista radice nisi bonum exsistere. »
3. Bossuet, *Méditations sur l'Évangile*. La dernière semaine du Sauveur, 44º jour.

aimer Dieu par-dessus toute chose et le prochain comme soi-même, cela dit tout. Voilà pourquoi la vie est faite, et voilà ce qu'il faut faire de la vie. C'est la formule la plus large et la plus compréhensive de toutes; c'est aussi la plus haute; et c'est la plus simple comme la plus concrète. Vivre, au sens plein du mot, c'est aimer. L'amour est comme la fleur et le fruit de la vie, c'est la vie même. Et le Bien, qui est la Vie parfaite et éternelle, est la source de toute vie, et le modèle et la fin. Le Bien, souverainement aimable, est lui-même souverainement aimant. Il est Amour. Bien, Vie, Amour, c'est tout un, tout cela s'identifie en Dieu. Et nous, en aimant Dieu, et, par rapport à Dieu, ce qui vient de Dieu et va à Dieu, nous vivons nous-mêmes d'une vie analogue à la vie divine; nous sommes bons, aimants, aimables aussi et par cela même; nous nous conformons à notre modèle, nous allons à notre fin.

Le point de vue de l'amour est donc le point de vue suprême. Il est essentiellement harmonieux. L'amour ne supprime pas le reste : il domine le reste et le pénètre.

Être vivant, je tends à me maintenir dans la vie, et je le veux. C'est naturel. Pour cela, je me sers des autres êtres, j'en use. Je les prise et les veux comme utiles à ma vie. S'il le faut, je les détruis pour ma subsistance. Dans un ordre plus élevé, je ne consomme plus ce qui me sert à entretenir ma vie, mais ne le voulant que comme moyen et en tant qu'utile, je n'entre en société avec rien, je demeure seul. La vie qui n'aurait d'autre raison, d'autre emploi, d'autre but que de se conserver et de s'accroître elle-même, n'aurait ni grandeur, ni beauté, ni véritable prix. Ce qui est *condition* de la vie n'en peut devenir le *but*.

Si j'aime véritablement, et selon l'ordre, souverainement le souverain objet, et le reste par rapport à ce souverain objet, voilà que vivre vaut la peine de vivre. User des choses pour conserver ma vie, devient bon, en son rang. Ce peut être légitime, bon, mais en son rang. C'est moyen, rien que moyen, jamais fin.

Jouir vaut mieux qu'user, en un sens. Je sais qu'user peut devenir plus noble par la vue de la raison qui conçoit l'utile. Mais jouir est, en soi, plus désintéressé. Goûter la douceur de vivre est naturel et va d'abord sans retour sur soi, sans calcul d'intérêt. C'est dilatation de vie, ce n'est pas égoïsme. Si l'on en fait le but, tout change et se pervertit. Les ressorts se détendent, l'âme s'alanguit, *dissolutio et languor*[1]. L'être qui ne tend qu'à jouir se prend pour centre et pour fin. Il se replie sur soi, et se dévore. Aimez, et selon l'ordre, et la joie d'aimer, identique alors à la joie de vivre, sera légitime, bonne.

Penser, connaître, savoir, comprendre : c'est noble. Est-là le but de la vie? Non, car c'est froid, donc incomplet comme la lumière sans chaleur et sans énergie. Ou, si cela cesse d'être glacé, c'est que l'amour s'y glisse et s'y mêle : il y a amour en même temps que pensée.

Vous voulez connaître, savoir. C'est naturel, et c'est légitime, et bon. Mais « malheur à la connaissance stérile qui ne se tourne point à aimer[2] ! »

Vous voulez produire des objets où vous mettez votre pensée : dans une matière vous soufflez votre esprit, votre âme. C'est grand, c'est beau. Mais ce ne sont là que des semblants d'êtres, des semblants de vies. Produire cela, est-ce le but de la vie? Non. C'est légitime, c'est bon, mais en son rang.

Vous propagez la vie. Vous fondez une société

---

1. Sénèque, *Lettres à Lucilius*, III, 6.
2. Bossuet, *Connaissance de Dieu et de soi-même*, IV, x.

qui reçoit de vous la vie. Une famille se crée, dont vous êtes l'auteur et le chef. Ou c'est une corporation quelconque formée par votre initiative, animée de votre pensée, vivant de la vie que vous lui communiquez. Ou encore c'est ce que l'on nomme une *école :* une assemblée d'intelligences qui semblent s'éclairer de votre lumière, qui pensent comme vous et par vous. Vous êtes capable d'exercer une influence, et qui dure, de créer en quelque sorte une *forme* de pensée et de vie, un *esprit* et de le transmettre. C'est grand, cette puissance de répandre, de propager, de perpétuer la vie de toutes sortes de manières. Est-ce le but souverain de la vie? c'est chose qui est dans votre nature, et c'est chose légitime, bonne. Est-ce la suprême raison de vivre?

L'amour ici se montre. Mais ce n'est encore qu'une ébauche. Au premier degré, si rien de supérieur n'y vient jeter son rayon, ce n'est qu'un instinct. En d'autres sphères c'est l'ambition, le désir d'être, d'être plus, d'agrandir et d'étendre son être. Tout cela n'aura toute sa beauté que si l'amour véritable s'y ajoute, y pénètre, et y élève et transforme tout.

Vous voulez agir, déployer votre activité, faire

de grandes, de belles choses. Vous êtes fort, vous êtes puissant. Votre énergie triomphante vous rend maître de beaucoup de choses et de beaucoup d'hommes. Est-ce digne d'être le but suprême de la vie? Et si aucun véritable amour ne se mêle à votre action, aucun amour par où vous soyez en union avec autrui et vous ayez quelque rapport avec le Bien suprême, puis-je dire que étant homme, vous êtes fait pour agir et que ce que vous avez à faire en ce monde, c'est d'agir? Non. L'action, sans le véritable amour, n'a pas ce prix.

Mais vous agissez conformément à la règle morale. C'est bien. Vous voilà dans l'ordre. Cependant prenons garde : si vous n'aimez pas, la règle est purement formelle, et d'une règle toute formelle, je ne puis dire que s'y conformer soit tout le but de la vie.

Ainsi chacun des buts que je viens de mentionner est un but *partiel*, aucun ne saurait être le but *final*. Pris comme terme, chacun de ses buts devient *exclusif* du reste, et nous voilà dans le faux, même dans le mal. Vous vous confinez dans une sphère donnée, et ce que vous y faites n'est pas tout ce qu'il doit être; si vous allez d'une sphère à l'autre, c'est par soubresauts, et vous n'échappez à l'étroitesse exclusive que par l'inconstance : votre vie va au hasard. Si vous pensez au devoir, vous avez une règle fixe, c'est vrai, et une règle universelle et souveraine, c'est vrai encore, et par conséquent vous sortez du partiel et de l'exclusif; mais, tant que la règle est purement formelle, comment auriez-vous tout le sens de la vie, comment dans le devoir ainsi envisagé, réduit à soi seul, détaché du Bien et de l'Être, trouveriez-vous le but final de la vie?

L'amour pénètre dans toutes les sphères, il les relie et les domine toutes. Avec l'amour, chacun des buts partiels a du prix, et cesse de tendre à devenir terme, partant d'être exclusif. Aimant selon l'ordre, on embrasse implicitement tout degré d'être. Qui aime comme il faut, ne méprise ni l'utilité, ni la jouissance, à leur place, en leur rang, ni encore moins le savoir, ni l'art, ni l'action. Qui aime bien fait ceci ou cela, quand il faut, et en perfection, et sans se laisser absorber en rien. L'amour n'est dépendant d'aucune de ces choses, il les a toutes dans sa dépendance. Il n'en supprime aucune, il n'en exclut aucune : il les pénètre toutes, les anime, les transforme, et il leur demeure supérieur à toutes, étant attaché au Bien suprême, et uni aux âmes et les unissant.

Seul le point de vue du devoir est universel comme le point de vue de l'amour. Mais, sans l'amour, le point de vue du devoir, tout universel qu'il est en soi, risque de devenir étroit dans le fait, parce qu'il est tout formel, étant réduit à soi seul, et une règle toute formelle produit bientôt un pur et sec et étroit formalisme. L'amour, au contraire, court, vole, et il est en joie, et il est libre, et rien ne le retient, *currit, volat, lætatur, liber est, et non tenetur*[1].

Je crois avoir montré que le point de vue de l'amour est le plus large et le plus harmonieux. Il suit de là que c'est, si je puis dire, le plus *observateur de la lettre*, en même temps que le *plus spirituel*.

J'aime : je rendrai à celui que j'aime tous les services possibles, je ne négligerai, pour lui faire du bien et pour lui faire plaisir, aucun détail ; je mettrai du prix aux plus humbles choses : cette fleur ou ce sourire dira beaucoup, sera beaucoup. Mais l'amour n'est attaché à rien

---

1. *Imitation de Jésus-Christ*, III, v, 4.

de tout cela. Aussi voyez les suites. Si vous envisagez les choses du point de vue de l'amour, l'universalité du but souverain se conciliera avec l'infinie diversité des aptitudes ou des conditions. Et encore, le détachement intérieur et les ascensions mystiques se concilieront avec l'attention accordée à ce qui est corporel. Aimer, c'est la grande affaire; mais, parce qu'on aime, on prend garde aux moindres choses, et, quand il le faut, on se passe de toutes. Alors on a un objet infini, Dieu, et l'on s'occupe des hommes, jusqu'à se dépenser, à se dévouer pour eux, jusqu'à leur donner tout son temps, tous ses soins, jusqu'à employer son esprit, son cœur, sa santé, sa vie, et sa mort même à les servir. On a la liberté de l'esprit, et on s'assujettit à la lettre. On a des espérances éternelles, et on remplit ses devoirs d'état qui sont terrestres. On trouve que les œuvres sont d'une certaine manière insignifiantes, et que d'une autre manière elles ont de la valeur. On tient à s'acquitter de son mieux de toutes les occupations qui remplissent les journées, et on n'est jamais tenu par elles. Aimer est la grande affaire, l'unique affaire : de tout l'on s'aide pour aimer, et, si tout manque, on aime, et cela suffit.

Voilà comment le point de vue de l'amour est le point de vue suprême, large, harmonieux, conciliant tout. Mais, ainsi entendu, et c'est la vraie façon de l'entendre, il mérite un nom nouveau. C'est ce qu'il nous reste à montrer.

CHAPITRE XXVI

LA RELIGION

La religion est essentiellement lien, lien des hommes avec Dieu, lien des hommes entre eux : elle est société, société avec Dieu, société des hommes entre eux : elle est amour. Et l'amour, allant jusqu'au bout, jusqu'au fond, jusqu'au haut, ayant Dieu pour suprême objet, et étant essentiellement acte d'âme, unissant les âmes et les unissant en Dieu, par Dieu, avec Dieu, l'amour a un caractère religieux, une portée religieuse.

Le point de vue de l'amour, qui nous a élevés au-dessus du point de vue strictement moral, devient le point de vue religieux.

Mais, dès que nous parlons de religion, nous entrons dans des considérations nouvelles. La religion, en effet, qui est lien, qui est amour, établit tout d'abord entre l'homme et Dieu un rapport que ni la science, ni la philosophie, ni la pure morale ne peuvent établir.

Il faut laisser aux mots leur sens précis et distinct. Parler de religion, ce n'est pas parler de science, de philosophie et de morale, sous un autre nom seulement, c'est parler d'autre chose.

La religion, comparée à la pure morale, à la science morale, à la philosophie morale, apparaît comme ne les contredisant point, mais comme disant plus et mieux.

Elle a de Dieu et de l'homme une vue plus profonde et plus vive. En Dieu elle voit mieux la toute-puissance, la bonté, la sainteté, elle voit cela plus à fond, et comme chose plus réelle, plus concrète, plus vivante. En l'homme, elle voit mieux le *péché :* elle en connaît plus à fond l'horreur. Et elle a ce qu'aucune morale ne peut avoir : on trouve dans la religion, la *purification,* l'*expiation,* le *sacrifice,* au sens littéral du mot, avec la *sanctification,* qui sépare hommes et choses, les tire de la masse, les réserve : pour quoi? pour les consacrer à

Dieu : tout cela ayant pour objet en définitive de réconcilier l'homme pécheur avec Dieu et de l'unir à Dieu.

Et dès là la religion unit les hommes entre eux comme ne le peut faire la pure morale. Elle a des fêtes, au sens propre, des fêtes en l'honneur de la Divinité, qui toujours rapprochent les hommes, qui toujours établissent entre les hommes une unanimité intellectuelle, morale, qui les font penser, prier, parler, chanter, marcher ensemble, de concert. Ce sont des processions, des *théories* sacrées, des chœurs, des repas, une commune participation à un même sacrifice.

Puis, la religion apporte aux douleurs une consolation plus intime que ne le peut faire la morale ou la philosophie.

Enfin, elle donne à l'âme une force dont ni la morale ni la philosophie n'ont le secret. Dans le Christianisme cette force se nomme la *grâce* : nom excellent qui en marque admirablement la douceur et l'empire en même temps que l'origine dans une surabondante effusion de la divine bonté[1].

---

1. Nous verrons, dans le chapitre suivant, l'exacte signification du mot *grâce* dans la langue chrétienne.

Il est de l'essence de la religion d'être fortifiante, d'aller jusqu'à l'âme, jusqu'au vouloir intime pour y mettre la force. C'est une prière impie que celle du poète disant à Jupiter : Donnez-moi la vie, donnez-moi les richesses ; pour l'égalité de l'âme, je saurai bien me la procurer moi-même :

> Det vitam, det opes : æquum mi animum ipse parabo[1].

L'âme religieuse demande à Dieu la force de vouloir, la force d'aimer, la force d'âme ; et, dans le vieil Homère, Pallas met dans les esprits la sagesse, la pensée bonne, la bonne volonté. De même Pindare célèbre la faveur divine qui fait fleurir dans le cœur des mortels la sagesse et le génie[2].

Or, la religion, pour purifier, pour sanctifier, pour fortifier aussi, a recours à des *rites*. Elle emploie, par ses fins spirituelles et divines, des choses matérielles. Les incantations et les formules magiques sont les contrefaçons de ses rites. Tant il est vrai que l'homme ne saurait se

---

1. Horace, I *Épîtres*, xviii, 107.
2. *Olympiques*, X (x), 10.

ἐκ θεοῦ δ' ἀνὴρ σοφαῖς ἀνθεῖ πραπίδεσσιν ὁμοίως.

passer de la religion! Quand il croit y renoncer, il la remplace par la superstition, et notre siècle savant ne fait pas exception, car le spiritisme et l'occultisme y fleurissent d'une étrange manière.

Enfin la religion a en propre le *prêtre* : un homme, mais un homme qui parle au nom de Dieu, de la part de Dieu, et qui parle à Dieu. Cela est unique.

Ramassez tous ces caractères : vous verrez que la religion concilie, harmonise, unit tout, l'intérieur et l'extérieur, l'invisible et le visible, le spirituel et le matériel, la personne et la société, et cela parce qu'elle concilie, harmonise, unit le divin et l'humain d'une façon qui n'est qu'à elle.

Ainsi, « de tous nos sentiments, celui qui réunit en lui davantage toutes nos affections, c'est l'amour. » En Dieu est le suprême et parfait objet « où se réunit tout notre amour », non pas de telle façon « qu'il n'en reste plus pour les hommes »; tout au contraire : « qui n'aime pas Dieu, n'aime que soi. Pour aimer son prochain comme soi-même, il faut être auparavant sorti de soi-même, et aimer Dieu plus que soi-même. L'amour, une fois uni à cette source, se répand avec égalité sur le prochain. »

Ces paroles (presque toutes empruntées à Bossuet[1]) résument bien cette loi de l'amour qui comprend, qui achève, qui explique l'ordre de la moralité pure, en le dépassant, et qui est déjà la religion même.

La religion donc est essentiellement lien : lien de l'homme à Dieu, lien des hommes entre eux par Dieu, pour Dieu. Et, parce qu'elle est essentiellement lien avec Dieu, elle a une vertu purificatrice, nous l'avons vu, une vertu consolatrice, une vertu fortifiante, une vertu unifiante, osons dire une vertu divinisante, *déifique :* à l'homme qui a mis par le péché quelque chose entre soi et Dieu, elle montre Dieu même lui offrant un moyen de réconciliation; à l'homme qui souffre, elle montre Dieu même le consolant; à l'homme qui sent sa faiblesse, elle montre Dieu même lui communiquant une force secrète et supérieure à tout; à l'homme enfin qui a l'ambition de connaître Dieu, de jouir de Dieu, de posséder Dieu en quelque manière, elle montre Dieu même suscitant, avivant, satisfaisant cette ambition et

---

1. *Méditations sur l'Évangile,* la dernière semaine du Sauveur, 42ᵉ et 47ᵉ jours.

s'unissant à ceux qui l'aiment, d'une façon qui passe toutes nos conceptions.

La vie selon la religion est essentiellement supérieure à l'homme, κρείττων ἢ κατ' ἄνθρωπον[1], parce qu'elle consiste précisément en un rapport intime, vivant, personnel entre l'homme et Dieu.

Dès lors le point de vue religieux est décidément le plus complet, le plus harmonieux, en même temps que le plus haut. C'est là qu'enfin nous devons chercher et trouver le dernier mot de la vie humaine.

Mais, remarquons-le bien, la seule considération de cette vie supérieure nous fait dépasser la philosophie pure. Qui parle de religion ne sait pas ce qu'il dit si ce qu'il nomme religion n'est à ses yeux qu'une forme de la philosophie. Il se sert d'un mot auguste à tort et en dupe. Ce qui a l'efficacité que nous venons de dire n'est plus philosophie, c'est-à-dire pur résultat de l'action de l'homme seul usant de sa raison. C'est d'un autre ordre, et surnaturel. Les ressources de notre nature raisonnable et morale

---

[1]. C'est ce qu'Aristote disait de la vie selon le νοῦς ou vie de contemplation ou de pure pensée où il faisait consister la suprême félicité. *Eth. Nic.*, X, vii, 1177b26.

ne suffisent pas à expliquer cette vie supérieure, cette satisfaction suprême donnée à nos plus profonds besoins ; elles ne suffisent même pas à expliquer certains de ces besoins. La religion, qui met tout cela en nous, ne vient pas de nous. Comme elle a pour fin une union plus que naturelle avec Dieu, c'est de Dieu aussi qu'elle tire son origine, et d'une façon plus que naturelle. Qui dit religion, dit une action *surnaturelle* exercée sur nous : action intérieure, action extérieure. Et cette action a encore ce caractère d'être d'une certaine manière attachée à des signes sensibles, à des moyens extérieurs : la religion ne va pas sans rites, sans cérémonies et sans pratiques. Enfin, dans son origine, elle suppose l'autorité, et une autorité divine en sa source : Dieu, non pas simplement auteur de la nature, de la raison, de la conscience, mais ôtant lui-même les voiles qui couvrent sa vie, Dieu racontant de sa vie propre ce qu'il en veut montrer. Une *révélation* qui se transmet par des hommes qui en sont les dépositaires, une autorité visible, autorité vivante et parlante, cela encore est de l'essence de la religion. Et, en tout cela, elle se montre, de toutes façons, lien:

lien avec la nature même matérielle qu'elle emploie et consacre, lien des hommes entre eux puisqu'elle établit une communion des esprits, des cœurs, des âmes, et une société visible ; surtout lien personnel avec Dieu à qui elle rapporte tout, à qui elle unit les âmes purifiées, consolées, fortifiées, illuminées, sanctifiées, il faut dire divinisées.

Nous voilà donc en face de la religion, de la religion considérée en son essence, dans sa pure idée, et aussi de la religion réalisée, de la religion dite positive. Le moment est venu, dans cette série d'études philosophiques, de la bien envisager.

CHAPITRE XXVII

LE CHRISTIANISME

A vrai dire, cette religion positive, objet de notre présente étude, nous l'avons rencontrée déjà. Dans les réflexions où nous ne nous occupions pas d'elle, c'est elle souvent qui nous a éclairés. Revenons, avec une intelligence nette de nos ressources et une entière sincérité, sur nos études précédentes : nous verrons que nous ne tirions pas de notre fonds propre tout ce que nous disions. Telle solution que nous avons proposée, venait de la religion positive, en un sens : cette solution était très philosophique, puisqu'elle était acceptée par la raison et prouvée par des raisons; mais la raison laissée à elle-même ne l'eût pas découverte. Cela se remarque souvent dans l'histoire et dans le système des idées. Il y a plus. De telle question même, il faut dire que la raison seule ne l'eût pas posée, ne l'eût pas soupçonnée. Je n'en veux qu'un exemple. Ce souci, qui revient tant de fois dans ces études : La fin proposée est-elle à la portée de tous? souci approuvé par la raison, sans doute, souci éminemment digne de l'être raisonnable : mais c'est, à vrai dire, la question du *salut*. Combien cela préoccupe peu les philosophes anciens! Ils conçoivent un bel idéal. Qu'il ne soit à la portée que d'une élite, qu'importe? Les gens distingués, οἱ χαρίεντες[1], l'atteindront, et ce sera la fleur de l'humanité. Cela suffit. Le reste ne compte pas. C'est dans la religion positive qui est la nôtre que nous avons puisé d'autres préoccupations plus *humaines*.

Il y a donc, dans nos conceptions philosophiques, dans nos questions et préoccupations philosophiques, dans toute cette théorie philosophique de la vie, objet de nos investigations et de notre étude, il y a bien des éléments d'origine *chrétienne*. Je ne m'en défends pas. Ce que je fais ici, ce que j'édifie comme je peux dans les cha-

---

[1]. Ce mot est dans Aristote, *Eth. Nic.*, I, ɪɪ, 1095ᵃ 18.

pitres successifs dont se compose ce livre, c'est bien une philosophie, une philosophie morale, une philosophie des choses humaines, une philosophie de la vie : car c'est bien l'œuvre de la réflexion sincère, curieuse, scrutatrice, avide de clarté et d'ordre, soucieuse de raisons et de preuves, reconnaissant, cherchant les difficultés, et tâchant de les surmonter par un effort méthodiquement conduit. Mais je n'ai jamais prétendu philosopher dans le vide. J'ai dit dès le premier instant de ces recherches : je philosopherai avec tout moi-même, dans une atmosphère tout imprégnée de Christianisme. Je philosophe en homme qui pense, homme vivant, homme complet, et chrétien. Ce n'est pas cesser d'être philosophe, apparemment. Aujourd'hui donc, à ce point précis de mes études, je constate, je déclare ceci. La loyauté intellectuelle, la probité d'esprit, la parfaite droiture l'exigent. Oui, dans ces recherches, où j'ai le plus possible et le mieux possible usé de mon esprit, avec méthode, selon les lois de la raison, j'ai eu souvent une lumière qui n'est point une lumière naturelle.

Cette religion donc, à laquelle j'ai déjà emprunté des clartés, et qui apporte aux hommes sa vertu purificatrice, sa consolation, sa force, ses dogmes, ses espérances, je veux, je dois la regarder en face. Je commence par la nommer par son nom : c'est le Christianisme. Or, tout le monde accordera d'abord qu'à tout le moins la religion chrétienne est aussi intéressante qu'un système de philosophie. On est curieux des systèmes : pourquoi n'étudierait-on pas la théorie chrétienne du monde et de la vie? Et ensuite, on sait bien maintenant que dans une religion, n'y vît-on rien de surnaturel, la traitât-on du point de vue rationaliste, il y a plus que dans une simple philosophie : c'est plus général, plus profond, plus *humain*. C'est une raison de plus pour étudier le Christianisme. Enfin, tout le monde s'en préoccupe, tout le monde en parle. En littérature, en histoire, en art, en critique, comme en ce qu'on nomme sociologie, comme en politique, dans les théories comme dans les faits de chaque jour, la question religieuse, la question du Christianisme est partout. Elle est au fond de tout et elle domine tout. C'est la question principale, la grande question, en un sens, l'unique question. Et de toutes parts on attaque le Christianisme ou on le loue. On l'admire. On le salue avec sympathie. On y aspire. On le redoute, on le hait. On ne le connaît guère d'ailleurs. On le défigure. Souvent on emprunte son langage en philosophie, et, parlant la langue chrétienne sans être chrétien ni le vouloir devenir, on brouille toutes les idées. Quelque sentiment qu'on éprouve pour le Christianisme, puisqu'il préoccupe et passionne, et puisqu'on en parle tant, il faut le connaître, il faut l'étudier.

Je me propose ici d'exposer le système chrétien de la vie. J'entends par là cette vaste synthèse, cet ensemble de faits et d'idées bien lié, régulier, harmonieux, puissant, cet organisme, si l'on veut, et, dans la brève exposition que j'entreprends, je tâcherai de donner la doctrine dans toute sa pureté, dans toute sa rigueur, dans toute sa vigueur[1].

L'idée fondamentale est celle-ci : entre la *nature* et la *grâce,* il y a une distinction profonde.

---

1. Je ne ferai de citations que lorsque je rencontrerai certaines expressions saillantes des Livres saints, des Pères ou des Conciles, dont on sera bien aise de retrouver l'origine. Pour les expressions théologiques courantes, des références seraient inutiles. Qu'il me suffise de signaler le très remarquable *Theologiæ dogmaticæ compendium,* de Hurter, S. J., 3 vol. Œniponte, 1885.

Sans doute, puisque tout est un don de Dieu, tout en ce sens est grâce. Mais il y a plus proprement grâce alors que le don excède les exigences et les appels de la nature.

Une nature donnée a ses *requisita;* c'est ce qu'il lui faut avoir pour être elle-même, ce qui lui est dû. L'existence ne lui est pas due; mais, une fois l'existence posée, certaines choses lui sont dues, étant comprises dans son idée, dans son essence. Dieu peut ne pas la créer : s'il la crée, il lui doit, étant sage et juste, ce sans quoi elle ne serait plus elle-même. Dieu peut aller au delà : il peut, s'il le veut, lui donner quelque chose qui, n'étant pas *contre* elle, sera *au-dessus* d'elle : à la nature alors Dieu ajoutera un don tout *gratuit,* gratuit par opposition à ce que je viens de nommer les exigences d'une nature donnée.

L'homme est un être raisonnable. Sa fin naturelle, c'est de connaître Dieu d'une connaissance rationnelle, de l'aimer souverainement sans doute, mais sans intime communication, et de trouver dans cette connaissance et dans cet amour la joie, en sorte que s'il le mérite, des conditions plus favorables que celles d'ici-bas étant données, et surtout la sécurité intellectuelle et morale étant procurée, cette connaissance, cet amour et cette joie constituent ce qu'il faut nommer la félicité naturelle. Dieu peut davantage : il peut initier l'homme aux secrets de sa vie propre, l'appeler à la vision de sa divine essence, le faire jouir de lui dans une intime possession. Il peut lui communiquer en quelque manière sa vie même, par une libéralité toute gratuite, surajoutant à la création ce que ne contient point l'idée de la créature humaine.

La créature humaine étant donnée, certaines choses lui sont dues; il y a aussi une perfection, toute naturelle, qu'elle appelle. Le surplus, ce divin surplus que je viens d'indiquer, on peut dire qu'elle le comporte; mais ni elle ne l'exige, ni même, laissée à elle seule, elle ne l'appelle.

Ce surplus donc est *surnaturel*. C'est chose qui excède les droits, les appels mêmes de la nature toute seule, je viens de le dire; c'est chose qui excède les puissances, les ressources de la nature, de la nature humaine, de toute nature créée. Ce tête à tête, ce cœur à cœur, ce face à face divin, cette sublime familiarité, cette amitié, cette participation à la vie intime de Dieu : c'est d'un autre ordre que la connaissance discursive de Dieu, et que l'amour dont, dans les limites de notre nature, nous sommes capables pour Dieu, et que les joies si nobles pourtant et si pénétrantes, nées de cette connaissance et de cet amour. La vision de Dieu même et de sa vie propre, la vision béatifiante, *béatifique*, est bien autre chose, bien autre chose la *vie éternelle*. Voilà la *fin surnaturelle* de l'homme. Et tout ce qui s'y rapporte, tout ce qui en dépend, tout ce qui y conduit, est proprement de l'ordre de la *grâce*.

Le péché fait perdre cette amitié de Dieu, cette communication de la vie divine, cette vie de la grâce, cette grâce sanctifiante, cet *avoir* divin ou *état* de grâce.

Le premier homme, ayant péché, perd la grâce sanctifiante, il perd l'état de justice originelle. Et comme il porte en lui toute l'humanité dont il est l'auteur et le père, en vertu de cette solidarité profonde et merveilleuse, il perd, pour ses descendants comme pour lui, le don divin. Il succombe dans l'épreuve à laquelle Dieu le soumet. Par sa faute donc, l'humanité est dépouillée de ce qui d'ailleurs ne lui était pas dû. En un sens, l'homme est réduit à l'état de pure nature. Mais cet état qui serait un état de nudité si l'homme avait été effectivement créé tel, si Dieu, en le créant, ne l'avait pas destiné à autre chose, cet état est un état de dépouillement. Eu égard à la justice originelle, l'homme, fils d'Adam, naît, non pas nu, mais dépouillé. Et il n'a plus non plus, dans sa nature même, cette belle *intégrité* qui était la suite de la justice originelle, cette perfection, non pas surnaturelle, mais préternaturelle, peut-on dire, qui, n'étant point due à la nature, mais étant pourtant appelée par elle, en était l'exquis épanouissement, l'exquise parure; il n'a plus l'immunité de l'ignorance et de la concupiscence; il n'a plus l'immortalité. La raison n'est pas détruite, mais elle est obscurcie; le libre arbitre n'est pas éteint, mais il est affaibli, atténué[1]. L'homme demeure capable de connaissances naturelles, de vertus naturelles, mais avec une foule de misères intellectuelles et morales en même temps que physiques, sans que son état d'ailleurs soit tel qu'il eût répugné à la sagesse et

---

1. *Concile de Trente*, Session VI, *De Justificatione*, ch. 1ᵉʳ : « ... liberum arbitrium minime exstinctum..., viribus licet attenuatum et inclinatum. » — Canon 5 : « Si quis liberum hominis arbitrium post Adæ peccatum amissum et exstinctum esse dixerit aut rem esse de solo titulo, imo titulum sine re... anathema sit. »

à la bonté divine de le créer tel. Mais ce dont il est totalement et radicalement incapable, c'est de ressaisir par lui-même les biens surnaturels[1]. Il en a le regret, y étant surnaturellement destiné, il ne peut les atteindre.

Dès lors apparaît la vraie notion du *péché originel*. En vertu de l'admirable solidarité humaine, tous les hommes naissent dans cet état de privation, de dépouillement des dons surnaturels que nous venons de dire, et partant ils sont surnaturellement éloignés de Dieu, coupables de la faute de leur premier père, ennemis de Dieu, enfants de colère, *filii iræ*[2], *filii diffidentiæ*[3], tels qu'il n'y a plus pour eux de biens surnaturels, ni en ce monde, ni dans l'autre. Ne détruisons pas le mystère ; mais n'assombrissons pas le dogme à l'excès. Constatons que le jansénisme, après Luther et Calvin, a étendu sur toute la religion des ombres mortelles et une sombre

---

1. *Concile de Trente*, Session VI, ch. 1er : « Omnes homines... usque adeo servi erant peccati ut non modo gentes per vim naturæ, sed ne Judæi quidem per ipsam etiam litteram legis Moysi, inde liberari aut surgere possent. »
2. Saint Paul, *Ép. aux Éphésiens*, II, 3. Ce texte est cité deux fois par le *Concile de Trente*, Session VI, ch. 1er. Cf. Session V, *Decretum de peccato originali*.
3. Id., *ibid.*, II, 2 ; v, 6.

et terrifiante horreur, que ni la théologie des Pères de l'Église ni celle des Docteurs du moyen âge n'avaient connues. Saint Augustin avait pu se servir d'expressions fortes, outrées peut-être. Il combattait. Il portait secours à la grâce attaquée. Saint Paul a des mots terribles. Il ne faut pas les voir seuls, détachés du reste. Le Christianisme est sévère. il n'est pas odieux. Le jansénisme le rend odieux. La doctrine orthodoxe, vraiment catholique, combien n'est-elle pas forte, mais aussi combien n'est-elle pas tempérée !

Le péché originel étant ce que nous venons de dire, voilà la raison et la volonté humaines *insuffisantes*, dans l'ordre naturel même, mais non pas *impuissantes*. Donc, il y aura des vérités précieuses dans la philosophie pure. Donc, toutes les vertus des païens ne seront point des vices, *vitia*, ni toutes leurs œuvres des péchés, *peccata*[1]. La nature humaine n'a plus la santé et la droiture originelle, elle est débilitée. Elle n'est pas gâtée pourtant d'une manière tellement foncière qu'elle ne puisse plus produire rien de bon, même natu-

---

[1]. « Omnia opera infidelium sunt peccata, et philosophorum virtutes sunt vitia. » 25º *Proposition de Baïus*, condamnée par Pie V, Grégoire XIII et Urbain VIII.

rellement[1]. Et la grâce n'a pas à la supprimer, pour ainsi dire, tout entière : elle doit la réparer et la perfectionner. On entrevoit les conséquences : les productions du génie humain, les manifestations de l'activité humaine, l'ordre humain, tout cela garde une valeur et un intérêt, et le péché originel ne condamne pas à un absolu mépris ni à une absolue défiance pour la nature et ses appartenances. Mais comprenons bien qu'en cet état, la fin surnaturelle demeurant imposée à l'homme, et l'homme n'ayant plus ce qu'il faut pour l'atteindre, il est vraiment, par le péché originel, dans un état misérable.

C'est ici que se place la Rédemption. *Apparuit gratia Dei salutaris omnibus hominibus*[2]. A paru la grâce de Dieu, grâce de salut pour tous les hommes. Dieu a tant aimé le monde qu'il a donné son Fils unique. *Deus sic dilexit mundum ut Filium suum unigenitum daret*[3]. Et voilà la libération, la délivrance, le salut. Par la grâce de salut, grâce libératrice, réparatrice, médicinale, que le Sauveur nous a méritée, nous ren-

---

1. « Liberum arbitrium sine gratia Dei adjutorio, nonnisi ad peccandum valet. » 27° *Proposition de Baius*, condamnée.
2. Saint Paul, *Tit.*, II, 11.
3. *Évangile selon saint Jean*, III, 16.

trons en grâce, et ce second état est splendide. L'Homme-Dieu est une merveille qui passe tout. *O felix culpa,* ô heureuse faute que la faute d'Adam, *quæ talem ac tantum meruit habere Redemptorem*[1], puisqu'elle nous a valu un tel et si grand Rédempteur! « L'état de rédemption vaut cent fois mieux que celui de l'innocence[2]. » Le Sauveur ne nous rend pas l'intégrité première, et toutes les misères de l'humaine nature et de la vie humaine demeurent. C'est vrai. Mais, régénérés en lui et par lui, l'ayant pour modèle, tenus de lui devenir conformes et rendus capables de l'être en effet, nous avons l'honneur, nous avons la joie de dire d'un vrai homme que c'est Dieu, et du vrai Dieu que c'est un homme. Cela passe tout. Jésus-Christ, c'est Dieu avec nous, Emmanuel, Dieu devenu l'un de nous, ayant un corps et une âme comme chacun de nous, en tout semblable à nous, en tout, sauf le péché, *absque peccato*[3]. Le péché d'un seul nous avait perdus : Jésus-Christ nous sauve, et il nous sauve en souffrant et en mourant pour nous.

1. Office du Samedi saint.
2. Saint François de Sales, *Traité de l'amour de Dieu,* II, v.
3. Saint Paul, *Épitre aux Hébreux,* iv, 15.

La solidarité, qui nous rend participants de la faute d'Adam, fait que nous avons part aux mérites de Jésus-Christ. Par la justice d'un seul tous les hommes sont justifiés. Jésus-Christ est le nouvel Adam, vraiment auteur de la vie. Là où abondait le péché, la grâce surabonde. Par Jésus-Christ et en Jésus-Christ nous avons la vie, la vie surnaturelle pour laquelle nous sommes faits[1].

C'est en prenant notre chair et en souffrant dans cette chair, c'est en devenant l'un de nous, homme comme nous et en mourant comme nous, que Jésus-Christ accomplit son œuvre de réparation, de restauration, de rédemption, de salut. Des objets sensibles, matériels, comme de l'eau, de l'huile, avec certaines paroles, seront les signes, plus encore les canaux même, les instruments de l'action divine par laquelle vient à nous la vie. Les Sacrements ont dans l'économie du salut une place nécessaire : ils signifient la grâce et ils l'opèrent; ce sont des moyens producteurs. Dieu sans doute se réserve de s'en passer quand il le veut; mais nul ne peut s'en dispenser. Homme par la naissance et mort à la grâce par le péché

---

1. *Concile de Trente*, Session V, *De peccato originali*, 2. — Saint Paul, *Épître aux Romains*, v, 9-20. — *I Cor.*, xv, 45.

d'Adam, pour vivre de la vie de la grâce, il faut renaître spirituellement, et c'est l'eau du Baptême qui opère cette renaissance. Pécheur coupable d'un péché personnel grave, pour recouvrer la vie de la grâce perdue par ce péché, il faut en recevoir un pardon effectif qui l'efface par l'application des mérites de Jésus-Christ, et c'est l'absolution sacramentelle dans la Pénitence qui a cette vertu. Mais un homme, tout disposé à recevoir le Baptême, en est empêché par des circonstances, et il va mourir : Dieu, sans Baptême, le régénère, et le Baptême de désir supplée au Baptême effectif. Un autre, tout disposé à recevoir le sacrement de Pénitence, et ayant de ses fautes ce repentir qui se nomme la *contrition parfaite*, ne peut, par suite des circonstances, recevoir le sacrement où sont remis les péchés : Dieu les lui remet, et la contrition parfaite, avec le désir et le vœu du sacrement, le réintègre dans la vie. Mais le Baptême et la Pénitence sont néanmoins nécessaires, et tellement, que si ces deux hommes continuent de vivre et si les circonstances redeviennent favorables, ils doivent l'un demander le Baptême, l'autre recourir au sacrement de Pénitence. Telle est, dans la dispensation de la grâce, la loi de dépendance de la grâce même à l'égard des moyens qui la produisent, et en même temps son indépendance souveraine; ainsi se concilient la *lettre* et l'*esprit*.

Par les Sacrements donc, l'auteur de la vie répand la vie : il y fait naître, et c'est le Baptême; il l'affermit, et c'est la Confirmation; il l'augmente, l'entretient, la nourrit, par l'Eucharistie; il la restitue, si on la perd, c'est la Pénitence; il en procure des effusions appropriées à certaines circonstances, ainsi l'Extrême-Onction; ou appropriées à certaines fonctions, ainsi l'Ordre et le Mariage. Lui-même se rend personnellement présent parmi les hommes : il est le pain vivant qui donne la vie[1], et l'Eucharistie, extension de l'Incarnation, continuation de la Rédemption, gage de la résurrection glorieuse, anticipation du ciel, est le centre de tout le culte et comme l'abrégé de toute la religion. Le Christianisme, c'est Dieu avec nous, nous restaurant, nous et toutes choses, par le sacrifice de la Croix. L'Eucharistie résume et perpétue cela d'une manière merveilleuse.

Dieu avec nous et nous avec Dieu, dès ce monde

---

[1]. *Évangile selon saint Jean*, vi, 33, 51, 59.

même : tout est là. Et il ne s'agit pas ici d'extases, ni de ravissements, ni de communications extraordinaires. Ce sont choses qui se rencontrent dans le Christianisme, et ce mysticisme, quand il est sain et sûr, est un des plus remarquables privilèges de la religion du Christ. On en sent toute la beauté quand on le compare aux contrefaçons qui en pullulent ailleurs[1]. Mais cette efflorescence du Christianisme ne le constitue pas. Le mysticisme ordinaire et essentiel, c'est celui qui consiste à regarder et à respirer du côté du ciel. Celui-là est le Christianisme même. La vie que le Christ donne vient du ciel, y mène, et est déjà, d'une certaine manière, le ciel. Tout chrétien a cela, sans aucun mouvement extatique. Et, en commerce avec Dieu, il entre en commerce avec les amis de Dieu. L'Église triomphante, celle des Saints consommés dans la gloire céleste, l'Église souffrante, celle des justes qui dans le Purgatoire achèvent d'expier leurs fautes, l'Église militante, celle qui combat sur la terre, sont unies. Les Saints sont des modèles, des intercesseurs, des

1. La critique n'a plus pour les mystiques chrétiens les naïfs mépris d'autrefois. Ainsi un protestant, M. Sabatier, dans un livre où il y a des vues non catholiques assurément, étudie *saint François d'Assise* avec une sympathie pénétrante et une admiration passionnée.

aides. Nous allons, nous courons au combat, ayant au-dessus de nos têtes une innombrable nuée de témoins[1], et nous tendons vers le ciel où Jésus-Christ est assis à la droite du Père et où il nous a préparé la place. Le chrétien va donc, marche, combat, invisiblement assisté de ces compagnons glorifiés, aidé surtout par la Bienheureuse mère de Dieu, la Vierge immaculée, Marie, pleine de grâce, par qui Jésus-Christ a été donné au monde, puisque, pour y venir, il a pour ainsi dire attendu qu'elle consentît en disant : Je suis la servante du Seigneur, qu'il me soit fait selon votre parole!

Voilà la vie nouvelle dont Jésus-Christ est le principe. Don gratuit, mais qu'il ne nous est pas loisible pour cela de refuser, car nous sommes faits pour la vie éternelle. Dieu, qui nous a créés sans nous, ne nous sanctifiera point sans nous[2] : il faut coopérer à la grâce. Aucun homme fait n'est sauvé sans le vouloir. Mais il faut le vouloir, et parce que, si notre liberté refuse le salut mérité par Jésus-Christ, il n'y a point de salut pour nous,

---

[1]. Saint Paul, *Épître aux Hébreux*, XII, 1.
[2]. Saint Augustin, *Serm.* 169, 13 : « Qui creavit te sine te, non justificabit te sine te. »

rien ne serait si faux que d'en conclure que nous avons le droit de demeurer neutres en présence du don gratuit de Dieu[1]. Encore une fois, le refuser, c'est se rendre coupable, puisque c'est une souveraine ingratitude et puisque ce serait se réduire et se condamner, de son autorité privée, à l'ordre purement naturel, à la vie purement naturelle quand Dieu nous destine à l'ordre surnaturel, à la vie surnaturelle.

Telle est ce que je puis nommer la théorie du salut. Mais si les biens surnaturels nous sont rendus par Jésus-Christ, le sont-ils à tous? Ce royaume de la grâce, si magnifique, n'est-il pas en définitive réservé à quelques élus? N'est-ce pas à quelques hommes seulement tirés de la masse corrompue du genre humain, que les biens surnaturels sont rendus?

Deus vult omnes homines salvos fieri[2]. Dieu

---

1. Cardinal Pie, *Instructions synodales*, Paris, Oudin, 1878.
2. Saint Paul, I *Timoth.*, II, 4. — *Tit.*, II, 11. « Apparuit gratia... omnibus hominibus. » — *Rom.*, v, 18 : « ... per unius justitiam in omnes homines in justificationem vitæ. » Plus haut 15, il y a seulement *plures*, et 19, *multi*. De même dans saint Matthieu, xxvi, 28 : « Hic sanguis meus novi testamenti qui pro multis effundetur in remissionem peccatorum. » Mais ce *plures*, ce *multi* (c'est visible par le contexte), ce *multis* aussi signifient *plus d'un*, ce qui n'empêche pas que ce ne soit *tous*. Ainsi dans un texte de Démo-

veut que tous soient sauvés. La parole de saint Paul est expresse. La foi est nécessaire au salut. On n'est pas sauvé sans une adhésion à Jésus-Christ, laquelle n'est pas possible sans la grâce. Mais la grâce est donnée à tous : la grâce dite actuelle, inspiration prévenante de l'Esprit Saint, aide divine, qui rend capable, si on ne la repousse pas, d'adhérer à Jésus-Christ et d'arriver au salut.

Une grâce prévenante qui suffit est donnée à tous. Cela n'empêche pas que sur quelques-uns Dieu ne jette un regard de préférence[1]. Voudrait-on poser des bornes à la liberté divine et à la divine libéralité? Qui dit grâce, dit liberté, et si le don gracieux n'est point libre, où est la grâce? Mais la prédestination n'existe pas en ce sens que la damnation serait la conséquence d'un décret

---

sthènes, *Discours sur les affaires de Chersonèse*, au début, p. 272 de l'édition Weil des *Harangues de Démosthènes*, Hachette, 1873, il y a entre ἐνίοις et τοὺς πολλούς une opposition dont le sens est tel que τοὺς πολλούς, c'est manifestement *tout le peuple*.

1. Bossuet, *Médit. sur l'Évangile*, Cène, IIe partie, 72e jour : « Je ne nie pas la bonté dont Dieu est touché pour tous les hommes, ni les moyens qu'il leur prépare pour leur salut éternel. Car *il ne veut point que personne périsse*, et il attend tous les pécheurs à repentance (II *Petr.*, III, 9). Mais quelque grandes que soient les vues qu'il a sur tout le monde, il y a un certain regard particulier et de préférence sur un nombre qui lui est connu. »

divin[1]. Nul n'est perdu autrement que par une mauvaise volonté obstinément rebelle qui a rendu inutiles les innombrables et persévérantes prévenances et instances de la grâce[2].

Donc, il faut trembler : car enfin on peut se perdre. Le péché est affreux. Affreuse la mort éternelle, ou damnation, qui est la suite du péché grave, *mortel,* lequel ôte l'amitié de Dieu et prive l'âme de la vie de la grâce. Et, à prendre

---

1. Bossuet, *Méditations sur l'Évangile*, Cène, II⁰ partie, 48ᵉ jour : « Il (Judas) n'est enfant de perdition... que par lui-même et par sa faute... Ce n'est pas Dieu qui l'a précipité dans le crime, pour accomplir les prédictions de son Écriture : car ces prédictions du péché le supposent comme devant être, et ne le font pas. Cela est clair, cela est certain ; et il ne faut rien écouter contre. » Et encore, IIᵉ partie, 67ᵉ jour : « Reçois humblement le remède, et laisse à la divine Providence ceux que tu en vois privés. Crois seulement que nul ne périt que par sa faute : que dans ce grand hôpital de Dieu, dans le monde, où tout est malade, il n'y a point de mal qui n'ait son remède ; et que tous les secours qui se donnent dans l'univers, dans quelque lieu que ce soit, à qui que ce soit, dans quelque degré que ce soit, se dispensent avec équité et avec bonté, sans que personne se puisse plaindre. » — Concile de Trente, sess. VI, can. VI.
2. Le P. Faber, *le Créateur et la créature*, à la fin du chapitre intitulé : *le Grand nombre des Croyants*. « Dieu est infiniment miséricordieux pour chaque âme, nul n'a jamais été ni ne sera jamais perdu par surprise, ou victime de son ignorance. Et quant à ceux qui peuvent être perdus, je crois avec confiance que Dieu, pressant, pour ainsi dire, chaque esprit créé dans ses bras, a, parmi les ténèbres de sa vie mortelle, fixé sur lui ses yeux brillants de la lumière de l'amour, et que, si la créature ne possède pas son Créateur, ce n'est que par un acte délibéré de sa volonté. » Ce très remarquable livre, *the Creator and the creature, or the wonders of divine love*, Londres, Burns and Oates, nouv. édit. 1886, a été traduit en français, Paris, Bray et Retaux.

les choses en soi, un seul péché grief, *mortel,* suffit pour condamner à la mort éternelle. Il le faut bien. On ne dit pas cela pour effrayer. On le dit parce que c'est vrai. Et c'est vrai parce que la pureté de Dieu est infinie, sa sainteté inviolable, et que le péché, pire que le néant, met entre ses créatures et lui une distance infinie. Puis les grâces reçues, si précieuses, augmentent encore nos craintes : quel malheur, en effet, et quelle faute de les rendre inutiles !

Tremblement donc, mais aussi confiance. Car, si la notion du péché est ce que nous venons de dire, et si la sainteté de Dieu est infinie, sa miséricordieuse bonté passe nos conceptions. Dieu bon ; le prix d'une âme, la personne morale, et le racheté de Jésus-Christ, membre, ami, frère de l'Homme-Dieu ; les ressources infinies, les merveilleuses inventions de l'amour divin ; celui qui est mort pour le salut des hommes, ayant pour les atteindre des moyens infiniment variés, à nous inconnus ; le miséricordieux réseau dans lequel il nous enveloppe[1] ; les secours ordinaires manquant, l'acte direct de Dieu qui demeure pos-

---

1. C'est un mot du P. Faber, dans le livre cité ci-dessus : *le Créateur et la créature.*

sible; la conversion instantanée dont il y a des exemples éclatants; la grâce invisible atteignant les païens, les infidèles, ceux qui ont précédé le Christ : oh! vraiment, le Christ en croix embrasse le monde : il est affaissé, tiré, pendu à la croix, mais ses bras sont ouverts. Il attire tout à soi, *omnia traham ad me ipsum*[1]. Il est là, réconciliant en soi toutes choses, *omnia reconcilians sibi*[2]. Et les théologiens disent que pour sauver une âme de bonne volonté au pays des plus affreux sauvages, il lui enverrait un ange plutôt que de la laisser périr. C'est faire preuve de peu de sens que de sourire : l'étrange hypothèse n'est que l'expression de la confiance en l'invisible action miséricordieuse de Dieu. Ne rétrécissons pas Dieu. Croyons-le capable d'atteindre les âmes autrement que selon l'ordre visible par lui établi. Est-ce que tous les jours, sur tous les autels du monde, il n'est pas dit que le sacrifice est offert pour notre salut et celui du monde tout entier, *pro nostra et totius mundi salute*[3]?

---

[1]. *Évangile selon saint Jean*, xii, 32.
[2]. Saint Paul, *II Corinth.*, v, 19 : Deus erat in Christo omnia reconcilians sibi. » — *Colos.*, i, 20 : « Reconciliare omnia in ipsum. »
[3]. *Ordinaire de la messe*, à l'oblation du calice.

Le salut donc est possible pour tous. Combien y a-t-il d'élus? Nous ne le savons pas et nous n'avons pas besoin de le savoir. Ce qui importe, ce sont les conditions du salut, celles qui nous regardent.

La vie chrétienne se résume en un mot : Aimer ; aimer Dieu et le prochain ; aimer d'un amour généreux, effectif, non en paroles, en discours, mais en acte.

Le modèle primitif de l'amour est dans la Trinité divine, où le Père donne tout au Fils, où le Père et le Fils donnent tout à l'Esprit, et où, par un ineffable retour, la vie divine revient en quelque sorte de l'Esprit au Fils, de l'Esprit et du Fils au Père. Modèle mystérieux, absolument transcendant, de l'amour et du don. Plus près de nous, un autre modèle, le sacrifice de la croix, Dieu donnant sa vie pour nous, Jésus-Christ mourant pour l'amour de nous : la vie subissant la mort et par sa mort produisant la vie.

Il faut aimer Dieu. Donc, renoncer à tout plutôt que d'offenser Dieu. Quiconque ne renonce pas, d'esprit et de cœur, à tout ce qu'il a, beaucoup plus à tout ce qu'il n'a pas et qu'il ne peut avoir sans injustice ou sans violer l'ordre de Dieu, est incapable d'être le disciple de Jésus-Christ[1].

Aimer Dieu ainsi, c'est l'essentiel. La pratique de cet essentiel peut aller jusqu'à l'héroïsme. Il faut mourir plutôt que de commettre une injustice. Il faut mourir plutôt que de renier sa foi de chrétien.

La vie chrétienne est fondée sur le renoncement. Cela se comprend.

Rien de grand nulle part ni jamais, nous l'avons vu, sans effort pour se contenir, pour se retenir, aussi pour s'abstenir de ceci ou de cela. Aucune virilité sans cela. Aucune vie noble, généreuse, puissante, si l'on ne sait mourir, si l'on n'est disposé à mourir. Platon entrevoit la convenance, la beauté, les salutaires effets de la mortification. Le Christianisme, fondé sur la croix, déclare la mortification essentielle. Non que le corps soit par lui-même un mal. Loin de là : il sera glorifié, comme le corps du

---

[1]. Bourdaloue, 2º *Avent*, 3º dimanche, *sur la Sévérité évangélique*, 1ʳᵉ partie. Cf. *Carême*, lundi de la 5ᵉ semaine, *sur l'Amour de Dieu*, et 3º dimanche après la Pentecôte, *sur la Sévérité chrétienne*.

Christ ; la résurrection de la chair, sur le modèle de la résurrection du Christ, est promise et attendue. Mais, par suite du péché, le corps est souvent obstacle et danger. On le châtiera donc. On méprisera, d'une certaine manière, on haïra, s'il le faut, on sacrifiera le corps et tout ce qui en dépend, le plaisir, la richesse, fascinante et vaine, dangereux réseau[1], fascination de la bagatelle, *fascinatio nugacitatis*[2]. On se séparera de tout cela pour vivre de la vie spirituelle. On se mortifiera, parce que la pénitence est nécessaire, parce qu'il faut réparer le péché par l'expiation, parce qu'il faut accomplir en quelque sorte ce qui manque à la passion du Christ en souffrant soi-même en union avec lui[3]. Dans cet esprit, on acceptera toutes les misères de la vie. Dans cet esprit aussi, on tiendra mortifiées toutes les puissances de l'âme. D'un mot on voudra être conforme à Jésus-Christ, et Jésus-Christ meurt crucifié[4].

---

1. Saint Paul, *Ire Épître à Timothée*, vi, 9.
2. *Sagesse*, ii, 16.
3. Saint Paul, *Colos.*, i, 24 : « Adimpleo ea quæ desunt passionum Christi. »
4. Saint Paul, *Galat.*, ii, 19 : « Christo confixus sum cruci. » — *Ibid.*, v, 24 : « Carnem suam crucifixerunt cum vitiis et concupiscentiis. »

L'esprit chrétien est donc bien un esprit de sacrifice, et à un degré de profondeur inouï. La voilà bien sérieuse, bien sévère, parfois bien dure, la vie chrétienne. Qui ne veut pas la voir sous cet aspect ne la connaît pas.

Elle a ses douceurs aussi. Jésus-Christ lui-même y répand un baume dont lui seul a le secret. Il a souffert, on souffre avec lui. Cela dit beaucoup. On aime, et là où l'on aime, point l'on ne peine, ou, si l'on peine, on aime sa peine. *Ubi amatur, non laboratur, aut, si laboratur, labor amatur*[1]. Et d'ailleurs, qui perd son âme, la gagne. Qui sait mourir, vit de la vraie vie.

La loi du renoncement unie à la loi d'amour, impliquée dans la loi d'amour, domine, comme la loi d'amour, toute la vie chrétienne. Mais dans la conduite de la vie il y a néanmoins à distinguer entre les *préceptes* et les *conseils*, entre la *voie commune* et la *voie de la perfection*. Les préceptes, qui renferment et prescrivent l'essentiel, ne souffrent ni exception ni réserve quelconque ; les conseils, qui expriment une sorte

---

[1]. Saint Augustin, *De bono viduitatis*, 26.

de surcroît, de surabondance, de merveilleux superflu, si j'ose dire, s'adressent à quelques-uns seulement, et ils sont engageants, pressants même, impérieux encore, mais à leur manière, à la manière de l'amour délicat et généreux. C'est un danger d'exiger trop des âmes, au nom du précepte strict. Il faut laisser quelque chose à la générosité de chacun. Dieu ne commande pas toujours expressément : il demande, il sollicite presque, attendant de notre libéralité que nous lui donnions quand il n'exige plus, que nous fassions quelque chose pour lui quand il ne commande plus. La voie commune, qui n'est d'ailleurs pas aisée, est celle où tous doivent marcher, sous peine de n'être plus disciples du Christ : refuser d'y entrer, d'y avancer, ce serait renier le Christ ; il faut donc que tous observent les commandements stricts et en fassent, coûte que coûte, l'inviolable règle de leurs jugements, de leurs sentiments, de leur vouloir, de toute leur activité. Rien n'en dispense personne. C'est l'essentiel : de plus hautes aspirations ne permettent pas de s'en passer, et la vertu la plus médiocre doit au moins y atteindre. Il y aura donc des chrétiens ordinaires, et des chrétiens plus élevés, et des *saints* proprement dits. La perfection n'est pas demandée à tous. *Si tu veux entrer dans la vie, observe les commandements.* C'est catégorique. *Si tu veux être parfait, va, vends ton bien et donne-le aux pauvres*[1]. La perfection n'est ni exigible ni exigée. Il faut là un appel particulier. N'y pas répondre quand il est net et pressant, ce sera marquer peu d'amour. Ce n'est certes pas indifférent[2]. Mais enfin, le conseil en soi n'est pas le précepte.

En approfondissant encore la vie chrétienne, nous distinguerons entre les *états* et les *vertus*. Tel état est plus excellent, mais telle personne y peut avoir une vertu médiocre. Tel autre état est moindre en dignité, mais tel chrétien qui y est à sa place y peut pratiquer une vertu éminente. « L'excellence du chemin ne rend pas excellents les voyageurs, ains leur vitesse et agilité[3] ».

Une autre distinction, très importante, c'est

1. *Evangile selon saint Matthieu*, xix, 17 et 21.
2. Et il faut dire que « rien n'a tant de rapport au salut que la vocation à un état… parce que l'état est la voie par où Dieu veut nous conduire au salut. » Bourdaloue, 2º dimanche après l'Epiphanie.
3. Saint François de Sales, *Lettres*. Cf. Bourdaloue, 10º dimanche après la Pentecôte, *de l'État de vie*, 2º point.

celle entre les *actes* et les *intentions*. Tel acte est sublime, mais ce qui en est l'âme, à savoir l'intention, le vicie ou du moins le diminue. Tel autre acte est ordinaire, commun, mais l'intention le relève infiniment.

L'admirable chapitre de saint Paul sur la charité, dans la *Première épître aux Corinthiens*[1], expose cela avec une singulière force et un singulier éclat. Tous les dons les plus hauts, toutes les actions les plus ardues, les plus nobles, les plus belles, donner son bien aux pauvres, livrer son corps au feu, tout cela n'est rien si l'on n'a la charité, c'est-à-dire si l'on n'aime Dieu pour Dieu et souverainement.

Ainsi nous sommes ramenés de toutes manières à l'essentiel, à l'indispensable, qui est d'aimer Dieu par-dessus toutes choses. Et, cela posé, tout l'ordre actuel, qui est providentiel, demeure. Quoi qu'on fasse, du moment qu'on est à sa place, et pourvu qu'on ait en vue de faire la volonté de Dieu, c'est bien. Tout est bon pour ceux qui aiment Dieu[2]. On tâche de témoigner à Dieu son amour en l'état où l'on est de par

---

[1]. Chapitre XIII.
[2]. Saint Paul, *Rom.*, VIII, 28.

Dieu. On attribue aux devoirs d'état une importance capitale. On regarderait comme une illusion dangereuse de rêver des vertus plus éclatantes et de négliger, en attendant, ses devoirs d'état, humbles peut-être, mais essentiels. Être où Dieu veut, faire ce que Dieu veut, voilà le chemin de la vraie perfection, parce que c'est le chemin du salut en tant que commandé à tous. On sait qu'il y a des voies extraordinaires. On les admire. On ne s'y engage point de soi-même. On commence par marcher de son mieux dans l'état commun où l'on est, prêt à aller plus haut si, d'une manière ou d'une autre, Dieu dit : Mon ami, montez plus haut, *amice, ascende superius*[1].

On s'occupe donc des choses de ce monde. Par devoir strict, d'abord, puis, par charité, puisqu'on a pour maître celui qui a dit : *Misereor super turbam*[2], je jette sur la foule un regard de compassion. Enfin, pour tout consacrer à Dieu, en restaurant tout dans le Christ. *Instaurare omnia in Christo*[3]. Dans cet esprit,

---

1. *Évangile selon saint Luc*, xiv, 10.
2. *Évangile selon saint Marc*, viii, 2. Cf. Saint *Matthieu*, xv, 32.
3. Saint Paul, *Ephes.*, i, 10.

dans cette vue, richesse, industrie, art, science, tout reprend du prix, car tout peut être animé de l'esprit de Dieu, et le chrétien peut tout faire servir à la gloire de Dieu. La gloire! Un beau mot. Ce rayonnement de la grande renommée qui fait resplendir un nom sur toutes les bouches humaines à travers les âges, a de quoi éblouir de nobles âmes. Combien plus beau, plus solide, si je puis dire, plus doux aussi le rayonnement de Dieu dans les esprits et dans l'univers entier! *Non nobis, Domine, non nobis, sed Nomini tuo da gloriam*[1]. La gloire, non pas pour nous, pauvres êtres imparfaits, faibles créatures, non pas pour nous, mais pour le Nom de Dieu qui exprime toute excellence et tout être! Et alors le chrétien a des regards qui s'étendent au monde entier. Tout chrétien est apôtre, au moins par le vœu de son âme et par la prière. Les plus simples, nous l'avons indiqué plus haut, ont cette universalité de vue et de désir qui égale en quelque sorte Dieu même. La plus humble bonne femme récitant le *Pater* comme il faut s'élève au ciel et embrasse toute la terre, quand elle dit à *Notre*

---

1. Psaume 113, *In exitu.*

Père qui est dans les cieux : Que votre nom soit sanctifié, que votre règne arrive, que votre volonté soit faite sur la terre comme elle est faite dans le ciel!

Le chrétien est un être étrange, car il est au-dessus de l'homme ; mais c'est un homme, comme le Christ, son maître, et c'est l'homme vraiment homme, pleinement homme, d'autant plus excellemment homme que Dieu s'y ajoute. Le Dieu de paix sanctifie tout en nous, il fait de nous des êtres complets, ὁλοτελεῖς, et tout ce que nous sommes, tout, entendons-le bien, l'esprit, et l'âme et le corps, ὁλόκληρον ὑμῶν τὸ πνεῦμα καὶ ἡ ψυχὴ καὶ τὸ σῶμα, il le garde pur, irréprochable, ἀμέμπτως, en la présence de Notre-Seigneur Jésus-Christ[1]. Tout en nous est sauvé, gardé pour la vie éternelle. Tout, y compris le corps qui ressuscitera, car enfin l'homme n'est pas esprit pur, il est composé d'âme et de corps. Dieu a créé les choses pour qu'elles fussent, *Deus creavit res ut essent.* Aux choses il a donné une aptitude à se perpétuer, *aptitudinem ad perpe-*

---

[1]. Saint Paul, I *Thessal.,* v, 23. J'ai cité le texte grec, singulièrement expressif.

tuitatem[1]. Ce qu'il a comme rempli de sa vérité, demeure. Ce qu'il a spiritualisé, demeure. Ce qu'il a sanctifié surtout, demeure, et pour l'éternité. La vie! C'est le dernier mot de tout. Jésus-Christ est venu et il est mort : pourquoi? pour que les hommes aient la vie, et pour qu'ils l'aient plus abondamment, *veni, ut vitam habeant, et abundantius habeant*[2].

Ainsi il y a dans le Christianisme comme une double vertu, et cela parce que le Christ est mort pour donner la vie : une vertu retirante, si je puis dire, et recueillante, qui délivre du mal, qui ôte le péché, qui ramène à Dieu; et une vertu dilatante, expansive, qui propage le salut, qui répand la vie, qui donne Dieu au monde. Et de là une double vue du monde : il y a lieu de s'en éloigner, de s'en abstenir, à cause de ce qu'il contient de mal et de danger; il y a lieu de s'y mêler à cause du bien à y faire et pour y mettre et y faire régner Dieu.

---

1. Saint Thomas d'Aquin, *Summa contra gentiles*, liv. IV, ch. LXXXVII. — Tous ressusciteront, mais tous ne seront pas changés, saint Paul, *I Cor.*, xv, 51. *Résurrection de la vie* pour les bons, *résurrection du jugement* pour les méchants, saint Jean, *Évang.*, v, 29.

2. *Évangile selon saint Jean*, x, 10.

Voilà le chrétien. Il est grand. *Agnosce, o Christiane, dignitatem tuam*[1]. Reconnais, ô chrétien, ta dignité, dirai-je avec le grand pape saint Léon. Sois fier et sois humble. Pas de vertu raide, mais une vertu forte et humble, qui croisse dans la faiblesse. *Virtus in infirmitate perficitur*[2]. C'est le mot de saint Paul. Et, selon le même apôtre, dans les plus terribles tentations, Dieu est là qui nous crie : ma grâce te suffit, *gratia mea tibi sufficit*[3].

Le chrétien vit d'une vie singulièrement haute. Il a, en ce monde même, la *vie éternelle*. Le Christ a relevé infiniment la dignité humaine : en se faisant participant de notre nature, il nous a associés à la nature divine, *consortes divinæ naturæ*. C'est la prière faite avec des paroles prises de saint Pierre[4] que chaque jour l'Église répète à la messe, à l'offertoire[5]. Le chrétien vit, il vit en Dieu et de Dieu. Et il vivra

---

1. Saint Léon le Grand, *Sermo I in Nativitate Domini*, 3.
2. Saint Paul, II *Cor.*, xii, 9.
3. Saint Paul, II *Cor.*, xii, 9.
4. II, i, 4. « Divinæ consortes naturæ. »
5. « Deus qui humanæ substantiæ dignitatem mirabiliter condidisti, et mirabilius reformasti : da nobis, per hujus aquæ et vini mysterium, ejus divinitatis esse consortes, qui humanitatis nostræ fieri dignatus est particeps, Jesus Christus Filius tuus, Dominus noster... »

éternellement. Dans le ciel, il verra, il aimera, il possédera pleinement Dieu, et par cette vision et cet amour et cette possession, il sera pleinement heureux.

J'ai essayé d'exposer en entier le système chrétien. Je sais et je sens tout le tort que lui fait la faiblesse de mon exposition, et pourtant, même au travers de ces pages défectueuses, apparaît sa transcendante beauté.

Les fresques du Vatican contiennent deux merveilleuses peintures qui me reviennent en ce moment à l'esprit : l'*École d'Athènes* et ce qu'on nomme la *Dispute du Saint-Sacrement*. Celle-là, c'est la philosophie; celle-ci, la théologie. Noble philosophie, représentée par tant de grands hommes : elle poursuit ses recherches; elle conduit à travers les problèmes ses réflexions; deux chefs président à ses démarches, Platon, Aristote; et tout ce travail humain s'accomplit sous les voûtes d'un palais superbe où pénètre une belle lumière,

Edita doctrina sapientum templa serena.

La théologie travaille à ciel ouvert. Les rayons qui éclairent et échauffent tant de grands hommes encore, viennent directement de Dieu même, et une intime communion s'établit entre les hommes et les saints du Paradis. Sur la terre, un centre unique, un foyer unique, l'autel où resplendit l'Hostie consacrée. Quelle admirable harmonie, quelle belle unité !

Nous philosophons, et de grand cœur; nous philosophons, avec courage, avec confiance : ni nous ne voulons renoncer à l'humaine raison ni nous n'affectons de nous défier d'elle. Nous savons qu'elle a des lumières indispensables et sûres. Nous savons aussi qu'elle a des bornes, des faiblesses, même des grossièretés incompréhensibles. Que nous sommes heureux d'avoir l'autel! Le palais des sages ni ne convient à tous, ni ne suffit toujours à personne. La religion, certes, ne dispense pas de philosopher. Ceux qui le peuvent faire, le doivent. Mais la philosophie ne réussit point toute seule à expliquer à fond la vie, elle ne réussit pas toute seule à la diriger, et elle ne l'alimente pas assez. Sachons donc regarder la vie pour savoir qu'en penser et savoir qu'en faire, avec toutes les ressources, avec toutes les forces mises à notre disposition, avec tout l'homme et avec Dieu et son Christ, *viribus unitis*.

CHAPITRE XXVIII

LA FORME DE LA VIE

Nous disons que la vie est bonne : elle est bonne dans le dessein de Dieu, elle est bonne à quelque chose. Quelle forme donnerons-nous à notre vie pour la rendre effectivement bonne, pour coopérer au dessein de Dieu, pour faire de notre vie l'usage et l'emploi qu'il faut? En d'autres termes, quelle sera la forme de vie qui conviendra le mieux, les raisons de vivre et le but de la vie, et la valeur de la vie étant ce que nous savons ?

Entre la raison finale de la vie et la forme de la vie le rapport est évident et il est étroit. A l'une de déterminer l'autre.

La raison finale de la vie, c'est d'exprimer et d'imiter, par une opération personnelle, dans une œuvre réelle et continue qui peut elle-même se nommer vie, la souveraine excellence, la Vie divine, en sorte que la créature raisonnable soit unie à la Vie parfaite et y trouve sa félicité. Et cela même, c'est aimer.

Mais, les créatures raisonnables étant plusieurs et formant une société, il est clair qu'elles doivent, en s'unissant au Bien, à la Vie, à Dieu, leur commun principe et leur commune fin, s'unir entre elles : en sorte que la raison de vivre, c'est encore d'aimer d'un amour effectif ses semblables comme soi-même, mais par rapport à Dieu qu'il faut aimer souverainement, par-dessus toutes choses.

Aussi le Christ a-t-il dit : « Le premier commandement c'est : Tu aimeras le Seigneur ton Dieu, de toute ton âme, de tout ton cœur, de toutes tes forces ». Puis : « Voici le second commandement : Tu aimeras ton prochain comme toi-même ». Et il ajoute : « Ce second commandement est semblable au premier[1] ».

Ne puis-je pas dire maintenant que toute l'économie de l'univers se laisse entrevoir ? Tout con-

---

1. *Évangile selon saint Matthieu*, XXII, 37, 38, 39.

siste à *donner* et à *recevoir*. Dieu donne et ne reçoit pas. Toute créature raisonnable reçoit et donne. C'est l'amour qui réalise cela excellemment. Et ainsi le monde, que Dieu a créé, exprime la Perfection et Excellence divine.

Je comprends maintenant toutes ces formules par lesquelles on essaie de définir le tout de la vie. Exprimer Dieu, ressembler à Dieu, vivre comme Dieu, toutes proportions gardées ou plutôt avec et malgré une disproportion infinie; aimer, aimer Dieu: d'où aimer les autres hommes, leur vouloir du bien, leur faire du bien; donc garder l'ordre que Dieu établit, accomplir l'ordre que Dieu veut; et encore, en tout vouloir ce que Dieu veut: vouloir la fin que Dieu veut, et vouloir l'ordre que Dieu veut.

Cela étant, une double tendance apparaît. Nous l'avons signalée au précédent chapitre, il y faut revenir ici. Deux formes de vie s'offrent, répondant à la double tendance que l'on découvre au sein de la morale chrétienne et de toute morale.

On peut tâcher de vivre déjà dès ce monde, s'il se peut, de la vie supérieure, et pour cela on se retire sur les hauteurs. On s'abstient de beaucoup de choses. On supprime autant que possible dans sa pensée, dans ses désirs, en fait, tout le corporel, tout le matériel, puis tout l'humain ; la curiosité intellectuelle après les mouvements des sens, par exemple ; on vit le moins possible de la vie humaine.

On peut, au contraire, agir beaucoup, déployer toutes ses forces, toutes ses ressources, selon la règle, sans doute, et même avec un esprit de renoncement, et avec renoncement effectif, quand il le faut, mais sans craindre de se mouvoir, de marcher, de vivre, se disant plutôt que c'est à se mouvoir, à marcher, à vivre, que consiste la vertu.

Entre ces deux points de vue il y a une sorte d'antinomie. C'est de tous les temps. Platon transporte le Sage dans le monde intelligible, et il souhaite que le Sage gouverne les cités. Aristote, quand il cherche où est le vrai but et le vrai prix de la vie, hésite entre la vie pratique et la vie contemplative, et s'il dit que la vie pratique n'est elle-même que par la Pensée qui la remplit et l'anime pour dire ensuite que la Pensée est action, il n'arrive pas néanmoins à dissiper toute difficulté. Cicéron admire ceux qui, vivant chastement, saintement, *caste, sancte*, imitent dans des corps d'hommes la vie des dieux, *deorum vitam in corpore imitati*[1], et il propose aux nobles âmes comme but de la vie de rendre à la cité romaine l'antique vigueur en y ramenant par leur action les mœurs antiques et les antiques institutions, tempérées, améliorées, animées d'un esprit nouveau[2], car enfin, tout le prix de la vertu est dans l'action, *virtutis laus omnis in actione consistit*, et la vertu par excellence est la vertu sociale[3].

Dans le Christianisme nous trouvons la même antinomie. Les cénobites, les ascètes, les solitaires, les anachorètes, les moines, quittent le monde, et il y a des chrétiens qui vivent dans le monde, il y a ceux qui s'occupent des choses de ce monde, et cela dans l'ordre spirituel même; il y a ceux qui mettent toute leur vertu à ne plus faire rien de ce qui occupe, préoccupe, trouble, passionne les hommes, et il y a ceux qui sont chargés de grandes affaires, affaires

---

1. *Tuscul.*, I, xxx, 72. Cf. *De Legibus*, I, xxiii, 60.
2. *De Republica*, surtout à la fin, *Somnium Scipionis*.
3. *De Officiis*, I, vi, 19; vii, 20.

des cités et des États, affaires religieuses aussi.

Qu'on lise Malebranche : on le verra porter tout le monde, si je puis dire, à se retirer du monde[1]. Il n'envoie pas tout le monde au couvent : il sait qu'il y faut une vocation spéciale ; mais à tous il recommande, il prescrit une sorte de retraite philosophique et religieuse, ou du moins c'est l'idéal, à ses yeux, c'est la forme de vie la meilleure, la plus sûre, la plus douce aussi. Être, comme lui, philosophe chrétien : c'est, ce semble, pour cela qu'on est né.

Autour de nous, aujourd'hui, de grands chrétiens prônent l'action. Ils veulent qu'on agisse. Ils veulent qu'on entreprenne, qu'on poursuive, qu'on effectue des œuvres.

Qui a raison ?

Allons bien haut, ou bien profondément, et nous aurons à la fois la raison de la double tendance que nous constatons et la solution de l'antinomie.

La raison, c'est que précisément la raison de la vie, comme de la création même, est d'exprimer Dieu, laquelle expression réclame recueil-

---

[1]. Voy. surtout les *Conversations chrétiennes*.

lement en Dieu et expansion à partir de Dieu, si l'on peut ainsi parler, comme la vie divine elle-même est parfaite en soi et prête à se répandre en voulant du bien, en faisant du bien. C'est ce qu'on veut dire encore en disant que Dieu est saint, ce qui le met à part de tout le reste, et que Dieu est agissant et fécond, ce qui rattache à lui tout le reste. Dieu a créé : Dieu ne dédaigne pas d'agir et de faire, ce qui n'empêche pas Dieu de demeurer infiniment au-dessus de ce qu'il fait.

Là est la solution de l'antinomie. Se séparer de tout pour s'unir à Dieu, s'unir à tout pour s'unir à Dieu : les deux choses sont également vraies et bonnes.

Ces contrariétés ont donc, si l'on peut dire, leur nœud dans la simplicité divine ; et la vie, prise en son idée, les comporte l'une et l'autre. Mais, comme l'homme est faible, et que par cette faiblesse la simplicité et unité idéale se brise, les deux formes de vie, dans la pratique, peuvent se séparer l'une de l'autre, s'opposer l'une à l'autre. Ni l'une ni l'autre n'étant la forme totale ne doit être exclusive. L'une ou l'autre pourra prévaloir selon les circonstances, mais sans jamais supprimer entièrement celle qui aura le dessous, et celle-ci reparaîtra sous un autre aspect. Enfin, quelque chose demeure sous la variété des formes, c'est l'*esprit*, lequel doit vraiment être le même pour tous et en tous.

Ressembler à Dieu, imiter Dieu, aimer ce que Dieu aime et comme Dieu aime, vouloir ce que Dieu veut et comme Dieu veut ; et, partant, préférer à tout Dieu même et n'estimer le reste que par rapport à Dieu, ou encore vouloir que Dieu soit, et soit le premier, et souverain, c'est-à-dire Dieu, et vouloir que le reste soit selon que Dieu le veut : voilà l'*esprit*, et c'est cela qui doit tout dominer, tout pénétrer, tout animer ; alors les formes pourront varier, se diversifier, sans que cette variété et cette diversité ôte à la morale ou au vouloir moral l'unité. Pourquoi tous les hommes devraient-ils être jetés dans le même moule ? La variété des formes de vie tient à l'ampleur du Bien qu'aucun effort humain n'épuise ni n'égale, elle tient aussi à l'excellence du sujet moral, de la personne morale qui a une originalité propre, et partant mille manières d'avancer dans la carrière indéfinie du bien, mille façons d'en concevoir quelque chose et de l'appliquer aux circonstances et de le reproduire dans la réalité multiple elle-même et variée.

Ce qui importe donc étant *objectivement* l'ordre, le vouloir divin, et *subjectivement* la conformité à cet ordre, ou un vouloir regardant le vouloir divin et s'y conformant, nous voyons qu'il n'y a pas lieu de chercher une forme unique de vie, un moule uniforme, et qu'il y a place pour une heureuse variété.

Entendons-nous pourtant, et prévenons toute équivoque. Les préceptes prohibitifs sont uniformes. Uniformes aussi certains préceptes impulsifs très généraux. Le précepte prohibitif est fixe : il pose une barrière qui ne peut être franchie ni déplacée sans que la moralité cesse, sans que l'amour de Dieu disparaisse. Fixes aussi sont les préceptes impulsifs exprimant l'obligation d'aimer, l'obligation de vouloir du bien et de faire du bien à autrui, et avant tout l'obligation de vouloir que Dieu soit, et soit ce qu'il est, et de coopérer à ses desseins, de travailler à étendre son règne, à procurer sa gloire. Le reste n'est pas déterminé[1].

---

1. Bossuet, *Préface sur une Instruction pastorale de M. de*

La pratique du bien a beau être obligatoire, elle a quelque chose de libre. Même quand il s'agit de devoirs proprement dits qui n'ont rien de surérogatoire, qui sont des préceptes, non des conseils, quelque chose est laissé à l'initiative personnelle, à l'invention, à l'originalité et à la générosité.

Dans la vertu, il y a la correction, — n'en faisons pas fi, — et il y a le souffle. Comprenons cela par comparaison avec les produits de l'intelligence, avec les œuvres littéraires. Être correct, ce n'est pas assez : il faut du mouvement, de l'élan.

Je sais bien ce que dit Kant. Il nous accuse d'orgueil. Il dit que nous prétendons nous mettre au-dessus de la règle, comme des volontaires qui ont de l'ardeur pour combattre, mais qui s'af-

---

Cambrai (éd. Vivès, t. XIX), Part. Ire, section v, n° 59, p. 224. « Je n'ai pas observé en vain qu'il s'agit ici du précepte affirmatif (par opposition au précepte négatif), puisque c'est le seul dont l'obligation n'est pas perpétuelle, et à laquelle, même hors des cas fort rares, on ne peut jamais assigner des moments certains. Qu'on m'entende bien : je ne dis pas que l'obligation de pratiquer les préceptes affirmatifs soit rare ; à Dieu ne plaise ! je parle des moments certains et précis de l'obligation ; car, qui peut déterminer l'heure précise à laquelle il faille satisfaire au précepte intérieur de croire, d'espérer, d'aimer, au précepte extérieur d'entendre la messe et aux autres de cette nature ? »

franchissent de toute discipline¹. Mais nous n'avons pas l'orgueil de nous mettre au-dessus de l'idée du devoir; nous ne prétendons pas agir de notre propre mouvement sans avoir besoin d'aucun ordre. Le souffle, l'élan, la générosité dont je parle, ce n'est pas cela. Nous disons : Il y a des ordres, et puis il y a des invitations, des appels. Il y a la discipline, et nous ne la rejetons pas, mais il y a, même dans ce qui est obligatoire, ce qui n'est pas réglé avec une exacte rigueur, ce qui n'est pas déterminé dans un détail précis et certain. Faire du bien, c'est un ordre, et précis. Qui s'y refuserait n'aurait point de valeur morale. Que serait la vertu d'un homme qui croirait que s'abstenir de nuire, au sens strict et littéral, suffit, et que toute bienveillance, toute bienfaisance est un superflu dont il est loisible de se dispenser? Très formellement obligatoire est la volonté de faire du bien. Mais jusqu'à quel point, dans quelle mesure, de quelle manière, sous quelle forme, voilà ce qui n'est point fixé, et c'est à chacun de le déterminer.

Quand nous voyons ce qu'est le bien et ce que

1. *Critique de la raison pratique*, I, 1, ch. III. Des mobiles de la raison pure pratique, trad. Barni, p. 262.

nous sommes, ce qu'il vaut et ce que nous faisons, le peu qu'il exige et le peu que nous lui donnons, cette vue ne nous jette pas dans l'orgueil, elle nous inspire plutôt une profonde humilité qu'augmente encore cette divine condescendance à notre égard, cette façon gracieuse d'en agir avec nous. Non, tout n'est pas strictement exigé, tout n'est pas minutieusement réglé. Nous n'exécutons pas une consigne. Il y a des barrières fixes, et puis il y a une carrière ouverte devant nous, et il s'agit d'avancer, d'avancer toujours, selon nos forces, selon nos moyens. Il y a quelque chose à faire dont la mesure n'est pas fixée, dont la coupe n'est pas imposée; il y a quelque chose à trouver, à inventer, des formes inédites du bien, des idées qu'on n'a pas eues encore, des créations presque de l'esprit amoureux du bien, et que cela est digne de l'excellence de Dieu, digne aussi de l'excellence de la personne morale! Si cela rassure parce qu'on voit qu'il n'est pas demandé trop à la faiblesse, cela anime aussi, porte à faire des efforts, stimule la générosité, et de ce que dans la pratique du bien quelque liberté nous est laissée, il n'y a pas à craindre qu'une âme un peu bien située en conclue qu'il faille faire le moins possible et être vertueux au rabais. La règle de ce qui est indéterminé est indéterminée aussi, disait déjà Aristote, et très bien[1]; c'est chaque homme de bien, chacun et sa vertu, qui est règle et mesure, disait-il encore[2]; mais précisément la vertu est excellence, elle est sommet et cime[3] : qui en a l'esprit, tend au souverain degré, et dans cet ordre on ne s'arrête pas, on ne va jamais assez loin, il n'y a pas d'excès à redouter : l'excès est supériorité, hauteur, éminence, il est bon; il n'y a qu'à aller toujours à l'infini[4]. Et voici que saint Bernard fait écho au philosophe grec, et parlant mieux encore, il s'écrie : La mesure d'aimer Dieu, c'est d'aimer sans mesure. *Modus diligendi, sine modo diligere*[5].

Il suit de tout cela que la forme de la vie va-

---

1. *Eth. Nic.*, V, 1137ᵃ33. Τοῦ γὰρ ἀορίστου ἀόριστος καὶ ὁ κανών ἐστιν.
2. *Eth. Nic.*, III, 1113ᵃ33 : Ὁ σπουδαῖος... τῷ τὸ ἀληθὲς ἐν ἑκάστοις ὁρᾶν, ὥσπερ κανὼν καὶ μέτρον αὐτῶν ὤν. — X, 1176ᵃ13. Καὶ ἔστιν ἑκάστου μέτρον ἡ ἀρετὴ καὶ ὁ ἀγαθὸς ᾗ τοιοῦτος.
3. *Eth. Nic.*, II, 1107ᵃ7 : Κατὰ δὲ τὸ ἄριστον καὶ τὸ εὖ (ἡ ἀρετὴ) ἀκρότης.
4. *Pol.*, IV (VII), 1, 1323ᵃ25 et 1323ᵇ.
5. Saint Bernard, *De diligendo Deo*, I, 1 : « Causa diligendi Deum, Deus est; modus, sine modo diligere. »

riera avec les circonstances. Celles-ci sont de deux sortes : car il y a ce que nous trouvons tout fait, et il y a ce qui d'une certaine manière dépend de nous.

Ce que nous trouvons tout fait, c'est notre nature, notre tempérament, nos aptitudes, les goûts et les répugnances que nous apportons en naissant, nos talents, en un mot tout ce que nous avons et que nous sommes par le fait de notre naissance, ce que nous sommes physiologiquement, psychologiquement, et socialement aussi, notre condition sociale avec tout ce qui en est la suite.

Tout cela supposé, il y a ce que nous devenons par l'usage même de la vie, et à de certaines heures, par un choix proprement dit, par un choix délibéré et explicite, par le choix d'un état de vie : un état de vie, le mot est juste, car c'est bien une façon de se tenir et de se constituer, de s'établir, une attitude qui se fixe, une façon d'être et de rester.

Ainsi notre état, c'est ce que nous sommes, une façon d'être, et plus déterminément, dans un détail plus précis, une façon d'employer nos facultés, nos ressources naturelles et acquises, d'appliquer notre esprit, notre corps, tout notre être; par suite, un ensemble d'actions, de mouvements, d'opérations appropriées à une certaine fin déterminée, à une fonction sociale aussi et, par cela même, finalement à un certain rôle dans le monde[1].

Disons donc maintenant : La forme de la vie variera avec l'état, et il y aura des devoirs d'état, des vertus d'état.

Mais l'état, à son tour, dépendra en partie de notre choix. C'est dire qu'il aura dans les dispositions propres de la personne, dans le tour d'esprit et d'âme, dans l'originalité individuelle et singulière (je prends le mot au sens latin), son principe et sa raison. Et ce sera une chose importante que le choix de l'état, ce sera un devoir de préparer ce choix pour le faire d'une façon éclairée et consciencieuse, se souvenant que ce n'est pas tout arbitraire, et qu'il faut se mettre à même de démêler les raisons du choix, lesquelles résident dans ce que nous sommes par nature et par situation, dans ce que nous pouvons et devons être, dans ce que nous sommes appelés à être. Appelés, c'est le mot; car une certaine dis-

---

[1]. C'est le lieu de rappeler le sermon de Bourdaloue sur *l'État de vie et le soin de s'y perfectionner*, 10ᵉ dimanche après la Pentecôte.

position précise et vive de l'âme est un appel ; c'est le mot surtout si nous rappelons que le chef des esprits c'est Dieu, auteur de l'ordre moral et de la nature. Quoi d'étrange qu'à chaque personne morale il ait assigné sa partie à faire dans le concert universel ? Ne craignons pas de parler de *vocation*, et disons que c'est un devoir de travailler à reconnaître sa vocation, et un devoir, quand elle est reconnue, de la suivre. Clairvoyance et courage : c'est bien digne de l'homme.

Mais quoi ! L'homme ne va-t-il pas être comme morcelé ? Chaque personne morale, dans la conception de la vie que nous venons d'exposer, ne sera-t-elle pas incomplète en soi ? Ne supposons-nous pas une division à l'infini de la vertu humaine, analogue à la division du travail dans la société, et l'effet n'en sera-t-il pas de confiner chaque être humain dans une *spécialité ?* Que devient alors ce que nous avons tant recommandé au cours de ces études, la nécessité pour l'homme et le devoir d'être complet, de ne pas laisser quelque chose en lui s'atrophier, d'éviter aussi toute hypertrophie, de vivre enfin d'une vie totale, vraiment humaine ?

L'objection vaut la peine d'être considérée.

Je réponds d'abord. Tout homme ne peut pas être actuellement complet. La faiblesse de la nature humaine, d'une part, et l'ordre du monde, d'autre part, empêchent un développement total de tous. *Non omnia possumus omnes. Non omnis fert omnia tellus.*

Mais il y a une culture humaine qui précède toute application spéciale. Il s'agit pour tous et pour chacun d'agir en homme ; et il y a des préoccupations humaines, des vues, des sentiments que l'on peut et doit avoir et porter partout. Dans l'ordre des choses morales, il y a une façon d'être complet, haut, universel, que je vais essayer d'expliquer. La vue morale proprement dite, celle du devoir, celle du bien, est, de soi, universelle. Puis, précisons : il y a, en s'appliquant à telle forme spéciale du bien, une façon d'acquiescer à tout le bien : on aime le bien que l'on n'a pas à faire, on est prêt à le faire dans l'occasion. Tout entier à ce que l'on fait, pour le bien faire, *age quod agis*, on n'exclut pas néanmoins ce que l'on ne fait pas, ce que l'on n'a pas à faire, on ne prétend pas qu'il n'y ait de bon que ce que l'on fait. Ainsi l'on travaille dans sa sphère propre, et l'on ne supprime pas les autres sphères : on a comme une vue implicite du bien qui s'y fait, et l'on adhère à ce bien. On a une bonne volonté généreuse et ouverte.

Tout homme qui aime le bien de tout son cœur a cette largeur d'âme. Mais la tendance contraire existe, et il est très aisé de s'y laisser aller. Il faut lutter contre elle pour tenir son âme au-dessus de l'ouvrage spécial auquel on s'applique. Je ne dis pas que la largeur d'esprit soit proprement un devoir, mais je dis que la largeur d'âme est tout près d'en être un, même qu'elle en est un : car, d'une part, elle se confond presque avec la simplicité, ce qui la met à la portée de tous, et, d'autre part, c'est, pour certains hommes, dans certains états, quand on a une suffisante culture, un devoir d'élargir son âme et son intelligence.

Les *simples* sont larges et complets d'une manière admirable. Ils ont l'air souvent d'être enfermés dans un très étroit horizon. Sans effort, sans raisonnement, sans discours, sans science, par le cœur, par l'âme, par la vertu, mieux encore, par la *sainteté*, par l'union au bien, à l'universel, à l'infini, à Dieu, ils ont des intuitions merveilleuses. Je l'ai dit, je le redis encore :

le *Pater*, récité naïvement, mais avec toute l'âme, embrasse tout : Dieu et l'humanité, le ciel et la terre, l'avenir et le présent, les espérances éternelles et les misères de cette vie, les intérêts de Dieu, si je puis ainsi parler, et les nôtres, ceux de chacun, ceux de tous.

Saint François d'Assise renonce à tout. Il a un genre de vie bien particulier, étrange. Le voilà mis comme les plus pauvres parmi les pauvres. Il va, avec sa robe de bure, les pieds nus. Personne n'a l'esprit moins étroit, moins exclusif, l'âme plus ouverte. Il aime la nature, cet ascète, et de quelle façon profonde, naïve, charmante! Il est bon, compatissant, tendre. Il ramène la paix dans les cités. Il exerce une influence sociale. Il inspirera les arts. Lui-même il est poète : des hymnes inspirés s'échappent de ses lèvres, et lui et les siens les chantent avec enthousiasme. Remarquable, éclatant exemple du caractère large et compréhensif de l'amour du bien, surtout de la *sainteté*. Rien de moins étroit, de moins exclusif. Des gens vertueux ont une vertu étroite. Les saints ne sont pas étroits, parce qu'ils ont quelque chose du cœur de Dieu. Là où les idées seraient en défaut, l'âme y suppléerait. La simplicité du cœur a une puissance, une portée universelle.

Il y a de cela une raison métaphysique. Les simples, les vraiment simples savent trouver le point simple, qui est d'une certaine manière un et tout, qui contient éminemment toutes choses. C'est le caractère de ce qui est métaphysiquement un, de contenir dans sa riche simplicité une infinité de choses. Et ce qui est absolument un, simple, est le principe de tout. La simplicité est, non pas exclusion, mais fécondité. Je dis : Dieu est un. Cela veut dire : qui donc est comme Dieu? *Quis ut Deus?* Personne. Dieu est un être incomparable, unique, étant l'Être par excellence. Mais cela veut dire aussi que toute chose a en Dieu son principe. Ce n'est pas assez. Il faut dire que Dieu, infiniment supérieur à tout, est ce en quoi tout a son principe et sa raison d'être et sa fin. Il y a une image de cela dans le discours. Quand le point simple est trouvé, est-ce que le point fécond n'est pas trouvé aussi? Quand l'idée principale et maîtresse a paru, est-ce qu'elle ne devient pas le principe et la source de tout le reste? Une foule de détails non reliés entre eux ni à une idée première, ce n'est pas fécondité, ce n'est pas richesse : le discours ne se fait pas, l'organisme vivant ne se forme pas. Le point simple trouvé, ce n'est pas exclusion des détails. Tout au contraire. Les voilà qui arrivent, se rangent. La simplicité vraie est riche, est féconde. Ainsi dans l'ordre moral, ainsi, et davantage encore et mieux, dans l'ordre de la sainteté. *Deus meus et omnia*. Avec Dieu, en Dieu vous avez tout : non pas seulement pour vous passer de tout, s'il le faut, mais pour retrouver tout en dominant tout, pour vous faire tout à tous, pour égaler à l'universalité des choses et à l'infini de Dieu, si c'était possible, votre pensée, votre amour, et, s'il le faut, votre action.

Pour nous, qui sommes des savants, des critiques, des philosophes, des gens qui prétendent *penser,* il y a un devoir précis. Je l'ai annoncé, j'y arrive. Après avoir traversé l'analyse, il faut que, semblables aux *habiles* dont parle Pascal, nous revenions à ce qu'admet le *peuple*. Il nous faut une simplicité acquise, savante, c'est la rançon de nos raffinements d'esprit qu'il nous faille peiner pour redevenir simples. Il le faut redevenir. Sans quoi, nous n'aurons aucune vraie largeur d'esprit ni surtout d'âme. A force d'expliquer, nous risquons de compliquer. Simplifions, tâchons de simplifier. L'explication doit ramener au simple, mais au simple pénétré par la pensée savante. Comprendre, c'est bien. On y arrive. De notre temps, on comprend chaque jour plus et mieux. C'est bien. On comprend les choses d'un autre âge. Magnifique progrès. Mais cette intelligence qui va jusqu'à la sympathie est multiplicité encore et peut devenir confusion. Il faudrait, à force d'intelligence, revenir à la simplicité vraie, celle des éléments vraiment primitifs, celle des principes surtout, des vrais principes, des principes primordiaux. On l'aura, cette simplicité, si, en chaque ordre de choses données, on sait saisir et tenir les idées simples, primitives, naïves; si, entrevoyant les principes simples, vraiment premiers, vivants, on ne les fuit pas comme trop simples, on ne leur tourne pas le dos, ou on ne les laisse pas se perdre sous le flot des pensées compliquées et compliquantes; il faut, pour les tenir et s'y tenir, ces principes, ne pas se borner à la pensée pure, à l'idée abstraite, mais aller à la réalité vivante; il faut, à force de savoir, vivre d'une vie plus intense, plus profonde, plus complète, en ce sens que l'on tient les racines et les semences de tout, ou que l'on est au foyer même, au centre : car, ainsi que l'a remarqué profondément Bossuet, « l'homme enfermé dans son expérience » n'a pas de vrai savoir[1]. Il faut expérimenter et beaucoup : sans quoi l'on est dans le vide; mais il faut, par les éléments et surtout par les principes, avoir cette universalité qui dépasse les bornes de l'expérience propre : autrement il n'y a pas de vrai savoir, et il n'y a pas de simplicité. On est un demi-habile perdu dans la multiplicité d'une pensée morcelée, compliquée, confuse, sans lumière pénétrante, sans profondeur.

Cette largeur et simplicité, dont je viens d'essayer de donner quelque idée, résout bien des questions.

Si je l'ai vraiment, je ne louerai ni ne blâmerai absolument ni la vie retirée ni la vie répandue. Ce qu'il en faut penser dépend de beaucoup de choses. Je ne serai ni rigoriste ni relâché, et je ne condamnerai ni ne louerai sans réserves une façon sévère ou une façon bénigne d'envisager le monde[2]. Le rigorisme doctrinal est mauvais,

---

1. Voir Préface de l'*Instruction sur les états d'oraison*.
2. Vue déjà indiquée plus haut, p. 378. Lire dans le P. Faber le

et faux : dire que le monde actuel n'est qu'un cachot, que tout n'y est que piège, c'est excessif. Je rejette cette doctrine. Je ne rejette pas moins la doctrine opposée, celle du relâchement. Chacun de ces points de vue, dès qu'il devient doctrinal, devient exclusif. On exclut doctrinalement ce que l'on ne comprend pas, ce que l'on n'aime pas, ce que l'on ne fait pas. Porté à la rigueur, on exclut tout ce qui est doux, on le nie, ou on le néglige, ou on le déforme. Porté à la douceur, on exclut tout le sévère, on le nie, ou on le néglige, ou on l'altère. La rigueur ou l'indulgence, devenues doctrinales, sont exclusives, doctrinalement exclusives, et partant fausses. Mais ne s'agit-il que de tendances, de dispositions, d'habitudes? Ni je ne condamnerai ni ne louerai absolument. Par tempérament, celui-ci est porté à la rigueur, celui-là à l'indulgence; les circonstances aidant au tempérament, celui-ci a, dans les occasions, des indignations violentes, des cris de l'âme qui se révolte, qui se soulève, celui-là des pitiés infinies, des cris de compassion partis d'une âme qui se

---

chapitre intitulé *le Monde* (the World), p. 349 de l'édit. anglaise de 1886, de son beau livre déjà cité, *le Créateur et la créature*.

fend, qui se fond. Sentir vivement le mal, l'affreuse inutilité de tant de vies, de tant de pensées, de tant de préoccupations, pour ne point parler des crimes et des atrocités; puis, dans la vue de l'incomparable et souveraine excellence du Bien et de l'incomparable importance de la moralité, et pour les chrétiens, du salut, condamner, foudroyer; dire alors : « La philosophie ne vaut pas une heure de peine; » ou encore : Approfondir les sciences, « cela est inutile, et incertain, et pénible[1] »..... Que dirai-je de ces expressions outrées si elles ne sont point doctrinales? Je dirai que ces façons d'exagérer par le discours le vrai sont très humaines, qu'elles ont du bon, qu'elles ont leur utilité, qu'elles peuvent convenir à un traitement moral, qu'elles peuvent porter dans les âmes un « trouble salutaire[2] ». Salutaires aussi, à leur heure, à leur

---

1. Pascal, *Pensées*. « Il faut dire en gros : Cela se fait par figure et mouvement, car cela est vrai. Mais de dire quels, et composer la machine, cela est ridicule; car cela est inutile, et incertain, et pénible. Et quand cela serait vrai, nous n'estimons pas que toute la philosophie vaille une heure de peine. » — « Je trouve bon qu'on n'approfondisse pas l'opinion de Copernic; mais ceci!... Il importe à toute la vie de savoir si l'âme est mortelle ou immortelle. »

2. Pascal, *Discours sur la conversion du pécheur.* « Elle (l'âme) entre dans une confusion, et dans un étonnement qui lui porte un trouble bien salutaire. »

place, les tendresses des autres, le sentiment de la faiblesse des hommes, la vue de ce qui les excuse, la confiance en l'infinie miséricorde, le courage d'espérer contre toute espérance. Nous ne pouvons pas voir tout à la fois, tenir toujours sous notre regard et les côtés sombres et sévères et les côtés doux et tendres de la morale ni du Christianisme. Voyant ceux-ci, nous pensons, nous sentons, nous parlons, nous agissons *comme si* ceux-là n'existaient pas. Ce *comme si*, non réduit en décisions et définitions doctrinalement exclusives, sera corrigé précisément parce qu'on pourra, en d'autres occurrences, se placer sur l'autre terrain et regarder les choses de l'autre point de vue. A nous, quand nous promenons notre pensée dans l'entre-deux, de nous ménager l'accès au point simple et dominant d'où l'on voit les deux points de vue opposés, et d'où on les voit se conciliant. Ainsi, dans les montagnes, un sommet inférieur en cache d'autres; mais, au point culminant, à la cime, l'œil retrouve tout, et tout s'harmonise sous le regard ravi.

C'est encore cette largeur et simplicité d'esprit

et d'âme qui nous permettra de juger comme il faut des *voies communes* et des *voies extraordinaires*.

La règle est certaine : avant tout, la pratique complète, exacte, sévère des préceptes, de tous les préceptes; l'accomplissement entier des devoirs d'état; avec résolution, avec humilité, car cela passe nos forces à nous tout seuls, de les pratiquer tous, et toujours, ces préceptes et ces devoirs; et, en certains cas, il faut, pour y demeurer fidèle, de l'héroïsme; et dans la vie journalière, il y a des défaillances, des faux pas, des chutes, et la vertu consiste non à aller toujours également d'une démarche fière, raide, hautaine, mais à avoir la constante pensée et résolution et intention d'aller droit, quoi qu'il en coûte, quoi qu'il arrive, et en dépit des langueurs, des erreurs, même des fautes. Savoir se relever de ses chutes, c'est une partie de la vertu.

Voilà la règle. Puis, avec cela, être prêt à plus et à mieux, s'il y a appel.

Or, il n'y a pas de vie où, sur un point ou sur un autre, il n'y ait pas, à tel et tel moment, à faire plus que le devoir strict. On ne s'ingère pas de soi-même dans ces voies rares et hautes.

Mais, appelé, on va en demandant à Dieu la force d'aller.

Cela une fois bien entendu, nous comprendrons les excès qui, selon ce mot de Descartes que je me plais à citer, « rendent les choses meilleures de bonnes qu'elles étaient[1] ». Nous comprendrons les vertus extraordinaires, celles qui semblent sortir des règles, celles qui semblent des folies : folies de l'abnégation, du renoncement, du dévouement, de la charité, du sacrifice. Dans le Christianisme surtout se rencontrent ces excès, ces folies. Ce n'est pas étonnant, puisque le Christianisme est fondé sur le Christ, et le Christ crucifié ; et saint Paul a pu parler de la folie de la Croix. Dieu même a voulu expérimenter, goûter la souffrance et la mort. Jésus-Christ, l'Homme-Dieu, est mort sur la croix. A cette divine folie répondent les folies des saints. Il faut, en toute vie, un peu de cette folie. Dans l'ordre moral tout seul, il y a déjà des choses que la raison vulgaire ne comprend pas, qui lui semblent folies. Tâchons de monter assez haut pour comprendre ce qui passe les sens, puis ce qui passe

---

1. *Lettre à la princesse Élisabeth*, 1646. Éd. Cousin, t. IX, p. 366 ; éd. Garnier, t. III, p. 206.

la raison vulgaire, enfin ce qui passe toute raison même, la raison humaine étant toujours courte par quelque endroit. Sachons apprécier ce que nous ne comprenons pas. Sachons qu'il y a des choses admirables plutôt qu'imitables : admirons-les. Les contempler, les priser est bon. Il vient de là un souffle qui soulève :

>   ... Si qua me quoque possim
> Tollere humo.

N'avons-nous donc pas assez de choses qui nous rabaissent et nous dépriment? Regardons celles qui donnent du souffle et de l'élan.

Ainsi, ni il n'y a une forme unique de vie, nous avons vu pourquoi, ni il ne faut rétrécir sa pensée, son cœur, son action. Il faut tellement prendre de la moralité et de la religion l'*esprit*, qu'on le retrouve pénétrant, animant toutes les formes de vie, et qu'à force de simplicité d'âme, on juge des hommes et des choses, si je l'ose dire, avec l'esprit même de Dieu.

CHAPITRE XXIX

NOTRE TACHE AUJOURD'HUI ET DEMAIN

Faire bien l'homme, selon le mot d'Aristote traduit par Montaigne; collaborer à l'œuvre de Dieu[1], selon la grande parole de saint Paul : ce pourrait être la formule de la tâche humaine dans tous les temps. Il est clair que les circonstances diversifient, non pas le fond, mais la forme de ce labeur. Les besoins, les nécessités, les difficultés, les questions, les aspirations, les ressources de toutes sortes qui donnent à notre temps sa physionomie, son caractère, exigent de nous des efforts particuliers : aujourd'hui étant ce qu'il est, il y a aujourd'hui certaines choses à faire, et une certaine façon de les faire qui tient à ces

---

1. I *Cor.*, III, 9. « Dei adjutores sumus. Θεοῦ γάρ ἐσμεν συνεργοί. »

circonstances mêmes. Mais, s'il est vrai que pour comprendre le présent il faut savoir le rattacher au passé, il est vrai aussi que pour en faire un emploi utile, il faut savoir regarder l'avenir, au moins cet avenir proche, contigu au présent, qui s'appelle demain. Or, demain appartient surtout aux jeunes, à ceux qui aujourd'hui abordent la vie avec leurs forces entières. Je voudrais leur dire, sur l'usage et l'emploi de la vie à l'heure présente, quelques paroles nettes. Je voudrais définir ce qui me paraît être notre tâche et la leur aujourd'hui même, ce qui sera surtout et proprement la leur demain.

Il y a un Sermon célèbre de Massillon sur les *Devoirs des Grands*. Je pourrais intituler de la même manière ce chapitre. Les grands aujourd'hui, ce sont ceux à qui l'instruction, l'éducation, la culture, en quelque rang de la société qu'ils soient placés, donnent une action dirigeante, ou simplement une influence, ce sont très particulièrement ceux qui *pensent* ou prétendent penser, ceux qui parlent, ceux qui écrivent. A ces « grands » d'un nouveau genre il y a quelque chose à dire : il est bon de leur parler de la tâche qu'ils doivent accomplir.

I

Je leur dis d'abord ceci :

N'avoir qu'une vie unie, médiocre, sans grandes fautes, je le veux bien, sans secousses, sans crises violentes, mais oisive, inutile, c'est un mal. Il faut voir que c'est un mal, et le sentir, et se le dire, et le dire à tous. Assurément, c'est bien de ne point pécher, ou de ne pécher guère; mais ce n'est pas assez, et si l'on se persuade que c'est assez, là est le mal. Je veux dire qu'outre le péché déterminé, il y a l'état, j'entends la manière d'être ordinaire, permanente, l'habitude, et ici quelle habitude? Celle du *non-emploi* de la vie. Une vie languissante, inoccupée, ou remplie seulement de choses futiles, une telle vie, encore que correcte et, pour ainsi dire, innocente, est très certainement mauvaise. C'est une vie manquée.

Il faut donc faire quelque chose, selon sa condition, selon les circonstances, selon ce qu'il faut nommer sa vocation. Et il faut exceller en ce qu'on fait. Malheur à qui n'a pas d'ambition! Il y a une ambition belle et nécessaire, celle d'accomplir en perfection tout ce à quoi l'on s'applique.

Cela est vrai dans tous les temps. En celui-ci, l'obligation n'est-elle pas plus pressante ? Nul n'a rien, nul n'est rien par la naissance seule ni par le seul fait de l'héritage ; se dispenser d'agir, de faire effort, de prendre de la peine, eût-on la plus belle fortune du monde avec un grand nom, c'est se condamner à l'insignifiance, à la nullité, c'est vouloir périr. Heureuse nécessité de ce temps qui prémunit contre la paresse et l'inertie et qui rend, pour ainsi dire, plus facile d'être homme en forçant à l'être. D'ailleurs, les périls de toutes sortes qui nous environnent nous font un devoir de ne pas nous endormir : de rien personne n'a la possession incontestée ; dans le domaine de la pensée, garder des convictions inébranlées, c'est les conquérir presque, tant il y a à faire pour les défendre contre ce qui les menace au dehors et au dedans même ; dans tout le reste, c'est la même chose : on ne maintient rien, on ne préserve rien, on n'améliore rien non plus, jamais, ni nulle part, sans avoir à multiplier les efforts, les labeurs, les combats. Si, pour conserver saine notre pensée, il faut lutter, lutter est nécessaire pour raffermir la société attaquée par tant d'ennemis, et c'est encore par une lutte incessante que se détruisent quelques abus et que s'accomplissent de nécessaires réformes. Cette lutte, plus que jamais indispensable, plus que jamais aussi regarde chacun, est l'affaire de chacun. Si chacun attend d'un homme ou de tous le salut, demeurant lui-même les bras croisés, nous sommes perdus. A chacun d'agir, pour sa part, *pro virili parte*, en homme de sens, en homme de cœur. Comment, dès lors, l'abstention, la langueur, l'indolence, la nonchalance ne prendraient-elles pas un caractère particulièrement redoutable et, disons-le, singulièrement odieux? Car, enfin, on est plus coupable de gaspiller ses forces vives quand le devoir de les employer emprunte aux circonstances plus de gravité. Si tout allait tout seul, si le mouvement régulier de la vie sociale assurait chacun et tous contre les heurts dangereux, quelque indulgence serait permise pour d'aimables somnolents; mais, quand tout est en question et en péril, quand tout est à faire, ne pas le voir, ou, le voyant, ne rien faire, c'est une impardonnable faute.

II

Il faut agir. J'ajoute qu'il faut savoir oser.

Toute vie morale demande du courage. Toute vie chrétienne demande du courage. Cela va de soi : dire qu'il faut agir et qu'il faut du courage, c'est tout un. Mais j'ai en vue ici une espèce de courage très particulière.

M'adressant aux jeunes gens cultivés et réfléchis, je leur dis : osez être du petit nombre.

Vais-je leur prêcher je ne sais quelle aristocratique vertu, bonne pour une élite? Nullement, et je serais étrangement infidèle à l'esprit de tout ce livre si j'avais, en le finissant, une telle pensée. Vais-je flatter en eux ce goût, ce besoin de sortir des voies ordinaires qui risque de jeter dans les aventures? Nullement. Sur ce point encore, tout ce livre proteste contre une pareille idée, et ailleurs j'ai stigmatisé l'envie de se singulariser dans l'ordre de la pensée et en philosophie[1]. Ce que je veux dire, le voici. Ce

---

1. *La Philosophie et le temps présent*, ch. II.

n'est pas le plus grand nombre qui pense sérieusement, qui travaille, au sens profond et plein du mot : il faut donc oser d'abord être du petit nombre de ceux qui conçoivent la vie de la façon la plus sérieuse et qui l'arrangent en conséquence. Ce n'est pas le grand nombre non plus qui a l'intelligence de l'heure présente, qui en connaît les besoins, les maux, les ressources : il faut encore à cet égard être du petit nombre de ceux qui tâchent de connaître leur temps, et de le comprendre, et d'en être enfin, non pour s'y asservir, mais pour le servir. Ce n'est pas le grand nombre qui échappe à la routine ou à la fièvre de nouveauté : il faut, une fois de plus, être du petit nombre, du petit nombre de ceux qui sont résolus à reconnaître que ce qui est fini est fini, et qu'il y a à porter dans ses vues sur les hommes et sur les choses et dans ses procédés d'action un esprit de clairvoyante et salutaire nouveauté, sans ivresse, sans faiblesse.

J'ajoute qu'à de certaines heures l'ordinaire ne suffit plus[1].

---

1. J'emprunte cette pensée à un discours de Mgr Ireland, archevêque de Saint-Paul, aux États-Unis, discours intitulé *l'Église et le Siècle* (the Church and the Age), prononcé dans la cathé-

Il faut alors savoir penser, dire et faire des choses qui étonnent, non par un vain désir d'étonner, mais par une plus entière et courageuse docilité à la vérité, laquelle va loin, mène loin, et, poussée jusqu'au bout d'elle-même, choque ceux-ci, déconcerte ceux-là, en rebute plusieurs, en attire d'autres aussi et justement parce qu'elle les étonne, leur apparaissant si différente de ce qu'ils la supposaient. Si donc, en déployant ainsi la vérité tout entière, on paraît étrange, et si faire cela, c'est se singulariser, c'est un courage qu'il faut avoir.

III

Deux tâches surtout semblent s'offrir, ou plutôt s'imposer, aux jeunes gens intelligents, généreux et décidés.

Il y a beaucoup à faire pour pacifier les intel-

---

drale de Baltimore, le 18 octobre 1893, à l'occasion du 25e anniversaire de la consécration épiscopale du cardinal Gibbons. L'abbé Klein a eu l'heureuse idée, on le sait, de recueillir cinq discours de Mgr Ireland, les uns traduits de l'anglais, les autres prononcés en français, et ce volume intitulé lui-même *l'Église et le Siècle* (Lecoffre, 1894) a un succès considérable.

ligences. Il y a beaucoup à faire pour pacifier la société.

Je voudrais que chaque jeune homme qui se sent quelque talent vît que ce qu'il a de talent lui crée un devoir très précis. Et n'eût-il, sans ce qui s'appelle talent, que de l'éducation, de l'instruction, du savoir, de la culture, je dirais la même chose, à un degré moindre seulement. Or, ce devoir, je voudrais que, bien pénétré qu'il existe et qu'il est grand, on cherchât une façon déterminée de le remplir. Les vues vagues, les bonnes intentions trop générales sont inefficaces. Il y a telles ignorances à dissiper, telles lacunes à combler, telles erreurs à détruire, tels préjugés à surmonter. Il y a des conquêtes à faire. Lesquelles? Cela regarde chacun. A chacun de choisir. Les sciences de la nature, les sciences historiques, la critique, la philologie, l'érudition sous toutes les formes, sont là devant nous; et dans toutes ces régions, il y a quelque chose à faire, quelque chose dont la pensée proprement dite peut s'emparer ensuite et user. Selon les circonstances, faites de cette étude déterminée un surcroît qui s'ajoute à l'accomplissement de vos devoirs d'état, un heureux emploi de ce surplus d'activité que certaines professions très précises laissent sans usage ; ou bien, si vous avez un talent particulier et si vous êtes dans une situation particulière, faites de cette étude votre affaire principale, et votre noble métier, et votre profession même. En tout cas, travaillez à la pacification des esprits par la lumière croissante. Et, pour y réussir, gardez-vous de vous absorber jamais en une étude spéciale. Les considérations en l'air, les généralisations hâtives sont dangereuses ; les vues trop courtes ne le sont pas moins, et se confiner dans une trop étroite province du savoir humain est d'autant plus périlleux que l'esprit, ayant du mouvement pour aller plus loin, étend à beaucoup de choses, à toutes choses les conclusions recueillies dans ce domaine resserré : en sorte que le danger de la généralisation prématurée reparaît par cela même qu'on s'est comme enfoncé dans un trou.

Quoi que vous fassiez, sachez tenir votre esprit au-dessus de votre ouvrage. Quoi que vous étudiiez, réservez-vous le temps et la force de dominer l'objet de votre étude. Ne vous y épuisez pas. Gardez de quoi penser, j'entends penser proprement et véritablement, c'est-à-dire saisir les rapports des choses entre elles, subordonner les détails à l'ensemble, ramener les faits aux principes, savoir trouver dans les vérités primordiales les raisons dernières de tout et l'explication qui vraiment explique, celle qui ne va pas seulement du même au même, pour ainsi dire, faisant rentrer l'inconnu dans un cadre connu, mais qui va de la surface au fond, ou encore du bas au sommet, rattachant ce qui paraît à quelque profonde réalité, ou l'inférieur au supérieur, et ainsi répandant sur toute chose une plus pure et plus décisive lumière. C'est par cet effort d'esprit que tout homme qui pense ou travaille à penser, contribuera pour sa part à la pacification intellectuelle. Je voudrais donc que quiconque *sait* et *peut* se ménageât ces moments de recueillement et de méditation, et se rendît capable, dans le tumulte de mots et d'idées où nous sommes, de débrouiller ses pensées, d'ôter aux mots leurs masques, de faire évanouir les vaines formules, de ressaisir les idées simples et lumineuses et fécondes, sans lesquelles l'esprit se dissipe et le savoir même semble augmenter la discorde et la confusion.

IV

L'autre ordre de questions qui sollicite l'attention, qui la captive, ce sont les questions sociales.

Tout le monde presque a ce mot à la bouche, et la jeunesse contemporaine est de plus en plus préoccupée de ce que ses devancières ignoraient totalement. Tant mieux. Mais il faut les étudier, ces questions, et savoir les étudier; il faut aussi s'en occuper pratiquement, savoir s'en occuper pratiquement.

On rencontre, dans ce domaine, plusieurs sortes de dangers. Regarder avec une curiosité froide, ou se contenter de s'émouvoir beaucoup; parler et écrire sans compétence, sans prudence; appliquer indiscrètement des principes vrais : autant de périls, très divers, très redoutables. Pour les éviter, deux choses sont excellentes : l'une, c'est de s'engager dans quelque étude précise d'économie sociale, par exemple; l'autre, c'est de mettre la main à quelque œuvre déterminée.

Une étude spéciale, menée avec conscience et

courage, bien approfondie, outre l'avantage des clartés sûres qu'elle peut procurer, et de la compétence restreinte, mais certaine, qu'elle fait acquérir, donne le sentiment et la vue des difficultés : ce qui est un bienfait considérable. Je ne me contredis pas : il faut avoir soin, comme nous le marquions tout à l'heure à propos des recherches spéculatives, il faut avoir grand soin de ne pas s'enfermer toutes portes closes dans cette étude spéciale, ou de n'en pas sortir par une généralisation précipitée. Mais précisément, si l'on sait s'y prendre, une étude dont l'objet est déterminé devient le meilleur préservatif contre les rêves, contre les idées hasardées, contre les assertions téméraires et brouillonnes : car enfin, engagé dans ce détail vif et précis, aux prises avec cette matière difficile, comment ne pas voir qu'il y a beaucoup à faire, beaucoup à apprendre ? On s'en convainc par soi-même; on expérimente son insuffisance, son ignorance; on voit que les questions ont des replis, des complications, des enchevêtrements, des ramifications à l'infini, et on sait au moins, de science certaine, cette chose importante, je veux dire que ni les théories ni les remèdes ne s'improvisent.

D'autre part, une œuvre déterminée met en contact avec le mal ou le malaise social : on voit de ses yeux les plaies, de ses mains on les touche; on voit des hommes qui souffrent, des intelligences dégradées, des âmes abruties, le sens moral absent ou perverti, et d'incroyables misères de toutes sortes, et aussi quelques restes, quelques vestiges de bien, des débris à réparer, des étincelles à ranimer. Cela rend impossible l'indifférence ou la simple curiosité; cela met en garde contre les phrases vides qui ne remédient à rien, contre les déclamations qui excitent des espérances illusoires et font de décevantes promesses; cela encourage à travailler, à prendre de la peine pour procurer quelque soulagement, quelque amélioration, pour opérer ou préparer de salutaires réformes, pour amener sur tel point précis un changement heureux dans les idées, dans les mœurs, s'il se peut dans les institutions, et quelquefois dans les lois. Ainsi d'une manière effective on se rapproche des petits, des humbles, des souffrants, on les sert, on fait quelque chose pour eux.

L'étude, mais sérieuse, approfondie, l'action,

mais sérieuse aussi, et précise : voilà ce à quoi chaque homme qui pense et qui avec cela peut quelque chose, est tenu, sous des formes diverses, à des degrés divers, mais indispensablement. Si la jeunesse studieuse et généreuse arrive à multiplier le nombre des gens compétents dans les questions sociales et des gens occupés d'une œuvre déterminée, précise, en vue de faire du bien, comment ne pas espérer que peu à peu les idées étant moins embrouillées et les efforts moins vagues, on aura fait un pas vers la paix sociale ? C'est au petit nombre à commencer, c'est au petit nombre à exceller; il ne faut pas attendre qu'une chose soit devenue commune et banale pour s'y mettre : ceux qui ne savent que faire comme tout le monde sont bons à grossir la troupe en marche; il faut des initiateurs, il faut des chefs ; il faut des hommes résolus qui commencent, petitement, modestement, mais avec une vue nette et une indomptable confiance : ils vont loin, et ils entraînent et guident les autres ; ils créent un mouvement d'opinions, un mouvement d'idées, ou une œuvre d'autant plus durable et efficace que les débuts sont plus humbles et les premiers efforts plus précis dans la sphère restreinte où ils s'accomplissent. Savoir faire, avec des vues hautes et amples, des choses précises et d'abord petites, c'est le secret de faire grand et de durer.

Une fois en marche, il faut avoir le courage de ne pas se laisser arrêter par de vains scrupules. Il y a des âmes très délicates que la peur de faire un faux pas condamnerait, si elles n'y prenaient garde, à l'immobilité; à peine ont-elles commencé d'agir, qu'elles se demandent si elles n'ont pas tort : ce qu'elles font est-il assez pur? le font-elles assez bien? Et l'idéal qu'elles rêvent leur paraît si fort au-dessus d'elles qu'elles trouvent tout effort, tout essai indigne et méprisable; elles y renoncent de dépit et comme par pudeur : faire si peu ou si mal ne vaut pas la peine que cela donne; tout ou rien : la perfection ou le néant, néant d'activité, d'effort, de volonté. C'est une tentation spécieuse à laquelle sont exposées de belles âmes. Il y a beaucoup d'excellentes raisons à leur opposer pour les combattre; mais, entêtées de leur idée, elles n'écoutent guère les raisons, ou, si elles parviennent à les entendre, elles ne les goûtent pas. Je crois que le mieux est de mettre ces âmes en présence d'un mal précis à soulager, d'un bien précis à faire : ne verront-elles pas alors, ne sentiront-elles pas au moins que là il y a des choses qui ne peuvent attendre, qu'il faut donc agir comme on peut, du mieux que l'on peut, sans s'inquiéter de la poussière qu'on amasse en marchant, sans se troubler non plus de la disproportion qui demeure entre l'idéal poursuivi et la chose faite, entre la noblesse du but et ce que nos passions ou nos faiblesses mêlent d'imparfait à nos motifs dans les meilleures actions.

Un dernier danger à éviter, c'est une sorte de peur qui empêche d'aller jusqu'au bout de sa vue. C'est surtout en présence du Christianisme que cette peur se produit. Beaucoup d'esprits aujourd'hui sont frappés de la vertu sociale du Christianisme et le jugent éminemment salutaire. Osent-ils conclure? Mais, si c'est à propos du mal social que la nécessité et l'obligation de regarder en face le Christianisme apparaissent le plus, et aux plus distraits, la question en elle-même est plus large : elle intéresse tout l'homme, tout l'ordre humain, et elle vaut la peine qu'on la traite tout entière, qu'on tâche d'en embrasser la portée totale, et qu'on mette tous ses soins à dire sur un sujet si grave quelque chose de net, de ferme, de décisif.

V

Le temps est passé où le Christianisme ne comptait plus, où l'on affectait du moins de penser et de parler comme s'il ne comptait plus. Il s'est emparé de l'attention publique, la forçant ou l'attirant. On a vu que, réputé mourant presque à certaines époques, bientôt il refleurit et triomphe. Une si extraordinaire vitalité a étonné, frappé. Il faut bien tenir compte de ce qui vit et agit. On a vu que ce Christianisme, qui a la force de rejeter les germes délétères qu'il semble porter dans son sein, a une autre puissance, étrange, et singulièrement bienfaisante, celle de convenir en quelque sorte aux époques les plus diverses et de devenir pour les sociétés qu'il pénètre un principe de vie nouvelle parce qu'il refait les esprits et les âmes. C'est ainsi que dans ce XIX° siècle finissant qui a eu de si vastes ambitions, qui a fait de si diverses expériences, qui a vu et opéré tant de choses, qui en a espéré ou rêvé tant d'autres, le Christianisme, renouvelé sans cesser d'être le même et renouvelant tout sans se commettre avec rien, se montre comme ce qu'il y a de plus propre à soulager nos maux, à diriger nos aspirations, à assurer les réformes indispensables, à procurer la paix intellectuelle et la paix sociale. Il a pour tout cela des ressources incomparables que l'on ne soupçonnait pas. On le croyait condamné à conserver péniblement un passé sans avenir, et voilà que, gardant du passé ce qui, étant éternel, est de tous les temps, il s'applique au présent avec une merveilleuse intelligence de tous les besoins et de tous les maux, et prépare l'avenir avec une audace sereine : il a pour aujourd'hui des baumes réparateurs qui ne sont qu'à lui, il a pour demain le secret de la vie. Il le sait, et il a l'ambition de conquérir, pour le faire vivre d'une vie plus paisible et plus haute, le monde moderne comme il a conquis, pour leur souffler une âme nouvelle, le monde romain d'abord et bientôt après le monde barbare.

On voit cela, et ce grand fait jette dans l'admiration, dans l'anxiété : car on se demande comment conclure.

Réfléchissons. D'abord, si le Christianisme a

cette puissance, il est clair qu'il faut prendre au moins la peine de le bien connaître. Apprenez ce qu'il est, tout ce qu'il est : c'est la première chose à faire. Ensuite, si le Christianisme a cette puissance, il est clair aussi qu'il ne saurait être le remède qu'à condition d'être accepté pour ce qu'il est. Lui emprunter ceci ou cela, et s'imaginer que divisé, déchiré, séparé du dogme, par exemple, il va opérer encore, c'est se leurrer d'une espérance vaine. Il ne fera rien pour nous, j'entends rien de vraiment efficace ni de durable, si nous demeurons à son égard dans une attitude d'admiration platonique et de confiance défiante, voulant les salutaires effets qu'on en peut attendre, mais ne voulant pas les conditions sans lesquelles ces effets ne se produiront pas.

Mais alors, il faut conclure? Sans doute, et c'est l'honneur de l'esprit en même temps que les intérêts les plus pressants de l'humanité qui l'exigent. Seulement c'est aussi et c'est précisément ce qui effraie. Il faut vaincre cette peur. Il faut oser.

Oser d'abord conclure à la nécessité d'étudier à fond. Soit, cela va, en théorie du moins, car l'application en est laborieuse et il y faut des efforts qui coûtent.

Oser ensuite conclure à la nécessité de laisser pratiquement, dans la société, à cette grande force toute la liberté dont elle a besoin et qu'elle mérite, au lieu de lui opposer des entraves mesquines et, d'ailleurs, vieillies. Soit encore, cela va, pourvu du moins que la politique mal entendue n'embarrasse pas les esprits par d'encombrantes théories ou par des procédés surannés, sans parler des intérêts de partis ou de personnes, qui aveuglent ou qui paralysent.

Oser enfin conclure que c'est la vérité seule qui sauve, donc que ce Christianisme si profondément salutaire est vrai. Voilà le difficile. C'est là que les esprits se partagent pour des raisons où la paresse, où la politique ne sont plus, sans doute, pour rien. Qu'est-ce donc qui empêche de conclure? On n'ose pas : de quoi a-t-on peur?

La pensée, la pensée que nous appelons moderne, est là, avec tout son savoir, avec ses conquêtes, avec ses ambitions, en présence de ce Christianisme où elle a été nourrie. Ses origines sont chrétiennes, c'est visible, et elle ne le nie pas. La question est de savoir si, remplie aujourd'hui de ce qu'on nomme science, elle se détachera, plus qu'elle n'a fait encore, du Christianisme, ou elle s'y rattachera? Entre elle et lui des conflits s'élèvent : est-ce le signe d'une incompatibilité radicale? Faut-il en venir à un irrémédiable divorce ou, au contraire, procéder à un rapprochement? Mieux éclairée sur ses propres tendances, la pensée moderne va-t-elle renoncer définitivement au Christianisme ou y retourner? Cessera-t-elle d'être chrétienne, ou redeviendra-t-elle chrétienne?

Voilà bien la question. Et l'on voit tout ce qu'elle renferme. Il s'agit de savoir si l'humanité pensante et savante, regardant les choses de la vie, a assez de soi pour les expliquer et les gouverner; ou s'il lui faut encore une autre lumière et une autre règle. Sera-t-elle chrétienne, oui ou non? Cela veut dire : Avouera-t-elle, oui ou non, son insuffisance, et recourra-t-elle, oui ou non, à ce qu'on nomme la révélation positive? Acceptera-t-elle donc, oui ou non, au pied de la lettre, ceci, à savoir que Dieu a parlé, et ensuite que l'Église est l'organe de Dieu? Tant qu'elle n'ira pas jusque-là, eût-elle du Christianisme la connaissance la plus pénétrante et professât-elle pour lui la plus fervente admiration, fût-elle enfin d'accord avec lui sur dix, vingt, cent points, malgré toute cette intelligence et toute cette sympathie et cette conformité même au dogme, ici ou là, chrétienne elle-même ni elle ne serait ni elle ne saurait être.

C'est ce qu'on aperçoit de mieux en mieux aujourd'hui ; et c'est pour cela que l'heure est solennelle. En présence de ce Christianisme vivant, agissant, gênant sans doute mais bienfaisant, que la science ne détruit ni ne remplace, il y a un parti à prendre, et un parti décisif. Le Christianisme et la science se disputent la pensée même. Il y a un mode moderne de penser, et il y a le mode chrétien. Lequel triomphera?

C'est pour cela encore qu'être chrétien pour soi seulement n'est plus possible. Je m'explique. Chrétien dans le for intérieur, chrétien par la profession de sa foi et dans la pratique, on a pu cependant agir comme si ce Christianisme, que l'on trouvait bon pour soi, n'était en somme bon à rien. Il y a eu un temps où des hommes intelligents et sincères ont pu se tenir dans cette position. S'ils avaient analysé leur état, ils auraient dit : Mon Christianisme demeure renfermé dans le sanctuaire, dans celui de mon âme, dans celui des temples. Ou, si je le laisse rayonner quelque peu au dehors, je m'en excuserai presque, me gardant, comme d'une témérité, de toute affirmation sur sa vertu sociale, par exemple, sur sa portée qu'on peut appeler humaine. Je gémis de lui compter si peu d'adeptes, mais je ne ferai rien pour lui en amener de nouveaux, du moins de ces partisans bruyants qui voudraient l'introduire partout. Si je lui gagne quelques adhérents, ils seront réservés, discrets comme moi. Dans ma philosophie je ne lui ferai aucune place. Dans l'étude des questions sociales, je ne dirai pas un mot de lui. Partout mes attitudes et mes démarches seront telles que le Christianisme, auquel je crois et que je professe et pratique, sera pourtant comme s'il n'était pas. Le monde et la pensée vont comme si le Christ n'était pas venu. N'est-il pas vrai qu'un pareil Christianisme, tout subjectif, a été possible à certains moments, qu'une telle façon d'être chrétien a été concevable et réalisée? Mais n'est-il pas vrai aussi qu'à l'heure qu'il est cette même façon d'entendre les choses et d'agir est hors d'usage, même un peu naïve ou ridicule? C'est qu'on sent bien et l'on sait bien tout ce que le Christianisme a d'exigences. Il prend la pensée tout entière. Il lui demande si, oui ou non, elle prétend se suffire pour donner le dernier mot des choses et de la vie. Si oui, que seraient alors une conviction et une profession chrétiennes juxtaposées à une telle négation radicalement destructive du Christianisme même? Si non, comment la pensée, convaincue de sa propre insuffisance, et chrétiennement éclairée et orientée, pourrait-elle laisser de côté cette lumière et cette règle et ne point concevoir et tâcher de régler, selon le type chrétien, l'humanité même et toutes choses? Non, quand on parle de revenir au Christianisme, il ne s'agit pas d'une petite combinaison heureuse et salutaire pour celui-ci, pour celui-là, offrant à une pauvre âme fatiguée peut-être et meurtrie un abri d'un jour : si c'est le refuge, si c'est l'asile pour celui-ci, pour celui-là, c'est que le grand édifice est là, le grand édifice où il y a place pour tous en définitive et où tous ont le devoir de prendre place. L'admettez-vous? C'est à cette condition seulement qu'il y a adhésion foncière au Christianisme, parce que c'est à cette condition seulement (il n'y a plus moyen de ne pas le voir) qu'en se disant chrétienne, la pensée s'engage elle-même, vraiment et à fond, avouant, avec son insuffisance, à elle, la suffisance, et par cela même la vérité de la révélation déclarée divine.

Taine parle d'un tableau des choses et de la vie selon la science, et d'un autre tableau des choses et de la vie selon le Christianisme[1]. Il s'agit pour nous, à l'heure présente, soupçonnant, voyant même que le tableau selon la science ne suffit pas, de prononcer sur la valeur de l'autre tableau. Il s'agit de porter sur le Christianisme un radical et définitif jugement. Le Christianisme est-il vrai? C'est-à-dire d'abord et surtout est-il compatible avec les exigences de la science? ou, au contraire, le seul fait d'être une conception d'une provenance autre que la science, ne le condamne-t-il pas à n'être point d'*après nature*, à déformer les choses et la vie? Le reste des questions qu'il peut soulever ou n'est rien devant celle-là ou se ramène à celle-là. Revenir au Christianisme, est-ce, oui ou non, renoncer à la science? Si oui, il faut dire au Christianisme un respectueux, un triste adieu, mais résolu, mais définitif. Si non, pourquoi le Christianisme, qui est bienfaisant et éminemment salutaire, ne serait-il pas vrai? Cette difficulté radicale ôtée,

---

[1]. *Les Origines de la France contemporaine*, t. VI (t. II du Régime moderne, p. 139, 2º éd. 1894).

l'incompatibilité fondamentale avec la science levée, qu'est-ce qui l'empêcherait d'être vrai, étant si bien lié, répondant à tant de besoins, offrant tant de ressources, et d'ailleurs appuyé de tant de raisons qui en garantissent la solidité, et se présentant à tous les yeux comme un fait à part, d'un caractère incomparable, unique? Mais, si le mode chrétien de penser et le mode moderne s'excluent, comment renoncer à ce mode moderne, sans renoncer à la science et à la pensée même?

Nous lisons dans un vieil auteur que, lorsque l'Évangile fut prêché dans la Northumbrie, le roi Edwin assembla ses guerriers; il voulut consulter les sages de la nation sur l'accueil qu'il convenait de faire à la doctrine nouvelle. L'historien rapporte ainsi qu'il suit, les paroles d'un vieillard[1] :

« Voici, ô roi, comment je me figure la vie de l'homme ici-bas, en comparaison de l'éternité qui est pour nous un mystère. Quand, en hiver, tu es assis au banquet avec tes chefs et tes serviteurs, le feu brûle au milieu de la salle, et une douce chaleur y règne pendant qu'au dehors les tour-

---

1. Bède le Vénérable, *Hist. ecclés. angl.*, II, 13.

billons de pluie ou de neige font rage. Alors, parfois, on voit un passereau traverser d'un vol rapide toute la salle, entrant par une porte et disparaissant par l'autre. Pendant ce court trajet, il est à l'abri des fureurs de la tempête, mais cet instant de sérénité n'a que la durée d'un éclair, et bientôt, échappant à tes yeux, de l'hiver il rentre dans l'hiver. Telle est la vie humaine : elle brille un instant, et nous ignorons ce qui l'a précédée et ce qui la suivra. Si donc la doctrine nouvelle nous apporte un peu plus de certitude, elle mérite que nous l'embrassions[1]. »

C'est une délibération analogue qui s'institue dans les esprits de nos contemporains. La doctrine, non pas nouvelle mais ancienne, qui se nomme le Christianisme, continuera-t-elle de régner? ou l'empire passera-t-il à une autre puissance? On se demande si la vieille doctrine n'est pas celle après tout qui, sur ce grand mystère des choses et de la vie, apporte le plus de certitude, mais on hésite à l'embrasser parce qu'elle semble incompatible avec la science et que, si cela est, la

---

1. Je reproduis le discours d'après la traduction de Godefroy Kurth, dans son bel ouvrage sur les *Origines de la civilisation moderne*, ch. VIII, t. II, p. 18 de la 3ᵉ édition (Bruxelles, 1892).

certitude qu'elle offre n'est plus qu'une prétendue et fausse certitude.

C'est le moment d'en avoir le cœur net, si je puis parler ainsi. Aujourd'hui il faut regarder la question dans sa poignante précision ; aujourd'hui il faut répondre, aujourd'hui ou au moins demain.

La jeunesse qui aborde aujourd'hui la vie ne peut échapper à l'alternative, et il faut qu'elle choisisse ou se mette en état de choisir.

Que dira-t-elle au Christianisme, qui est là devant elle, la disputant à la science ? Lui dira-t-elle que c'est fini ; que, malgré toutes les merveilles qu'il a enfantées, toute la sympathie qui porte vers lui, tout le bien qu'il semble pouvoir faire, elle ne peut vouloir de lui parce que sa prétention fondamentale contredit la science ? ou, tout au contraire, que malgré toutes les merveilles accumulées par la science, malgré la confiance de tous en de nouveaux progrès, on ne peut ni ne veut attendre d'elle le dernier mot des choses et de la vie, à cause de son insuffisance radicale à cet égard, et que c'est lui, le Christianisme, toujours ancien et toujours nouveau, qui seul a les paroles de la vie éternelle, et, par cela même, de la vie présente ?

Descartes dit quelque part « qu'il est très nécessaire d'avoir bien compris une fois en sa vie les principes de la métaphysique, à cause que ce sont eux qui nous donnent la connaissance de Dieu et de nos âmes[1] ». Aujourd'hui il est très nécessaire d'avoir une fois en sa vie envisagé la question religieuse. Et d'abord cette opposition, cette incompatibilité entre la science et le Christianisme, en quoi consiste-t-elle au juste? Est-elle apparente seulement? Est-elle réelle? C'est sur ce point qu'il faut avant tout savoir à quoi s'en tenir.

Or, il me semble que si de plus en plus nous prisons les résultats de la science et l'esprit scientifique, de moins en moins nous sommes disposés à confondre avec la science une philosophie s'inspirant d'elle, je le veux bien, mais à elle surajoutée. Le vrai esprit scientifique nous met en garde contre la prétention de regarder une conception des choses d'après la science comme la conception d'*après nature*. La science définitive se réduit à peu de choses, et sur les points où elle existe, elle n'atteint ni le fond ni le sommet, et plus nous comprenons ce qu'est la science, plus

---

1. *Lettre à la princesse Élisabeth*, 1643, édit. Cousin, t. IX, p. 134; éd. Garnier, t. III, p. 251.

nous en restreignons la portée, car nous comprenons précisément que le fond et le sommet sont hors de ses prises. Ce n'est donc pas la science qui est incompatible avec le Christianisme, mais une certaine philosophie qui dépasse la science et qui, n'en ayant pas les étroites limites, n'en a pas l'irréfragable autorité. Ce n'est pas le mode scientifique ou moderne de penser qui est démenti par le Christianisme ou le dément, mais une certaine façon de penser suggérée par la science sans être par elle autorisée et se rencontrant chez beaucoup de modernes sans être pour cela la forme nécessaire, authentique et légitime de la pensée moderne[1].

C'est assez dire que si aujourd'hui et surtout demain, il y a urgence de prendre parti, le sens dans lequel se décidera l'humanité cultivée, pensante et savante se laisse apercevoir. Je ne méconnais ni les étroitesses persistantes ni les fureurs croissantes peut-être des sectaires acharnés à *déchristianiser* les âmes et les institutions. Je ne méconnais pas non plus cette peur que fait

---

1. Voir, sur ce sujet, les pages d'une si remarquable vigueur de l'abbé de Broglie dans son beau livre formé d'articles publiés dans le *Correspondant*, *le Présent et l'avenir du catholicisme*, Plon, 1892.

encore à des hommes ne manquant d'ailleurs ni d'intelligence ni de cœur le fantôme de la *théocratie :* ils ne comprennent les choses humaines que *sécularisées,* on dit maintenant *laïcisées,* et pour garder ou accroître cette inestimable conquête, ils s'unissent aux pires ennemis de la religion et de la liberté même. Mais, dans la région de la lumière, je veux dire, quand les prétentions de la science et celles du Christianisme sont considérées d'une manière calme, sereine, on incline à dire au moins : Pourquoi la pensée moderne ne redeviendrait-elle pas chrétienne? Pourquoi pas? C'est déjà très considérable, et demain, ce semble, il y aura à dire plus et mieux.

VI

Je n'ai pas à traiter ici des moyens de garder la foi chrétienne ou de la recouvrer. Je ne veux point parler de ce qui est proprement affaire d'âme, affaire de conscience, de ce qui se passe dans le for intérieur entre la personne morale et Dieu. Ce n'est point l'objet que j'ai en vue ici. Je parle de ce que je nommerai le devoir humain envers la lumière. Que cela constitue un préservatif de la foi ou une sorte de préparation à la foi, et pourquoi, et comment, c'est ce qu'il y aurait lieu d'examiner ailleurs. En ce moment je considère l'homme, plus particulièrement le jeune homme rencontrant la question religieuse telle qu'elle se pose aujourd'hui, avec la netteté que j'ai dite, en ces termes précis que j'ai essayé de définir; et qu'il soit d'ailleurs chrétien lui-même ou qu'il ne le soit pas, je lui montre qu'il a tout d'abord un devoir de clairvoyance, de sincérité, de droiture : c'est là le devoir envers la lumière.

La clairvoyance consiste à saisir le sens et la portée de la question. Chrétien ou non, voyez donc qu'il y va de la pensée, qu'il s'agit, non d'un accommodement temporaire, mais d'une décision de fond à prendre, d'une décision où la pensée même est tout de bon et tout entière engagée.

La sincérité consiste, voyant cela, à ne se dissimuler rien des difficultés qui peuvent se rencontrer. Chrétien ou non, tâchez de vous donner à vous-même une vue complète et de l'idée chrétienne et de l'idée contraire, tâchez d'entrer entièrement et dans l'une et dans l'autre, en sorte que rien ne vous soit caché de ce qui y satisfait l'esprit ou de ce qui l'y embarrasse.

La droiture consiste à aller devant soi, tout droit, c'est bien le mot, sans permettre aux passions de faire dévier, sans avoir peur de quoi que ce soit, avançant jusqu'au bout, avec une hardiesse pénétrante, avec un courage que l'importance et la gravité de la conclusion ne fassent pas reculer. Chrétien ou non, soyez dans cette disposition d'aimer assez la vérité pour la suivre là où elle mène, ayez cette allure franche, ayez le courage qui ose et sait conclure.

Ajoutons que toute lumière dans l'ordre des vérités morales et religieuses oblige à agir d'une certaine manière qui lui soit conforme, et dans une certaine mesure qui dépend du degré de lumière lui-même. C'est pour cela que, chrétien, on doit mettre son Christianisme dans sa vie. C'est pour cela que, détourné du Christianisme, n'étant plus chrétien ou pensant ne plus l'être, mais voyant dans le Christianisme quelque chose qui attire, et comme un rayon de vérité, on ne doit point laisser inutile cette petite lumière. Il faut marcher quand on a la lumière et selon ce qu'on a de lumière. Vous avez peu : mettez à profit ce peu, et par votre fidélité à en user, mettez-vous en état d'en avoir davantage. Respectez la lumière, aimez la lumière, désirez la lumière, employez la lumière. Cela dit beaucoup et a des suites considérables.

Il faut remarquer d'ailleurs que, lorsque la foi s'est perdue par l'abus de l'esprit, c'est d'ordinaire une nécessité de travailler beaucoup de l'esprit pour la retrouver. Non qu'elle dépende essentiellement de ce travail, non qu'elle ne soit, comme le savoir proprement dit, que le fruit de l'effort intellectuel; non que la simplicité du cœur et la bonne volonté, la grâce divine aidant, ne soient requises plus que tout le reste. Mais des études mal conduites ayant peu à peu affaibli la foi et fini par l'éteindre, d'autres études, mieux entendues et demandant de sérieux efforts, doivent en règle ordinaire servir à la ranimer et à rallumer le flambeau. Et ce travail est souvent long et pénible. Les obstacles semblent se multiplier devant les yeux et sous les pas. Pour qui a perdu le sens chrétien, tout est difficulté. C'est justice. Revenir est donc malaisé, laborieux, dans les commencements surtout, et puis à la fin, quand il faut conclure, décider. Dans l'entre-deux il y a une période d'accalmie où il serait dangereux de se complaire. Tout semble s'aplanir parce qu'on a commencé à recouvrer le sens chrétien ; mais c'est à la condition de demeurer dans cette région indécise, et quelques-uns y trouvant une fausse paix, s'y attardent si bien qu'ils n'en peuvent plus sortir : demi-chrétiens perpétuels qui ne disent jamais le mot décisif. Ils se savent gré d'être arrivés jusque-là, et ils y restent, ayant l'avantage trompeur de ne pas accomplir le sacrifice final : ils croient jouir du Christianisme sans s'y assujettir tout de bon. Les âmes généreuses ont horreur de ces atermoiements. Pour redevenir chrétiennes elles ont à remonter des pentes. Elles trouvent que c'est juste, puisqu'elles ont eu la faiblesse de descendre. Elles tâchent donc de remonter, Dieu aidant, ayant la crainte, non de prendre de la peine, mais de ne pas arriver, et se demandant, avec une délicatesse de conscience déjà chrétienne, si elles n'ont pas négligé une grâce, un appel de ce Christ vers qui elles tendent. Sur les lèvres d'hommes où notre temps aime à se reconnaître, on peut alors retrouver, je le sais, cette parole d'un saint : *Cave Jesum præ-tereuntem, et non redeuntem.* Il faut prendre garde à Jésus qui passe, et craindre de ne le point remarquer : qui sait s'il reviendra? Les négligences prolongées, réitérées, ne l'empêche-raient-elles pas de revenir?

VII

Il reste un dernier point à considérer. C'est l'attitude du chrétien à l'égard des hommes et des choses. Voilà encore sur quoi il faut avoir ré-fléchi une bonne fois et s'entendre. C'est plus que jamais nécessaire aujourd'hui, à cause des exi-gences d'aujourd'hui, et en vue de demain.

Comprenons bien ce qu'il y a à faire. Ce n'est pas un *modus vivendi* qu'il s'agit de chercher et de trouver. Petite manière d'entendre les choses, bonne pour certains chrétiens honteux qui ne songent qu'à vivre en bonne intelligence avec les mécréants et les indifférents sans pourtant se rendre coupables de trahison envers leur foi. Encore une façon d'être chrétien qui passe de mode. Ce n'est pas cela que j'ai en vue.

Je songe que pour beaucoup de gens la plupart non chrétiens, le chrétien est un être qui méprise ou hait tout ce qui n'est pas chrétien.

Assurément il méprise ou hait tout ce qui est obstacle à Dieu et au Christ, en tant qu'obstacle. Sans cela, il ne peut être le disciple de Jésus-Christ. Mais que l'on tire de là d'absurdes et pernicieuses conséquences!

Plaçons-nous dans la vérité, et alors nous verrons, avec une netteté décisive, la conduite à tenir, dans la lumière même des principes qui la déterminent.

Paul Orose a dit : « En quelque lieu que je porte mes pas, je suis un Romain parmi des Romains, un chrétien parmi des chrétiens, un homme parmi des hommes. » Ainsi, dirai-je volontiers, en quelque région que se promène notre pensée, nous n'avons à renier rien de ce que nous sommes, et personne non plus ne doit nous méconnaître ni nous diviser d'avec nous-mêmes.

Chrétien, je ne cesse point d'être Français ni d'être homme; et nulle part non plus ni jamais je ne cesse d'être chrétien. Qu'est-ce à dire? que ce qui préoccupe les Français, ceux d'aujourd'hui, me préoccupe, et que ce qu'il suffit d'être homme pour comprendre, pour rechercher, pour approuver, est l'objet de mon attention, de mon adhésion, de ma sympathie. Et encore? que partout et toujours, étant un Français et un homme qui pense, je suis chrétien.

Précisons en entrant dans un certain détail. Vous êtes passionné pour la science? Le chrétien l'est autant que vous, et plus peut-être. Pourquoi pas? Vous avez le souci des questions sociales? Il l'a comme vous, et davantage peut-être. Pourquoi pas? Vous mettez au rang de vos soins les plus chers les intérêts de la patrie, sa grandeur, sa régénération, sa prospérité matérielle et morale? Il le fait comme vous, et qui sait? plus que vous. Tout ce que vous êtes, il l'est comme vous, autant que vous, et encore une fois rien n'empêche qu'il ne le soit plus que vous. Donc, quand pour penser et agir, il n'y a qu'à être Français et qu'à être homme, il pense et agit comme tel sans crier : Je suis chrétien. Par respect humain? Nullement. Par prudence? Nullement, mais par respect pour la vérité. C'est la vérité que ce qu'il pense et fait là, il le pense et le fait parce qu'il est Français et qu'il est homme. A quoi bon donc ajouter : Je suis chrétien? C'est inutile, et ce serait trompeur, puisque ce serait donner à croire que l'on ne peut penser et faire cela sans être chrétien. Mais, en même temps, pensant et faisant cela, il ne se détache pas de lui-même, c'est un chrétien qui pense et fait cela, et si, grâce à ce Christianisme inséparable de sa personne, de son être, il pense et fait cela plus complètement, plus purement, plus parfaitement, avec des vues plus hautes, une générosité plus ardente, une délicatesse plus exquise, tant mieux. Ainsi ni il ne donne comme le fruit immédiat de son Christianisme ce qui est tout simplement le fruit de l'humaine nature, ni il ne se prive du surcroît de force que dans l'accomplissement de ces fonctions humaines lui communique son Christianisme, et, dans l'occasion, il le dit : il n'a ni l'ingratitude ni la faiblesse de le cacher.

Veut-on un détail plus précis encore ? Il s'occupe d'une science particulière, je ne dis pas seulement de géométrie, de physique, mais de biologie, mais d'histoire même : il traite de cette science en homme, avec les ressources à la disposition d'un Français en cette fin du dix-neuvième siècle ; il s'avance donc en homme qui observe, en homme qui pense, et il va, il va tant qu'il peut aller sans avoir recours à son Christianisme qui, aussi bien, n'est point en cause ; il ne dissimule rien, il n'étale rien ; il se sert de son esprit, tout bonnement et de son mieux ; ce que fait l'homme purement homme, il le fait tout comme un autre, en homme purement homme. Avec cela il ne cesse jamais d'être chrétien. Il est toujours un chrétien, un chrétien qui pense en homme purement homme, tant que cela suffit, et qui, dès que cela ne suffit plus, monte plus haut sans avoir besoin de sortir, pour ainsi dire, de soi-même. Il n'est jamais séparé de son Christianisme, et son Christianisme n'est jamais pour lui une chose appliquée du dehors, un vêtement étranger qu'on prend ou laisse à volonté. Chrétien, il l'est en tout lui-même, partout lui-même, pour tout lui-même ; et parce qu'il est un homme, mais un homme christianisé, il se trouve qu'il accomplit tout naturellement sa fonction d'homme, mais qu'avec une parfaite aisance aussi son Christianisme l'inspire, le soutient, le dirige ou le corrige partout où il faut, et transparaît partout, et éclate quand il y a lieu.

Il suit de là que le chrétien n'éprouve aucun embarras à s'unir avec ceux qui ne sont pas chrétiens comme, d'ailleurs, aucune hésitation à se séparer d'eux dès qu'il le faut. Il s'unit à eux, il marche avec eux, il est avec eux, tant que la chose à penser, à dire, à faire, est de celles où il suffit d'être homme pour penser, dire et faire ce qu'il faut, encore qu'avec le Christianisme on y puisse mettre plus de perfection. Il accepte donc, il recherche même le concours de tous les hommes éclairés et droits, de tous les hommes de sens, de tous les hommes honnêtes ; il prise la compétence partout où il la trouve ; il loue ce qui est louable, en toute circonstance ; et quand les hommes, ses collaborateurs, ne seraient qu'à demi chrétiens ou ne seraient pas chrétiens du tout, il respecte ce qu'ils ont d'intelligence et de savoir, ce qu'ils ont d'honnêteté, de probité, de droiture, il les aime pour cela, il entretient avec eux de cordiales relations, il profite de leurs lumières, de leur expérience et il met en commun ses efforts avec les leurs, tant que l'œuvre entreprise et poursuivie en commun n'implique aucune négation de la conception chrétienne comme elle n'en réclame aucune expresse application. Il est donc là, à titre de Français, d'homme, et d'homme qui est un savant, ou un lettré, ou un homme d'affaires, ne reniant jamais son Christianisme qu'il porte en soi, ne le produisant point sans nécessité, puisque ce n'est pas l'objet de l'action présente, s'en inspirant toujours, et sachant le dire quand il y a lieu. Il n'y a dans cette coopération avec des hommes demi-chrétiens ou non chrétiens aucune faiblesse, aucune imprudence. Le chrétien est homme, et ce sont des hommes : par là, lui et eux se rejoignent, s'adaptent entre eux, s'unissent sans effort comme sans danger.

Mais, dès que ce n'est plus assez d'être homme pour voir bien et pour bien agir, le chrétien dépasse la sphère où se tiennent les hommes purement hommes : il va plus loin, plus haut, et il le dit. Sans quoi, il manquerait à la vérité. S'il le faut, il va d'un autre côté, et, s'il le faut encore, il combat ceux dont il se sépare, fidèle d'ailleurs au précepte de saint Augustin : *Noli vitium propter hominem diligere neque hominem propter vitium odisse*[1]. Haïr tellement les vices et les erreurs, qu'on n'aille pas les aimer à cause des personnes ; mais aussi aimer les personnes de telle manière qu'on n'aille pas, à cause des vices

---

1. Saint Augustin, *Sermo* XLIX, 15.

et des erreurs, les prendre en haine : la règle est excellente, et le vrai chrétien tâche de n'y manquer jamais.

Ainsi, portant en soi et la nature humaine et ce qui s'y ajoute, mais qui, en s'y ajoutant, s'y adapte, le chrétien ne rejette rien, ne méprise rien, ne hait rien de ce qui est humain comme tel, et, par suite, il est à la fois le plus accommodant et le plus intraitable des hommes. Jamais, ayant affaire à un principe, il ne transige ; et alors ce n'est pas seulement sa foi chrétienne, c'est sa raison, c'est sa conscience, c'est son honneur même qui le trouvent inébranlablement résolu à les maintenir envers et contre tous : il a dans ce respect et dans cette fidélité pour tout ce qui est vrai, bon, honnête, juste, sacré, toutes les délicatesses, toutes les jalousies, si je puis dire, et toutes les audaces. Son énergie est indomptable. Mais là où les principes ne sont point en cause, il est facile, et d'ailleurs pour les hommes, il a tous les égards possibles, même toutes les indulgences: n'a-t-il pas de sa faiblesse propre le sentiment le plus profond? Cette humilité intime le rend clairvoyant, juste, bon ; et, par respect pour la vérité, par esprit de justice, par charité, il tâche de comprendre les autres, de comprendre jusqu'à leurs erreurs et à leurs fautes, et sachant condamner le faux et le mal, il n'est jamais pour les personnes ni méprisant ni amer.

Voilà ce que nous avons plus que jamais, mieux que jamais à voir et à faire. La jeunesse contemporaine semble s'essayer à en acquérir l'intelligence et la pratique. Elle aspire aux idées nettes, précises, fortes, et elle les veut larges; elle parle de sympathie, de concorde, d'union, et elle veut que les âmes ouvertes en quelque sorte à tout et à tous soient néanmoins vigoureuses. Elle entend qu'on soit ferme sans être fermé. Renoncer aux vues flottantes comme aux vues étroites; se garder des aigreurs, des colères, comme des molles et banales complaisances : c'est un beau programme. Si la jeunesse contemporaine fait vers le Christianisme un pas décisif, elle aura à prendre, à maintenir, à recommander, à prêcher, par l'exemple surtout, cette attitude du chrétien à l'égard des hommes et des choses, que j'ai essayé de définir, et il faudra que, par ses efforts, les derniers restes du malentendu dont nous souffrons se dissipent :

il restera la faiblesse humaine ; du moins le préjugé aura disparu.

Mais vous aurez beau faire, me dira-t-on : vous établissez entre les hommes d'un même temps, d'un même pays, la plus profonde des séparations. Il y a pour vous les chrétiens et ceux qui ne le sont pas; c'est par l'esprit, par le fond de la pensée, par l'âme que vous les opposez les uns aux autres. Et comme en définitive, pour qui sait voir et comprendre, l'Église catholique seule contient le Christianisme complet et vivant, entre les catholiques et ceux qui ne le sont pas, vous creusez un abîme. Vous parlez de paix, mais, malgré que vous en ayez, en ramenant les regards sur la question religieuse, en disant qu'il faut prendre parti, vous rouvrez l'ère des guerres de religion.

Non, je suis convaincu que je travaille à la fermer. J'ai l'espoir que la crise contemporaine se dénouera au profit de la vérité et du genre humain; je crois que le prochain siècle aura pour mission de faire la paix dans toutes les régions où souffle aujourd'hui le vent de la guerre, et j'aime à me dire qu'il y réussira pour de longues années peut-être. Or, pour préparer cet avenir, je ne sais rien de plus sûr que la lumière. Je le disais, l'an dernier, à la jeunesse d'un grand collège où je présidais la distribution des prix. Qu'il me soit permis de le répéter ici : « Préparez-vous à être des hommes de paix. Mais comment? Allez-vous assoupir les questions? Non pas, vous les tiendrez toutes vives sous vos yeux et sous les yeux des autres. Allez-vous éviter tout heurt entre les intérêts ou les pensées, et mettre des coussins ou des tampons partout? Non pas, mais plutôt vous regarderez en face et les choses qui divisent les hommes et les hommes que ces choses divisent. La paix se fera par la lumière et par la franchise. Hommes de paix, vous aurez donc une attitude hardie, et non pas incertaine, très droite, et non pas courbée ou fuyante. Vous aurez dans le jugement cette netteté qui est le courage de l'esprit. Vous saurez ce que vous voulez et ce que vous ne voulez pas ; vous saurez à quoi et à qui dire non, à quoi et à qui dire oui. Empressés à accueillir les incomplets, vous maintiendrez que le vrai remède n'est que dans la vérité complète. Vous ne diminuerez donc jamais la vérité comme jamais vous ne diminuerez en vous la dignité du caractère ni l'honneur de la vie. La paix est à ce prix. Puisqu'elle est ordre et union, et au fond amour, ou du moins fruit de l'amour, elle demande, comme l'amour même, que ce qu'elle rapproche soit quelque chose, et soit quelqu'un. Si celui qui aime n'était qu'un fantôme d'être, que donnerait-il, n'étant rien, en se donnant soi-même? et si celui qu'on aime n'est, à son tour, qu'un semblant d'être, que peut-on aimer en lui? Je le sais, l'amour, quand il est pitié, quand il est bonté, va vers ce qui n'est pas : mais cette condescendance a pour objet de le faire être ; et si vous aimez ce rien, c'est pour en faire quelque chose, de même que la Bonté créatrice et souveraine a aimé le néant pour lui donner l'être. En sorte qu'il demeure certain que l'amour suppose la parfaite distinction dans l'union parfaite. Et de là je conclus que la paix par effacement des idées ou par annihilation des personnes, si c'était possible, ou du moins par oubli de ce qui les sépare, n'est point une vraie paix. C'est plutôt en allant jusqu'à la cime de toutes vos pensées, et, dans vos rapports avec les personnes, jusqu'au bout et au haut d'autrui et de vous-mêmes, à force d'idées précises et justes, à force de sincérité et de franchise, que, voulant la paix, vous la ferez, et que, vraiment pacifiques, vous posséderez la terre[1]. »

Ainsi la décision dans les idées et dans la conduite, bien loin de rendre les dissidences irrémédiables, prépare l'entente et le rapprochement; et, tant que les dissidences durent, elle permet de voir les points de contact qui subsistent néanmoins. De toutes les manières elle est favorable à la vraie paix : elle l'entretient ou la prépare.

J'aimerais encore à montrer ce que peut pour l'œuvre de rénovation que je rêve une ample et solide philosophie. Mais je m'adresse ici à tous ceux qui se piquent de penser, non aux philosophes en particulier. Je me propose de dire ailleurs les services que la philosophie peut rendre à l'humanité au milieu des nécessités, des besoins, des périls de l'heure présente. Ce n'est pas ici le lieu.

Je ne veux plus dire qu'un mot. Le siècle qui s'achève et celui qui va commencer semblent inspirer parfois plus de découragements que d'espérances. Je remarque qu'un mot réservé autrefois

---

1. Distribution des prix du collège Stanislas, le 1ᵉʳ août 1893.

à la langue chrétienne, est maintenant employé très volontiers par les philosophes, par les critiques, par toutes sortes d'écrivains. On parle beaucoup d'humilité. Mais sait-on bien ce que c'est? J'ai peur qu'on ne confonde l'humilité avec je ne sais quelle défaillance de l'esprit ou de l'âme reculant devant la grandeur de la tâche. Fausse et dangereuse humilité. Rester au-dessous de ce que l'on peut et doit faire, ne pas user de ses ressources, refuser de tenter un effort, s'enfoncer en quelque sorte dans sa faiblesse et s'y abîmer en méconnaissant sa force et en la laissant sans usage, ce n'est pas humilité, c'est pusillanimité, petitesse d'esprit et de cœur, et saint Thomas à qui j'emprunte tous ces traits[1], n'hésite pas à dire que c'est très mauvais, pire peut-être que la présomption même, car se retirer en arrière quand il y a de grandes choses à faire, quelle honte et quelle faute! L'humilité vraie consiste à avoir le sentiment et la vue de sa faiblesse propre, mais aussi du principe de la force. Aussi n'empêche-t-elle pas de *faire grand*, le mot encore est de saint Thomas. Elle est précisément ce qui met en état

---

1. *Summa theologica*, 2ᵃ 2ᵉ, q. 133, a. 1 et 2, et q. 131, a. 1 et 2.

de faire grand : avec l'aide de Dieu, qui est fort et fortifiant, le vrai humble travaille à remplir tout son devoir et mène à bonne fin de grandes choses.

En présence de notre tâche d'aujourd'hui et de demain, n'est-il pas bon de nous encourager et d'encourager les jeunes par ces pensées? Grande et ardue est la tâche : ayons l'heureuse humilité qui met en état de faire grand.

CHAPITRE XXX

LA PHILOSOPHIE DE LA VIE

Nous sommes au terme de notre étude. Nous avons essayé de faire une philosophie de la vie.

« La philosophie n'étant que la raison, on ne peut suivre en ce genre que la raison seule [1]. » C'est une excellente parole de Fénelon. Mais le même Fénelon ajoute, non moins excellemment : « Cette philosophie naturelle, qui irait sans préjugé, sans impatience, sans orgueil, jusqu'au bout de la raison purement humaine, est un roman de philosophie [2]. »

Nous avons étudié la vie en essayant de déployer entièrement notre raison, et nous n'avons rien dit qui ne nous ait paru fondé en raison.

---

1. *Lettres sur divers sujets concernant la Religion et la Métaphysique*, lettre IV, au début.
2. *Ibid.*, lettre VI, 3.

Mais pour aller au bout de la raison, nous avons eu recours à autre chose qu'elle, et alors nous avons fait plus : nous l'avons dépassée elle-même. C'était encore la suivre, c'était encore lui être fidèle.

Nous avons tâché de voir ce qu'est la vie, quel en est le sens, quel en est le but, quelle en est la valeur, quel en doit être l'emploi.

C'est le développement même de la notion de la vie que nous avons essayé de suivre.

Nous avons vu la vie monter pour ainsi dire. Elle monte et elle se complique, elle s'enrichit; puis elle se simplifie sans s'appauvrir.

D'abord, dans l'ordre physiologique, la vie au plus bas degré, mais déjà avec les caractères qui seront ceux de toute vie, et telle que les lois de toute vie y sont comme dessinées. Ensuite, penser, aimer, agir proprement : quelle complication, quelle complexité ! que d'aspects variés de la vie ! car tout cela, c'est toujours vivre, et vivre davantage, et mieux.

Mais cela se simplifie. D'abord, la vie se règle, se modère. Cela la simplifie, car cela y met de l'unité, en y introduisant harmonie et hiérarchie. Plus haute est l'unité qu'y met l'amour du Bien, et plus haute encore l'unité qu'y met l'amour de Dieu. Voilà un acte où se ramasse tout l'homme, et un Objet unique où tout se rapporte. Mais cette unité suprême est le modèle de l'union entre les hommes, et ainsi, toutes nos affections étant réunies en Dieu, il reste de quoi aimer les hommes, de quoi aimer le créé.

A ces hauteurs, la vraie loi de la vie se montre : donner et recevoir, recevoir et donner.

Il y a une image de cela au plus bas degré ; puis, à mesure que l'on s'élève, l'image est plus nette ; enfin, quand on arrive à l'amour et à la bonté, on a, dans toute sa réalité, cette chose excellente : donner.

Le principe, la source, le modèle aussi est en Dieu. Et Dieu donne, sans rien perdre.

L'économie de l'univers est de transmettre le don de Dieu, et la créature raisonnable, imitant Dieu, se donne elle-même.

Ici apparaît une autre loi : celle-ci tient à l'essence du fini, du créé, d'abord, et ensuite au péché. C'est la loi du renoncement, du sacrifice, de la mort. Le Christianisme nous montre Dieu y trouvant une beauté telle qu'il a voulu pouvoir souffrir et pouvoir mourir. Cela encore va à la vie. Le renoncement, le sacrifice, la mort, sont moyens de vie, procurant la vie par la suppression de l'obstacle à une vie plus haute et plus pleine. Qui cherche sa vie, la perd; qui consent à la perdre, à la perdre pour Dieu qui est la Vie par excellence, la trouve.

Sortir de l'égoïsme, en tout, c'est une condition de la vie véritable. Une autre condition, qui est au fond la même, c'est, en renonçant au fini, au petit, au partiel, d'ôter en quelque sorte de nos pensées, de nos affections, de tout ce qui est nôtre, et, d'une certaine manière, du corps même, tout ce qui est périssable, tout ce qui est mortel, pour y développer ce qui est propre à se perpétuer, *quæ habent aptitudinem ad perpetuitatem*[1].

Ainsi c'est l'amour, lequel est don, qui, en définitive, explique tout. Dieu, essence excellente et parfaite, libérale et communicative, donne tout, et il appelle à la perfection et à la félicité, c'est-à-dire à soi, la créature raisonnable; et celle-ci va à lui, recevant de lui par nature et déjà capable, en recevant, de lui donner en

---

1. Saint Thomas d'Aquin, *Summa contra gentiles*, IV, LXXXVII, à la fin. Texte déjà cité plus haut, p. 378.

quelque manière, par la reconnaissance et la gratitude; puis imitant son Principe, et donnant comme il donne, donnant autour d'elle, au-dessous d'elle, et se donnant elle-même; donnant au-dessus d'elle, tout étrange que cela paraisse, puisqu'elle donne son estime, son amour, à la Vérité, au Bien, à Dieu. Aimer ou donner, se dépenser de bon cœur pour le bien des hommes, et pour Dieu, c'est le dernier mot de la vie. Dieu donne afin que l'être créé soit, et qu'il soit bon, et que pour lui tout soit bien, *ut bene sit tibi*[1]. La créature donne pour la même fin. L'amour va au bien, à l'être, à la vie, et il est vie. Aimer, c'est vouloir que quelque chose soit. C'est consentir à l'être de Dieu, c'est travailler à augmenter, à accroître, à développer, à enrichir, à élever l'être créé. C'est dire encore et toujours: *Ut bene sit tibi.*

Ainsi envisagée, la vie est précieuse. Elle est précieuse parce qu'on y a à être homme, c'est-à-dire un être raisonnable, moral, membre de la cité des esprits. Elle est précieuse parce qu'elle prépare une autre vie. Elle est précieuse

---

[1]. *Deutér.*, IV, 40; V, 33; VI, 24; XXII, 7.

parce que dans ce monde même il y a pour ainsi dire à coopérer avec Dieu. Au fond tout revient à aimer Dieu et le reste pour Dieu et à vouloir ce que Dieu veut. Là est le prix de la vie. Ne disons pas alors que la vie ne vaut pas la peine de vivre et que le « vouloir-vivre » est mauvais. Sans doute, la misère humaine est grande, et souvent nous sommes tentés de nous écrier avec le poète qu'il est bien juste que l'homme entre dans ce monde en pleurant, lui à qui il reste tant de maux à traverser dans la vie.

> Vagituque locum lugubri complet, ut æquum est,
> Cui tantum in vita restet transire malorum.

Mais regardons mieux la vie, et nous dirons qu'il la faut accueillir avec confiance : nous avons, en la traversant, tant de bien à faire ! Si nous avons une grande ambition, celle d'employer la vie à aimer Dieu et les hommes, et celle de conquérir par là la vie pleine et parfaite, nous ne serons pas déçus. La vie, à vrai dire, ne trompe que ceux qui n'attendent pas assez d'elle.

RÉSUMÉ ANALYTIQUE

DESSEIN DE L'OUVRAGE

On cherche dans ce livre quel est le sens de la vie, si elle est bonne et à quoi elle est bonne, quel en doit être l'emploi; et on se propose d'établir qu'elle est singulièrement précieuse si l'on considère ce pour quoi elle nous est donnée et ce que nous en pouvons et devons faire.

ORDRE DES CHAPITRES

I

Comment la vie étant l'objet de jugements contradictoires, il y a lieu d'entreprendre de cette chose à la fois si connue et si inconnue une étude qui détermine, par un effort sérieux de réflexion, ce qu'il en faut *penser* et *faire;* comment il convient de marquer d'abord l'esprit dans lequel cette étude doit être entreprise et poursuivie.

C'est ce qui est développé dans le premier chapitre intitulé :

La question de la vie. . . . . 1-8.

II

Par où et avec quoi commencer, puis quel ordre suivre dans l'investigation? Tel est l'objet du second chapitre intitulé :

Les données et la méthode. . . . . 9-18.

Qu'en toute chose, les *données* sont les *faits* et certaines *exigences* primordiales de la pensée. — De ce que sont ces données dans la question de la vie, 9-15.

Que notre premier objet d'étude doit être une première idée de la vie suggérée par la question même, à savoir que la vie est chose *sérieuse;* mais il y a lieu d'instituer préalablement une enquête pour savoir ce que nos contemporains *pensent* de la vie et ce qu'ils prescrivent d'en *faire*, 15-18.

III

De là le troisième chapitre intitulé :

Les opinions contemporaines. . . . . 19-41.

De la conception de la vie, formée sous la triple influence de l'Art, de la Science, de la Critique; comment viennent s'y mêler certains courants de mysticisme, 19-26.

De la Pitié, 26-27.

Du scepticisme en morale ; des attaques dont les fondements même de la morale sont l'objet, et des raisons de la faveur croissante du spinozisme, 27-30.

Du caractère des préoccupations morales et religieuses dans les derniers écrits de M. Secrétan et de M. Renouvier, 30-34.

De l'idée de la *dépendance* de l'homme à l'égard de la *loi* morale et de Dieu, 35-37.

De la conception de la vie selon la Religion : en quoi et pourquoi la Religion rebute et attire, 37-39.

Résumé et conclusion du chapitre, 39-41.

IV

Il convient de revenir maintenant à l'examen de cette proposition : la vie est chose sérieuse. On commence cet examen dans le chapitre IV intitulé :

Le sérieux de la vie. . . . . 43-50.

On montre que la formule de la vie selon le *dilettantisme* a le tort de ne convenir qu'à une très petite partie de l'humanité, et que d'ailleurs elle méconnait les conditions de la vie : on explique en quoi, et l'on conclut que pour vivre vraiment il faut prendre la vie au sérieux, 43-50.

V

Remarquant, à ce propos, que la vie au sens physiologique du mot, constituée d'abord par la nutrition et la génération, a pour loi de ne pas s'entretenir sans dépense, de ne s'entretenir que pour se dépenser et enfin d'être féconde, on se demande si ce ne serait pas là, *exceptis excipiendis*, la loi de toute vie, et l'on juge que si les généralisations hâtives sont dangereuses, il faut savoir pourtant entrevoir des liens d'analogie entre les êtres et ici les lois fondamentales de toute vie.

C'est l'objet de ce chapitre V, intitulé :

Les lois de toute vie. . . . . 51-64.

Après les considérations ci-dessus indiquées, 51-56, on montre que les lois entrevues se vérifient si l'on considère l'intelligence, la science, l'art véritable, 56-60. — On croit pouvoir généraliser et dire que la vie humaine a pour loi fondamentale, comme toute vie, de ne pouvoir subsister ni dans la langueur et la stagnation ni dans l'isolement et l'égoïsme : d'où il suit que le *dilettantisme* va contre la loi même de toute vie, 60-64.

VI

L'homme a une œuvre à faire. Laquelle? Avant tout, d'être homme, étant bien soi, et sachant sortir de soi et devenir pour autrui source de bien, d'être, de vie.

C'est ce qu'explique le chapitre VI, intitulé :

L'œuvre de la vie. . . . . 65-72.

VII

Comment une certaine *idée* de l'homme comme il faut qu'il soit, le plus et le mieux homme, est impliquée dans toutes les affirmations précédentes : c'est ce qu'a pour objet de montrer le chapitre VII intitulé :

L'Idée de l'homme. . . . . 73-88.

On y explique les deux sens de ces mots : ceci vaut mieux que cela, 74-76. — On y montre ensuite ce que la nature humaine *exige* et ce qu'elle *appelle*, et l'on signale certains traits persistants qui sont partout ceux de l'homme idéal, 76-82. — On marque la différence entre la *notion scientifique* et cet *idéal* ou cette *idée-type*, et l'on fait voir ce que suppose la conception de cette idée, 82-88.

VIII

Continuant à considérer l'*idée*, on voit qu'elle est directrice de l'évolution vitale, et l'on explique comment l'idée de l'homme se trahit d'abord par des instincts, puis, avec la conscience et la réflexion, devient un principe pratique.

C'est l'objet du chapitre VIII, intitulé :

La vertu pratique de l'Idée de l'homme. . . 89-94.

IX

Comme on veut ne rien précipiter, on se demande si ce qui précède ne pourrait pas être admis sans que fussent franchies les bornes d'un *déterminisme* rigoureux et sans que fût rompue la continuité entre l'homme et le reste de la *nature*.

De là ce chapitre IX :

La science et la vie. . . . . 95-101.

On y examine une certaine philosophie de la vie, conçue et réglée selon la science, philosophie dont Taine offre une noble et puissante expression.

X

Mais l'idéal de la nature humaine n'est pas seulement attirant : la *raison* s'y montre avec son caractère propre et original, qui est de *commander*. Le fait de l'*Obligation morale* est une nouveauté *énorme* par rapport à tout ce qui précède, et c'est dans le *Devoir* que nous trouvons de quoi expliquer et diriger la vie.

C'est ce qui est exposé dans le chapitre X :

De l'Obligation morale. . . . . 103-107.

XI

Il importe de montrer que ce n'est pas se mettre en opposition avec l'esprit scientifique que de considérer l'obligation morale comme une donnée simple et irréductible.

C'est l'objet du chapitre XI :

La conscience morale et la science positive. 109-125.

On y détermine les exigences de l'esprit scientifique, 109-114; — puis le caractère propre de l'obligation morale, que l'évolution est impuissante à expliquer, à moins que l'on ne suppose déjà dans le germe quelque chose de proprement moral, 114-120. — Puisque c'est un fait que nous concevons ce qui *doit* être, c'est un fait qu'il y a quelque chose qui précisément est d'un autre ordre que les autres faits, 120. — Du rôle de l'analyse dans l'étude du fait proprement moral, et comment il y a, en fait, quelque chose de *transcendant* dont on a une idée claire, nette et distincte, 121-125.

XII

Par scrupule de méthode et pour ne laisser aucune équivoque sur le caractère *propre* de l'obligation morale, on étudie un dernier effort tenté pour conserver la morale sans y rien reconnaitre de *transcendant*.

De là ce chapitre XII :

Un essai de fonder une Morale sans obligation. . . . . 127-147.

On montre, surtout d'après Guyau, en quoi consiste cet essai, 128-132; — puis pourquoi il ne peut réussir, 132-141.

— On examine pourquoi les philosophes contemporains aiment à nommer *mystique* la région transcendante où nous fait entrer le devoir, 141-144. — On insiste sur le caractère propre et *sui generis* du fait *moral*, et l'on établit que, la morale supposant la distinction entre ce qui est et ce qui doit être, et cette distinction à son tour n'ayant point de sens si l'on ne reconnaît, pour fonder la morale et régler la vie, un principe supérieur à la nature et à l'homme, un principe *transcendant*, les dogmes moraux renaissent en dépit de tous les efforts tentés pour les détruire, 144-147.

XIII

Il est temps d'explorer le *Monde moral* au seuil duquel nous conduit l'obligation morale.

C'est ce qu'on fait dans le chapitre XIII, intitulé :

Le Monde moral. . . . . 149-169.

On explique comment et pourquoi l'obéissance à la loi obligatoire n'abaisse pas, 149-152, — et l'on montre comment la loi morale a une *autorité* qui fonde l'autorité de toutes les autres lois, 152-155.

Dès là, il est visible que la morale, avec la responsabilité morale, suppose que nous avons un Maître, 155-159.

On établit ensuite que la loi morale a pour fondement le Bien, 159-162.

On montre alors que de toutes les manières la loi morale nous introduit dans un monde vivant; que la vie seule donne le dernier mot de la vie; que tout, même le sacrifice et la mort, est pour la vie, et enfin que c'est à la Vie parfaite, au Vivant éternel et parfait que tout est suspendu, 162-167.

Que la liberté pour l'homme ne peut être que dans la dépendance à l'égard de la raison et de la conscience, de la vertu et du devoir, de Dieu, 167-169.

XIV

Retenant des méditations précédentes un inviolable *respect* pour la loi morale et une *confiance* imperturbable dans le Bien, il faut regarder le mal et en sentir la réalité et la profondeur.

C'est cette considération du mal, — souffrance physique, — misère dans l'ordre intellectuel, dans l'ordre des sentiments, dans l'ordre de l'action, dans le monde social, — péché, — qui remplit le chapitre XIV, intitulé :

Les misères de la vie. . . . . 171-181.

XV

On trouve bon d'indiquer tout de suite les idées que suggère la misère humaine mise en contraste violent avec la grandeur morale. C'est ce qu'on fait dans ce chapitre XV, intitulé :

Mystères et lueurs. . . . . 183-189.

On y montre comment il est très philosophique de savoir reconnaître des *mystères*, 183-185; — puis on entrevoit le sens de la souffrance, car la douleur a un rôle moral dans la vie; de plus, l'humaine pitié pour l'humaine misère apparaît comme une des raisons explicatives du mal; enfin on aperçoit que la condition de l'homme en ce monde, c'est le labeur, l'effort, la lutte, 185-189.

XVI

Mais pour porter sur la vie un jugement définitif, c'est avec méthode qu'il faut procéder : il faut donc commencer par examiner le sens précis de cette question : la vie est-elle bonne ou est-elle mauvaise ?

De là, ce chapitre XVI :

Optimisme et pessimisme. . . . . 191-205.

On envisage les différents sens de la question, et on voit comment elle s'étend, s'agrandit, se multiplie, donnant lieu à des difficultés de toutes sortes et très profondes, 191-198.

On voit sortir de là plusieurs sortes de pessimismes et d'optimismes; et l'on montre que les principes établis par les études précédentes nous interdisent d'emblée de vouloir de toutes ces théories à l'exception d'un certain pessimisme et d'un certain optimisme relatifs qu'il nous faut prendre en considération, 198-205.

XVII

C'est pour prononcer en connaissance de cause qu'il faut se faire une idée nette du bien et du bonheur.

On consacre à cette étude le chapitre XVII, intitulé précisément :

Le Bien et le Bonheur. . . . . 207-228.

Ce que nous entendons par *bon*, et par *meilleur*, soit que nous comparions deux échantillons d'un même genre, soit que nous comparions un genre à un genre, une essence à une essence, 207-212.

Comment le bien est perfection et excellence, et encore bienveillance et bienfaisance, 212-213.

Ce que c'est qu'être bon par *nature*, par *choix*, par *essence*, 213-214.

Du bien en soi et du bien *senti*, 214-215.

Du bien moral et du mal moral, 215-218. — De la vertu et du bonheur, 218-219.

Comment ces définitions mettent en mesure de donner un sens précis à la question sur la valeur de la vie, 220-221.

Comment et pourquoi il est nécessaire et légitime d'affirmer d'abord, sans en appeler à l'expérience, et même en dépit de l'expérience, tout ce que contient, implique ou réclame l'idée du bien, 221-228.

XVIII

Comme pourtant il faut bien essayer de concilier avec l'expérience cet *a priori* affirmé avec tant de force et de confiance, on peut être tenté de faire cette conciliation au moyen d'une théorie qui, regardant, au lieu de l'individu, l'espèce, semble réussir à assigner le bien pour fin à l'univers sans se mettre en contradiction avec l'expérience.

Cette théorie est examinée dans le chapitre XVIII, intitulé :

Difficultés nouvelles. . . . . 229-238.

On expose cette théorie et les avantages qu'elle semble avoir, d'après les *Dialogues philosophiques* de Renan, 229-230. — Mais bientôt l'on montre l'injure qu'elle fait au bien, en prêtant à la nature je ne sais quel cabotinage ou machiavélisme, et en méconnaissant le prix de la *personne* humaine, étant, à vrai dire, une conception *naturaliste* et *esthétique* plutôt que *morale*, 230-236. — On rappelle, en regard de cette théorie, les exigences absolues de la raison et de la conscience, 236-238.

XIX

On ne renonce pas néanmoins à consulter l'expérience, mais on cherche d'abord une *expérience morale*, et par là on essaie de deviner le sens de la vie présente :

C'est l'objet du chapitre XIX, intitulé précisément :

Le sens de la vie présente. . . . . . . 239-248.

En présence de l'expérience morale, trois idées, celle de l'éducation morale de la *personne*, celle du combat et de l'épreuve, celle de la solidarité morale et de la société des esprits, permettent de concevoir le rôle de la vie présente dans l'univers, étant admis, comme la moralité l'exige, que le tout de la vie n'est pas ce que nous en voyons, et que la vie n'est pas toute resserrée dans les limites de la vie actuelle, 239-246.

La vie présente *signifie*, *prépare*, *représente* autre chose qu'elle-même : d'où il suit que, malgré ses misères, elle est *bonne*, 246-248.

XX

Insister sur ce caractère de l'être humain que nous désignons par le mot d'*esprit* ou de *personne morale*, c'est la meilleure manière de résoudre beaucoup de difficultés.

De là, ce chapitre XX intitulé :

Le prix de la personne morale. . . . . 249-260.

Comment la *personne* ayant qualité morale exprime bien l'Être bon, et comment la liberté, condition sans laquelle il n'y aurait ni personne ni moralité, entraîne la possibilité de pécher, 249-254.

L'éminente dignité de la personne morale nous fait affirmer que, malgré les apparences, elle n'est jamais sacrifiée à quoi que ce soit, 254-257. — Cette même dignité nous fait prolonger la vie au delà des limites actuelles, 257-259.

XXI

Mais si la vie présente vaut par l'intention invisible qui l'inspire et par l'avenir où elle conduit, il y a à craindre qu'en elle-même elle ne soit comme rien.

C'est au-devant de cette objection que va le chapitre XXI :
Le prix de la vie présente. . . . . 261-278.

Qu'il y a des *moyens* qui sont en même temps *fins*, 261-262.

Que ce qui donne de la valeur à la vie présente, c'est précisément le reflet de l'invisible et de l'éternel à y *reconnaître* et à y *mettre*, 262.

Pour ce qui est du *lieu :* qu'il convient de connaître, d'explorer, d'exploiter l'univers, et comment et pourquoi l'industrie, la science et l'art sont d'un grand prix : d'où, pour quiconque a un talent particulier, des devoirs particuliers aussi, et pour tous l'importance et l'obligation du travail, 262-265.

Pour ce qui est des *habitants* et *acteurs :* qu'il faut remarquer le nombre et l'importance des préceptes moraux relatifs à nos semblables; la justice ; puis l'amour, et ici considérer : les affections ordinaires et extraordinaires, les grandes amitiés, la solidarité humaine, l'aspiration à l'unité, image de la parfaite union des âmes dans la cité spirituelle, 265-273. — Comment, procurer dans l'état des hommes une amélioration matérielle, intellectuelle, morale, sociale, étant un des buts terrestres de la vie, il y a là des devoirs particuliers dans des conditions particulières, et pour tous un devoir qui est accompli par la bienveillance et la bienfaisance, et excellemment par la prière et la charité *catholiques*, 273-277.

La vie présente a du prix puisque nous avons à rapprocher le monde de Dieu, en y faisant de toute manière resplendir le bien, 277-278.

XXII

Reconnaître le prix de la vie présente, ce n'est pas oublier la loi du renoncement.

C'est ce que montre le chapitre XXII:

Le renoncement et la mort. . . . . 279-283.

Comment le renoncement est la loi de toute vie qui n'est pas la vie pleine, et comment le sacrifice, qui semble détruire, vivifie.

XXIII

Le moment est venu de porter sur la vie un jugement.
C'est ce qu'on essaie dans ce chapitre XXIII:

La raison de vivre. . . . . 285-295.

La raison de vivre, c'est le bien à *vouloir* et le bien à *mériter :* d'où il est manifeste que ce qu'il faut *penser* de la vie, c'est qu'elle est *bonne*, 285-287 ; et l'on montre de quelles diverses manières elle est bonne, 287-290. — Ce qu'il en faut *faire*, c'est ceci : vouloir le bien que Dieu veut, et, comme Dieu, faire du bien, 290-291. — Comment cette formule est compréhensive et féconde, et qu'elle est accessible à tous, 291-295.

XXIV

Les difficultés renaissent sans cesse. Nous croyons tenir une formule excellente : mais si la raison de vivre et l'emploi de la vie c'est de vouloir le bien, que dire de cette impuissance de voir et de vouloir qui semble inhérente à la nature humaine?

Cette difficulté finale, la plus profonde et la plus poignante, est examinée dans le chapitre XXIV:

La faiblesse humaine. . . . . 297-317.

On montre comment la difficulté prise de l'impuissance à voir comme il faut peut être surmontée, et l'on remarque qu'il y a une certaine manière de présenter le fait et de poser la question qui altère le fait et par suite pose mal la question, 297-302.

On s'attache à l'impuissance à vouloir : on sonde la profondeur du mal ; on l'étudie à l'état aigu, 302-306.

On essaie de montrer quelle est la vraie nature de la volonté, comment le vouloir doit se faire sans cesse : d'où l'on voit comment il se défait, et ensuite comment on peut le refaire, en voulant peu de chose et en voulant ce peu malgré tout : méthode qui réussit aussi dans l'éducation de la volonté non malade, qu'il y a lieu, non de traiter, mais de former, 306-312.

Que, malgré tout, il y a lieu de se demander, dans la détresse morale, où prendre la force de vouloir. — Que, la part de l'illusion une fois faite dans le découragement absolu, il demeure que la faiblesse humaine est profonde, et qu'il lui faut une aide, celle de Dieu, 312-317.

XXV

Vouloir le bien, c'est la raison de vivre : mais ce n'est pas encore là la formule définitive.

Cette formule définitive, le chapitre XXV la cherche et la donne :

L'Amour. . . . . 319-333.

Ce que c'est qu'*aimer*, et comment, l'amour une fois posé, tout s'anime sans qu'aucun tort soit fait à l'idéal, 319-323. — Comment l'acte vital par excellence c'est d'aimer, 323-325. — D'où il suit que le point de vue de l'amour est essentiellement harmonieux, l'amour ne supprimant pas le reste, mais le dominant et le pénétrant, 325-331. — Enfin, on montre comment l'amour est ce qu'il y a de plus *observateur de la lettre*, et, en même temps, de plus *spirituel* : parce qu'on aime, on prend garde aux moindres choses, et, quand il le faut, on se passe de toutes ; de tout l'on s'aide pour aimer, et, si tout manque, on aime, et cela suffit, 331-333.

XXVI

L'amour entendu d'une manière profonde conduit à la Religion.

De là ce chapitre XXVI:

La Religion. . . . . 335-347.

Comment la Religion établit entre l'homme et Dieu un rapport que ni la science, ni la philosophie, ni la pure morale ne peuvent établir: elle a une vertu *purificatrice, unifiante, consolatrice, fortifiante*, qui lui est propre ; elle a des *rites*, et elle a en propre le *prêtre*, 335-339. — Elle concilie, harmonise, unit tout, et elle est essentiellement *lien*, 339-341. — Le point de vue religieux est le plus complet, le plus harmonieux, le plus haut ; mais la seule considération de cette vie supérieure nous fait dépasser la philosophie pure, la religion est d'un autre ordre, et *surnaturel:* en quoi et pourquoi, 339-343.

XXVII

Nous voilà amenés à la religion positive.

C'est elle qui est envisagée dans le chapitre XXVII:

Le Christianisme. . . . . 345-382.

Comment la religion positive nous a souvent éclairés dans les études précédentes, bien qu'elle ne fût point ce qui nous occupait ; et comment la loyauté intellectuelle nous oblige à déclarer tout ce qui est d'origine *chrétienne* dans nos préoccupations, dans nos questions mêmes, dans nos investigations, dans nos théories *philosophiques*, 345-347.

Des raisons d'étudier la théorie chrétienne de la vie, surtout dans le temps présent, 347-349.

Brève exposition du *système* chrétien de la vie.

De la distinction entre la *nature* et la grâce : les exigences *naturelles* et la fin *naturelle* de l'être raisonnable créé, particulièrement de l'être humain ; et comment Dieu, par une libéralité toute gratuite, peut surajouter à la création ce que ne contient point l'idée de la créature humaine, 349-351. — Notion précise du *surnaturel*, 351-352. — Le péché du premier homme : ce qu'il fait perdre à l'homme, 352-354. — Vraie notion du péché originel et de ses suites, 354-356. — La Rédemption : beauté et excellence de l'état de rédemption, 356-357. — Solidarité merveilleuse, 358. — Les Sacrements:

pourquoi nécessaires dans l'économie du salut; la *lettre* et l'*esprit*, 358-360. — L'Eucharistie, centre de la religion, 360. — La communion des saints, 361-362.

Comment Dieu veut sauver *tous* les hommes, et que nul ne se perd que par sa faute, 363-364. — Pourquoi il faut trembler, et pourquoi il faut avoir confiance en l'infinie miséricorde de Dieu, 365-367.

Que nous ne savons pas combien il y a d'*élus*, mais qu'aussi bien nous n'avons pas besoin de le savoir : ce qui nous importe, ce sont les conditions du *salut*, celles qui nous regardent, 368.

Comment la vie chrétienne se résume en ce mot : aimer Dieu et aimer le prochain, et que le modèle primitif de l'amour est dans la Trinité divine, puis dans le sacrifice de la croix, 368.

Que pour aimer Dieu il faut renoncer à tout ce qu'on ne peut avoir sans injustice ou sans violer l'ordre de Dieu, et comment la loi du renoncement, unie à la loi d'amour, impliquée dans la loi d'amour, domine, comme la loi d'amour, toute la vie chrétienne, 368-371.

Les *préceptes* et les *conseils*, la *voie commune* et la *voie de la perfection*; les *états* et les *vertus*; les *actes* et les *intentions*, et comment tout nous ramène à l'essentiel, à l'indispensable, qui est d'aimer Dieu par-dessus toutes choses, 371-377. — L'incomparable grandeur du chrétien, 377-380.

L'*École d'Athènes* et la *Dispute du Saint-Sacrement* : la philosophie et la religion, 380-382.

XXVIII

Sachant ce qu'il faut *penser* et ce qu'il faut *faire* de la vie, nous avons à chercher quelle forme il convient de lui donner pour la rendre effectivement *bonne*.

C'est l'objet du chapitre XXVIII, intitulé :

La forme de la vie . . . . 383-411.

Le tout de la vie étant d'exprimer et d'imiter Dieu, une double tendance est possible et existe : se retirer, autant que faire se peut, de tout pour vivre de la vie supérieure, se mêler à tout pour animer tout d'un esprit supérieur, 385-388. — Comment ces contrariétés ont leur nœud dans la simplicité divine, et comment dans la pratique, ni l'une ni l'autre de ces deux formes n'étant la forme totale, ne doit être exclusive, 388-390. — Un *esprit* unique, mais des *formes* variées de vie, 390-391.

Des préceptes *prohibitifs* et des préceptes *impulsifs* ; de ce qui est uniforme et de ce qui est laissé à l'initiative personnelle ; la correction et le souffle, 391-395.

Les circonstances : ce que nous trouvons tout fait et ce qui dépend de nous. D'où l'importance de l'*état* de vie et l'obligation de reconnaître et de suivre sa *vocation*, 395-398.

Du danger de se confiner dans la *spécialité*, et que la culture générale est nécessaire ; de la largeur d'âme et d'esprit : comment les *simples*, surtout si ce sont des saints, sont larges et complets (saint François d'Assise) ; quelle est la raison de cela, 398-403. — Comment les savants, les philosophes, les penseurs, doivent redevenir *simples*, et, comme les *habiles* de Pascal, rejoindre le *peuple*, 403-405.

Que cette largeur et simplicité permet de résoudre bien des questions : par exemple, celle du *rigorisme* et du *relâchement*, puis celle des *voies communes* et des *voies extraordinaires*, 405-410.

Conclusion de tout ce chapitre, 410-411.

XXIX

Puisque les circonstances diversifient, non pas le fond, mais la forme du labeur humain, il importe de dire, sur l'usage et l'emploi de la vie à l'heure présente, quelques paroles nettes.

C'est ce qu'on essaie dans ce chapitre XXIX :

Notre tâche aujourd'hui et demain . . . . 413-463.

Et l'on s'adresse à ceux qui *pensent* ou prétendent penser, surtout parmi les jeunes.

I. Qu'une vie inoccupée ou remplie seulement de choses futiles, fût-elle d'ailleurs correcte, est mauvaise ; qu'il faut donc faire quelque chose, selon sa condition, selon les circonstances, selon sa vocation et qu'il faut exceller en ce qu'on fait; pourquoi cette obligation est particulièrement pressante aujourd'hui, 415-417.

II. Qu'il faut savoir oser : oser être du petit nombre, oser penser, dire, faire des choses qui étonnent; sens précis de ce conseil, 418-420.

III. De ce qu'il y a à faire pour pacifier les intelligences : comment il faut s'appliquer à une étude déterminée, et comment néanmoins il faut dominer l'objet de son étude et se rendre capable de *penser*, 420-423.

IV. De ce qu'il y a à faire pour pacifier la société : comment il faut s'engager dans quelque étude précise relative aux questions sociales, et mettre la main à quelque œuvre déterminée, 424-426.

Qu'il faut commencer, petitement, mais avec des vues nettes et une indomptable confiance, 426-428. — Qu'il faut ensuite ne pas se laisser arrêter par de vains scrupules, 428-429. — Enfin qu'il faut avoir le courage d'aller jusqu'au bout de sa vue, 429-430.

V. Comment le Christianisme force ou attire l'attention de tous, et qu'on est frappé des ressources incomparables qu'il a pour répondre aux besoins de l'heure présente, 430-431.

Qu'il faut donc conclure : à la nécessité de l'étudier; à la nécessité de lui laisser pratiquement, dans la société, toute la liberté qui lui est nécessaire et qu'il mérite ; enfin à la nécessité de l'accepter tel qu'il est et de reconnaître que c'est la vérité seule qui sauve, 431-433.

L'humanité pensante et savante cessera-t-elle d'être chrétienne ou le redeviendra-t-elle? De la portée de cette question, 433-435.

Qu'il n'y a pas moyen, étant chrétien, d'agir comme si le Christianisme, bon pour celui qui le professe et le pratique, n'était en somme bon à rien, 435-438.

Le Christianisme est-il vrai? D'abord est-il compatible avec les exigences de la science? Comment toute autre question n'est rien ou se ramène à celle-ci, 438-439.

Comment la question se pose aujourd'hui avec une poignante précision, et qu'il faut répondre aujourd'hui ou au moins demain, 439-442.

Que ce n'est point le mode scientifique de penser qui est démenti par le Christianisme ou qui le dément, mais une certaine façon de penser suggérée par la science, sans être par elle autorisée; et que, malgré les sectaires et les esprits étroits, on peut dire que l'humanité cultivée, pensante, savante, incline vers le Christianisme, 442-444.

VI. Du devoir envers la lumière : clairvoyance, sincérité, droiture; ce que c'est et où cela va, 444-447. — De la nécessité de travailler de l'esprit pour recouvrer la foi quand on l'a perdue par l'abus de l'esprit; et comment certaines âmes s'arrêtent en chemin, tandis que d'autres, plus généreuses, remontent les pentes, ayant la crainte, non de prendre de la peine, mais de ne pas arriver, 447-449.

VII. De l'attitude du chrétien à l'égard des hommes et des choses, 449-450. — Comment, étant chrétien, on ne cesse point d'être Français ni d'être homme, et comment, étant un Français et un homme qui pense, on est partout et toujours chrétien, ne reniant rien de ce qu'on est, et n'étant jamais divisé d'avec soi-même, 450-451. — Exemples précis, 451-453.

Comment le chrétien peut et doit s'unir avec ceux qui ne sont pas chrétiens : il est homme, et ce sont des hommes: par là, lui et eux se rejoignent et s'adaptent entre eux, 453-455. — Mais il se sépare d'eux dès qu'il faut aller plus loin, plus haut, ou d'un autre côté, 455-456. — Comment le chrétien est à la fois le plus intraitable et le plus accommodant des hommes, 456-457.

Que la jeunesse contemporaine paraît souhaiter des idées nettes et fermes en même temps que larges, et vouloir renoncer aux aigreurs et aux colères comme aux molles et banales complaisances, et que, si elle fait un pas décisif vers le Christianisme, elle aura à pratiquer et à prêcher cette attitude du chrétien à l'égard des hommes et des choses, que nous venons de définir, 457-458.

Que ramener les regards sur la question religieuse, et dire qu'il faut prendre parti, ce n'est pas rouvrir l'ère des guerres de religion, mais au contraire préparer la paix, car la paix se fera par la lumière et la franchise, si l'on sait regarder en face et les choses qui divisent les hommes et les hommes que ces choses divisent, 458-461.

Il y aura lieu de montrer ailleurs le rôle de la philosophie dans l'œuvre de rénovation, 461.

Comment la vraie humilité est celle qui met en état de *faire grand*, et que c'est celle qu'il nous faut pour remplir notre tâche, qui est grande et ardue, 461-463.

XXX

Il n'y a plus qu'à jeter un regard sur l'espace parcouru par cette suite de chapitres.

C'est ce que l'on fait dans ce dernier chapitre intitulé :
La philosophie de la vie. . . . . 465-470.

C'est une œuvre de raison que nous avons faite, mais pour aller au bout de la raison nous avons eu recours à autre chose qu'elle, puis nous l'avons dépassée elle-même, ce qui était encore lui être fidèle, 465-466.

Nous avons pour ainsi dire déployé la notion de vie. Nous avons vu la vie monter, se compliquer en montant, puis se simplifier; nous en avons aperçu la vraie loi : donner et recevoir, recevoir et donner, 466-467. — Comment le principe et le modèle étant en Dieu, qui est la Vie excellente, l'économie de l'univers est de transmettre le don divin, et la créature raisonnable, imitant Dieu, se donne elle-même, 467.
— Comment il y a une autre loi, laquelle tient à l'essence du fini, du créé d'abord, et ensuite au péché : c'est la loi du renoncement, du sacrifice, de la mort ; mais cela même va à la vie, 467-468.

Comment l'amour, qui est don, est en définitive ce qui explique tout, 468-469.

En quoi la vie est *précieuse*, et comment il faut avoir l'ambition de l'employer à aimer Dieu et les hommes et de conquérir par là la vie pleine et parfaite : la vie ne trompe que ceux qui n'attendent pas assez d'elle, 469-470.

TABLE DES MATIÈRES

Avant-Propos....................................	VII
Chapitre I. — La question de la vie............	1
Chapitre II. — Les données et la méthode........	9
Chapitre III. — Les opinions contemporaines.....	19
Chapitre IV. — Le sérieux de la vie............	43
Chapitre V. — Les lois de toute vie............	51
Chapitre VI. — L'œuvre de la vie................	65
Chapitre VII. — L'Idée de l'homme...............	73
Chapitre VIII. — La vertu pratique de l'Idée de l'homme..................	89
Chapitre IX. — La science et la vie	95
Chapitre X. — L'Obligation morale...............	103
Chapitre XI. — La conscience morale et la science positive..................	109
Chapitre XII. — Un essai de fonder une Morale sans obligation..................	127
Chapitre XIII. — Le Monde moral................	149
Chapitre XIV. — Les misères de la vie	171
Chapitre XV. — Mystères et lueurs..............	183
Chapitre XVI. — Optimisme et Pessimisme........	191
Chapitre XVII. — Le Bien et le Bonheur.........	207
Chapitre XVIII. — Difficultés nouvelles........	229
Chapitre XIX. — Le sens de la vie présente.....	239
Chapitre XX. — Le prix de la Personne morale...	249
Chapitre XXI. — Le prix de la vie présente.....	261
Chapitre XXII. — Le renoncement et la mort.....	279

CHAPITRE XXIII. — La raison de vivre 285
CHAPITRE XXIV. — La faiblesse humaine 297
CHAPITRE XXV. — L'Amour...................... 319
CHAPITRE XXVI. — La Religion 335
CHAPITRE XXVII. — Le Christianisme............. 345
CHAPITRE XXVIII. — La forme de la vie........... 383
CHAPITRE XXIX. — Notre tâche aujourd'hui et demain. 413
CHAPITRE XXX. — La Philosophie de la vie........ 465
RÉSUMÉ ANALYTIQUE............................ 471

www.ingramcontent.com/pod-product-compliance
Lightning Source LLC
Chambersburg PA
CBHW050556230426
43670CB00009B/1153